皮书系列为

“十二五”“十三五”国家重点图书出版规划项目

中国青少年体育发展报告（2018）

ANNUAL REPORT ON DEVELOPMENT OF YOUTH SPORTS IN CHINA (2018)

主　编／王立伟　曹卫东
副主编／朱　英　高　峰

图书在版编目（CIP）数据

中国青少年体育发展报告. 2018 / 王立伟，曹卫东主编. -- 北京：社会科学文献出版社，2020.6
（青少年体育蓝皮书）
ISBN 978-7-5201-6826-7

Ⅰ.①中… Ⅱ.①王… ②曹… Ⅲ.①青少年-体育工作-研究报告-中国-2018 Ⅳ.①G812.45

中国版本图书馆 CIP 数据核字（2020）第 112570 号

青少年体育蓝皮书
中国青少年体育发展报告（2018）

主　　编／王立伟　曹卫东
副 主 编／朱　英　高　峰

出 版 人／谢寿光
组稿编辑／任文武
责任编辑／张丽丽

出　　版／社会科学文献出版社・城市和绿色发展分社（010）59367143
地址：北京市北三环中路甲 29 号院华龙大厦　邮编：100029
网址：www.ssap.com.cn
发　　行／市场营销中心（010）59367081　59367083
印　　装／三河市龙林印务有限公司

规　　格／开 本：787mm×1092mm　1/16
印 张：18　字 数：271 千字
版　　次／2020 年 6 月第 1 版　2020 年 6 月第 1 次印刷
书　　号／ISBN 978-7-5201-6826-7
定　　价／128.00 元

编　委　会

主编简介

王立伟 国家体育总局青少年体育司司长，中华全国体育总会、中国奥委会委员、青少年体育部部长。长期从事体育竞赛和训练管理工作。

曹卫东 北京体育大学党委书记、校长，国家体育总局干部培训中心主任、教练员学院院长，中国冰球协会主席，国家体育总局党校副校长，教授、博士生导师。长期从事西方哲学研究和高等教育与管理工作。先后入选教育部新世纪优秀人才计划、国家新世纪百千万人才计划、北京市社科理论人才百人工程等。获北京市五四奖章、德国德嘉银行文学翻译奖等，享受国务院政府特殊津贴。

摘　要

2018～2019年处于“两个一百年”奋斗目标的历史交会期，也是青少年体育发展的关键时期。本报告以“新时代我国青少年体育工作新格局”为主题，对我国青少年体育发展的新政策、新进展和新趋势进行了调查、分析与预测，为青少年体育研究提供参考资料与理论支撑。

本报告首先系统分析了我国青少年体育工作的现状与发展趋势，提出新格局下我国青少年体育工作的主要内容包括以举办全国青少年体育冬夏令营为抓手，推动青少年体育技能的普及提高；以实施幼儿体育工程为手段，从小开发培养孩子的身体活动能力和对体育的兴趣；以整合各方资源为机制，创建多元化拔尖人才培养新模式；以实施青少年体育U系列赛事工程为龙头，构建青少年赛事新格局。其次，梳理了中央关于青少年体育工作的重要论述，并对其进行了解读，在此基础上提出了国家体育总局关于青少年体育工作的新思路，为新时代青少年体育工作的开展明确了导向，奠定了基础。再次，从2018年青少年冬夏令营举办、全国体校/青少年U系列锦标赛、体校教练员培训工作和第三届青奥会中国体育代表团参赛情况入手，提出我国青少年体育工作应继续创新工作方式，加大人才培养力度，加强国际交流与合作，为体育强国建设打下坚实基础。对比分析了2016～2018年全国学生体质健康状况变化的特征，调查研究了2018年全国青少年体育健身活动状况，并对校园足球特色学校建设工作的目标任务和发展现状进行了分析讨论。为更好地筹办冬奥会，专题研究了我国青少年冰雪运动的推广现状，指出其主要问题集中在规划管理和文化培养两方面，同时总结了冬季项目的跨界跨项后备人才选材工作的背景、现状与成功经验，并选取越野滑雪和钢架雪车两个项目进行了个案研究。最后，以国内在青少年体育冬夏令营举办和青少年体育事业改革发展方面的典型案例为研究对象，对其成功经验进行了梳理。

关键词： 青少年体育　冰雪运动　学生体质

Abstract

2018 – 2019 is the intersection of the history of "Two Centenary" goals and the key period for junior sports development. This research report investigates, analyzes and predicts the new policies, new progress and new trends of junior sports development with "a new pattern in adolescent sport in China in the new era" as the theme to provide reference materials and theoretical support for research on adolescent sport.

Annual Report on Development of Youth Sports in China (2018) (hereinafter referred to as the "Report") is divided into six parts, including general report, theory and policy, reform and innovation, subject of ice and snow, practical reference and school physical education. The general report systematically analyzes the status quo and development trend of China's adolescent sport and proposes the main contents for China's adolescent sport in this new situation, including addressing to hold winter and summer camps for adolescent sport in China and promoting the popularization and improvement adolescent sporting skills, taking the implementation of child sports engineering as a means and developing children's physical performance and interest in sports from a young age, taking the integration of resources from all aspects as as the mechanism to create a new mode for diversified top talent training and taking the implementation of U series competition project of adolescent sport as the faucet to construct the new pattern for adolescent competitions. The part of theory and policy summarizes the important statement on adolescent sport from the central leaders and the new thinking of General Administration of Sport of China on adolescent sport. The part of reform and innovation focuses on the evaluation and conclusions on adolescent winter and summer camps in 2018, national sports school U series championship, national adolescent U series championship, training of sports school coaches and Chinese sports delegation's participation in the The Youth Olympic Games. The part of subject of ice and snow mainly studies the rapid development of China's adolescent winter sports and the support for Winter Olympic Games from 2018 to 2019 and generally analyzes the status quo of the promotion and development of China's adolescent winter sports. At the same time, it investigates the background, status quo and successful experience of crossover reserve talents selection for winter sports and selects two items of cross country skiing and skeleton for the case study. The part of practical reference summarizes successful experiences and enlightenment with the typical cases of reform and development of domestic adolescent sport winter and summer camps and adolescent sport as the research object. The part of school physical education has been always the focus of this report. It compares the change characteristics of students' physical health over the country from 2016 to 2018, investigates and analyzes the situation of China adolescent sports building activities, and conducts analysis and discussion on target tasks and development status of school football characteristic school construction.

Keywords: Youth Sports; Ice and Snow Sports; Students' Physical Health

目　录

Ⅰ　总报告

Ⅱ　理论政策篇

Ⅲ　改革创新篇

Ⅳ　学校体育篇

Ⅴ　冰雪专题篇

Ⅵ 案例篇

皮书数据库阅读**使用指南**

CONTENTS

I General Report

Ⅱ Theory and Policy

Ⅲ Reform and Innovation

Ⅳ School Physical Education

V Subject of Ice and Snow

VI Case Reports

总 报 告

General Report

B.1 新时代我国青少年体育工作新格局

蔡有志 王 芳*

摘 要： 青少年是祖国的未来和希望，习近平总书记对青少年体育工作多次提出明确要求，指出少年强中国强，体育强中国强，推动我国体育事业不断发展是中华民族伟大复兴事业的重要组成部分，青少年体育是体育强国建设的重要基础，是国家发展战略的重要组成部分。然而，和发达国家相比，当前我国青少年体质健康水平明显落后，青少年体育工作开展时面临青少年社会体育组织发展缓慢、满足青少年需要的场地设施少、竞技体育后备人才培养体系亟待改革和完善，以及体教结合推动难度较大等问题。面对新形势，必须确立青少年体育工作的新目标，以改革创新推动形成青少年体育发展新

* 蔡有志，北京体育大学研究生院院长、发展规划与学科建设处处长，研究员；王芳，北京体育大学中国奥林匹克高等研究院，副教授。

局面，构建青少年体育工作新格局。新格局下青少年体育工作的主要内容包括以举办全国青少年体育冬夏令营为抓手，推动青少年体育技能的普及提高；以实施幼儿体育工程为手段，从小开发培养孩子的身体活动能力和对体育的兴趣；以整合各方资源，创建多元化拔尖人才培养新模式；实施青少年体育U系列赛事工程为龙头，构建青少年赛事新格局。未来青少年体育工作应进一步加强政策标准建设，切实加强青少年体育发展的基础，注重改革创新，注重人才队伍建设。

关键词： 青少年　体育工作　体育技能

2018年，以习近平新时代中国特色社会主义思想为指导，在全国人民认真学习贯彻党的十九大精神和习近平总书记关于体育工作的重要指示批示精神背景下，按照国家体育总局党组工作部署，青少年体育活动促进计划的实施得以推动，后备人才培养的质量和效益得到加快提升，青少年体育工作取得新进展。

一　青少年体育工作面临的机遇

（一）青少年体育成为国家发展战略

青少年是祖国的未来和希望。习近平总书记对青少年体育工作多次提出明确要求，指出少年强中国强，体育强中国强，推动我国体育事业不断发展是中华民族伟大复兴事业的重要组成部分；少年强、青年强是多方面的，既包括思想品德、学习成绩、创新能力、动手能力，也包括身体健康、体魄强壮、体育精神；我国有3亿多青少年儿童，让孩子们健康成长关系到祖国和民族的未来，也是每个家庭最大的愿望和期盼。然而，和发达国家相比，当前我国青少年体质健康水平明显落后，具体表现为视力不良检出率居高不下且呈低龄化倾向，肥胖检出率持续上升，大学生身体素质继续呈下降趋势等。

党和国家一直以来非常重视、关心青少年体育工作。国家“十三五”规划纲要明确提出，实施青少年体育活动促进计划，培育青少年体育爱好和运动技能，推广普及足球、篮球、排球、冰雪等运动，完善青少年体质健康监测体系。《健康中国2030规划纲要》将青少年作为提高全民身体素质的重点人群，就促进青少年体育活动提出了具体的目标和要求。《全民健身计划（2016~2020年）》将青少年作为实施全民健身计划的重点人群，提出大力普及青少年体育活动，提高青少年身体素质。《中长期青年发展规划（2016~2025年）》将青年体质健康提升工程作为重点项目，鼓励青年进行体育锻炼、提高身体素质，使坚持体育锻炼成为青年的生活方式和时尚。在党中央、国务院的高度重视下，我国青少年体育事业正迎来重大的发展机遇。

（二）青少年体育成为体育强国建设的重要基础

党的十九大报告发出了加快推进体育强国建设的伟大号召，强调了“三位一体”的发展战略，而推进“三位一体”发展的关键在于抓好青少年体育工作。

青少年体育为群众体育强提供社会基础。让全民健身普及就是要让全体人民参与进来，青少年掌握了体育技能就可以成为体育健身的人口并培养其形成终身体育的习惯。全民健身要做到全覆盖，必须从青少年抓起。

青少年体育为竞技体育跨越发展提供人才基础。青少年体育后备人才是竞技体育发展的根基，其质量优劣直接关系到我国竞技体育的整体水平高低。如果让青少年每人掌握3项以上体育技能，我们就可以面向3亿多少年儿童进行选材，这将带给我国竞技体育无法比拟的优势。

青少年体育为体育产业发展提供消费基础。需求拉动增长，要促进体育产业的发展就要有一批体育终极消费者，青少年观看赛事、购买装备、参加活动的消费是体育消费的重要组成部分。如果青少年形成体育消费习惯，就可为体育产业持续发展积累力量。如果青少年体育这个基础不打牢，那么体育产业将是无源之水、无本之木。可以说，“三位一体”推进体育强国建设的根本在于青少年体育。

二　青少年体育工作开展存在的主要问题

（一）青少年社会体育组织发展缓慢

青少年社会体育组织发展缓慢，满足不了我国青少年体育发展需要。我国有青少年 2 亿多，各类俱乐部 7621 个，根据《中国体育社会组织发展报告（2016)》的数据，美国注册体育俱乐部达 2 万个以上，英国约有 15.1 万个体育俱乐部，德国全国有 9 万个以上体育俱乐部，韩国体育俱乐部数量近 10 万个，相对于世界及周边主要国家，我国青少年体育社会组织数量相比青少年总数仍然较少，差距明显。青少年体育社会组织活力有待增强，引导支持青少年体育社会组织发展的模式有待丰富。

（二）满足青少年需要的场地设施少

在场地器材配备方面，针对青少年的场地设施少，场地设施标准制度不完善。现有全民健身场地设施不能完全适应青少年体育健身需求和身心特点，全民健身活动中心等场馆缺少青少年体育功能区和器材，小学一年级学生与高中生用的是同一重量、同一高度的器材，没有根据不同年龄阶段配置不同的场地、器材，容易导致少年儿童受伤。此外，青少年场地设施建设和体育器材缺乏相关标准。

（三）竞技体育后备人才培养体系亟待改革和完善

多年来，以各级各类体校为主体的竞技体育后备人才培养体系，为国家培养输送了大批在奥运会等重大国际赛事上为国争光的体育健儿，为我国竞技体育发展和体育事业全面进步提供了重要人才支撑。但随着我国经济社会的不断发展和改革开放的不断深化，以体校为主体的传统单一的竞技体育后备人才培养模式越来越难以适应新形势新任务的需要，原有的人才培养体系亟待改革和完善。目前我国竞技体育后备人才培养体系存在部分管理人员思想固化，培养模式单一，部分人员守着老的体系不想改、解决困难的勇气和决心还不够，青少年训练体系层次不清晰、重点不突出，工作有效覆盖面不足，各地运动项目布局结构不尽合理，对学校体育和社会力量培养后备人才缺乏引导性措施，体育、教育、社会三者间的竞赛壁垒尚未完全破除等问题。同时，国家高水平后备人才基地的认定和奖励工作，与改革发展要求不相适应，需要重新调整设计。

（四）体教结合推动难度较大

青少年成长和生活的最主要场所是学校，发展青少年体育，离不开体教结合。通过调研发现，体教结合存在的问题具体表现在学籍限制交流、升学面临困难、竞赛存在壁垒等多个方面，这些问题已经成为限制体育后备人才选拔、制约体育运动学校发展、推助优秀人才流失的关键因素。

三　新形势下青少年体育工作的新格局

（一）确立青少年体育工作的新目标

青少年体育改革的目标，就是面向所有青少年进行体育技能普及提高，让所有青少年全面提高身体健康素质，让青少年体育优秀人才脱颖而出、层出不穷。这些目标可以概括为两点：普及与提高。

第一，普及，即努力实现青少年体育工作全覆盖。首先，青少年体育工作一定要覆盖全体青少年，融入青少年成长全过程。现在的青少年体育工作还未做到经常性地覆盖所有人群，今后要努力让青少年体育工作渗透、融入所有青少年的生活和学习中，让他们做到“学习＋体育”“生活＋体育”，要争取在青少年成长的整个过程中都有体育要素的参与。我们要加强幼儿教育阶段、义务教育阶段、高等教育阶段的体育教育，发挥家庭、社区在青少年体育发展中的重要作用。其次，青少年体育工作要实现运动项目的广泛覆盖。当前很多竞技体育项目，甚至夏季奥运会和冬季奥运会的一些项目在我国都没有开展，没有青少年人才基础。例如，竞技体育后备人才的培训体系还未广泛地覆盖所有奥运会项目，一些项目仍然处于空白状态，导致了后备人才的断档，这是青少年体育工作的薄弱环节，也是发展潜力所在。构建青少年体育新格局，有助于推动我国奥林匹克教育的全面开展，有助于促进青少年参与大多数夏季奥运会项目和冬季运动项目。此外，也要在青少年中推广具有中国文化特征的运动，如中国式摔跤、武术、射箭、赛龙舟等。

第二，提高，即全面提高青少年身体健康素质和体育技能，推动竞技体育后备人才的选拔与培养。一方面，落实青少年体育活动促进计划，激发和培育青少年体育爱好，实现青少年能够熟练掌握 1 项以上体育运动技能的目标，使青少年形成终身体育健身的习惯。预计到 2030 年，学校体育的场地设施和器材配置达标率能够达到 100%，青少年学生参与体育活动能够达到中等强度，即每周 3 次以上，全国儿童青少年新发近视率明显下降，儿童青少年视力健康水平整体显著提升，国家学生体质健康标准优秀率达 25% 以上。[①] 另一方面，在坚持办好体校的同时，推动体教融合，鼓励市场、社会不同力量参与青少年体育人才的培养。加强学校体育，在学生能够掌握基本运动技能的基础之上，根据学校情况，施行运动项目教学，开展课余训练和运动竞赛，以提高学生的专项运动能力，培养体育后备人才，同时支持大中学建立高水平运动队。重视和加强体校建设，加大对地市级、县级体校的投入，更新体校教学训练设备，扩大体校教练团队数量，提高体校教学水平；推动体校的特色化、专业化、社会化改革，提高体校质量，发挥体校青少年竞技体育后备人才主阵地的作用。鼓励、支持企业和社会力量办俱乐部，培养青少年竞技体育后备人才。

---

① 《教育部等八部门关于印发〈综合防控儿童青少年近视实施方案〉的通知》，http://www.moe.gov.cn/srcsite/A17/moe_943/s3285/201808/t20180830_346672.html。

（二）以改革创新推动形成青少年体育发展新局面

进入新时代后，体育的发展环境发生了深刻变化。一方面，政府职能转变、社会治理体制创新、居民消费结构的升级以及体育领域全面深化改革都对青少年体育提出了新的要求；另一方面，制约青少年体育工作发展的深层次矛盾依然存在，发展过程中暴露出的问题不断增多。社会力量参与发展青少年体育的活力没有得到充分调动，青少年体育有效供给不足，无法满足日益增长的青少年体育需求；一些长期制约青少年体育事业发展的薄弱环节和突出问题依然较多，体制机制约束长期存在；外部发展环境仍不乐观，全社会对青少年体育事业的支持、信任与理解的氛围还需改善；青少年体育政策法规建设相对滞后，现行政策落实不够，青少年体育总投入相对不足。完善青少年体育治理体系、创新青少年体育发展方式、提高青少年体育发展质量的任务依然艰巨。

改革创新是体育事业发展的强大动力。青少年体育改革创新，既是落实体育领域全面深化改革的重大任务，也是推动青少年体育持续健康发展的必然选择。国家体育总局局长苟仲文在 2018 年两会期间做客《部长之声》时指出："改革的主要目的就是要由体育部门办体育转变为全社会共同参与办体育，加快推进体育强国建设，满足人民对美好生活的需要；改革的鲜明特点就是突出'开放'，就是要让体育走出圈子，走向社会，破除藩篱，最大限度地激发社会的动力和活力，把体育这篇大文章交由社会来书写。"青少年体育改革的目标，就是面向所有青少年进行体育技能普及提高，让所有青少年全面提高身体健康素质，让青少年体育优秀人才脱颖而出、层出不穷。实现这个目标，需要坚持问题导向，系统谋划，广泛吸纳地方、社会的有益经验和真知灼见，主动改变与青少年体育发展趋势不相适应的体制机制，释放出推动青少年体育发展的改革红利，形成新时代青少年体育发展新局面。

（三）构建青少年体育工作新格局

第一，构建面向全体青少年的工作新格局。"以人为本"是做好一切工作的根本出发点和落脚点。要让青少年体育经常性地覆盖所有青少年人群，实现广大青少年“学习+体育”“生活+体育”的成长模式，要在青少年成长的全过程中融入体育要素。不断完善对青少年参加体育锻炼的基本保障，缩小青少年体育发展的城乡差距和区域差距，积极引导青少年体育需求，多渠道丰富青少年体育服务供给，增强青少年的获得感，让广大青少年共享体育改革发展成果。

第二，构建举国体制和市场机制相结合的新格局。习近平总书记多次指出，要构建起举国体制和市场机制相结合的新的体制机制，青少年体育尤其需要。举国体制应该是党领导下的齐抓共管，而非“举体育”体制，做好青少年体育工作不能是体育部门一家的事，应该是政府、市场、社会共同的目标、共同的责任。需要全社会一起朝着共同的目标发力，发挥主动性和创造性，不断增强市场配置资源的能力，让青少年体育事业充满活力和动力。

第三，构建竞技体育和群众体育相结合的新格局。如果能够使竞技体育和群众体育相互促进，特别是如果有越来越多的青少年参与体育，那么就有可能涌现越来越多的体育尖子和体育明星，而明星又会激发青少年参加体育运动的兴趣，形成良性循环。从群众体育到竞技体育，中间地带是业余训练。竞技体育和群众体育相结合，要把体制内培养和社会培养、国际培养模式相结合，建立体校、普通学校、俱乐部、海内外共同参与的青少年竞技体育后备人才多元化培养模式。要把青少年群众体育做大做实，把业余训练做科学做高效，进而把青少年竞技体育做精做优。

四　新格局下青少年体育工作的主要内容

（一）以举办全国青少年体育冬夏令营为抓手，推动青少年体育技能的普及提高

《中共中央国务院关于加强青少年体育增强青少年体质的意见》（中发〔2007〕7号）明确规定，每个学生掌握两项以上体育运动技能。只有青少

年都掌握了两项以上体育运动技能，才可以有人才基础。

青少年体育冬夏令营是指利用寒暑假及其他时间开展的，以体育项目技能培训为主要内容，集中组织举办的青少年体育培训及相关活动。从本质属性角度分析，青少年体育冬夏令营是青少年体育活动的一种表现形式。种类繁多的运动项目、各式各样的活动形式、倡导公益的组织方式、促进技能掌握的活动目标是其内在属性，寒暑假及其他时间是其区别于学校体育的时间特性。

2018 年国家体育总局开始在全国范围内组织开展青少年体育冬夏令营活动，资助 14252 万元开展了 2506 个青少年体育冬夏令营活动，以此鼓励青少年积极参与体育活动，提升其身体健康素质与体育技能水平，全国 31 个省（区、市）已有 575294 名青少年参与体育冬夏令营活动。在组织方式上采取由国家体育总局青少年体育司搭建全国范围的网络平台，通过互联网接受青少年报名，鼓励社会各方、市场举办以体育培训为主要内容的冬夏令营方式。青少年体育冬夏令营培训内容包括七类，其中，身体素质测试占比最高，达到66.76%，其次是运动技能培训，比例达到64.80%。青少年体育冬夏令营参与学员均是体育爱好者和初学者，开展提升速度、力量、柔韧性和灵敏性等多种竞技能力的身体素质训练有助于他们提高体质健康水平和改善身体形态，使他们为接受运动项目技能培训打好基础。同时在冬夏令营期间组织队内交流比赛等活动也有助于提高培训质量、丰富活动内容。在课程开展目的方面，以增强身体素质为主要目的开展青少年体育冬夏令营的比例最大，达到 68.88%，其次是普及体育运动，比例为 59.49%。

2018 年全国青少年体育冬夏令营活动以提高运动技能为主要目标，有效地激发了全国各省（区、市）和国家体育总局下属运动项目中心、全国性单项体育协会等组织开展青少年体育技能培训的活力，也给从事青少年体育技能培训的商业性机构提供了参与的机会和发展的平台。

从长远工作谋划看，进一步完善冬夏令营工作体系，加快建立冬夏令营的标准体系，完善提升互联网服务平台的服务功能和服务水平，通过政府政策、标准引导，动员社会力量，推动青少年体育技能普及提高，无疑是新格局下未来青少年体育工作的主要内容。

（二）以实施幼儿体育工程为手段，从小开发培养孩子的身体活动能力和对体育的兴趣

要把幼儿体育作为青少年体育的基础性工作抓起来，扩展体育的新空间，遵循体育和幼儿的发展规律，抓好适合幼儿参与的体育项目，培训好幼儿体育的师资队伍，从小开发孩子的身体活动能力和培养孩子对体育的兴趣。整合资源，打好学前体育基础。以幼儿教师体育培训为切入点，让体育进入幼儿教育体系，成为幼儿教育体系的重要内容，让学前的孩子，尤其是4～6岁的孩子，开始培养运动方面的兴趣爱好，熟悉一些体育运动方面的简单常识。

当前，幼儿体育工作基础极为薄弱，可采取组织人员开展专题调研，实地走访幼儿园和社会机构，与幼儿园园长、教师、社会机构指导人员、基层体育教育部门代表等进行座谈，了解各地方幼儿体育开展情况和存在的突出问题，组织专家根据调研情况研制全国幼儿体育工作方案等方式，为推进开展幼儿体育工作做好准备。

（三）整合各方资源，创建多元化拔尖人才培养新模式

建立基于大数据的后备人才库，通过新格局下的科学谋划和顶层设计，通过举国体制和市场机制相结合，不仅是在体校，更要发动全社会培养青少年体育后备人才，打造国家队和国家集训队预备队、各级体校高水平运动队、大中学校高水平运动队、俱乐部高水平运动队、留学生群体高水平运动队五支队伍。五支队伍的建设，一是要抓好选材；二是要组织复合型团队进行科学训练；三是要提供强有力的保障，包括在上学、就业、激励等各方面；四是要有一套开放的机制，让青少年运动员感觉有奔头，使他们今后参加各级赛事，都要通过比赛凭借成绩获得参赛机会。

在创建多元化拔尖人才培养新模式的过程中，体教结合无疑是最有利的

抓手。2018 年 5 月至 7 月间，为认真贯彻孙春兰副总理批示精神、国家体育总局领导相关批示指示精神，全面梳理已出台的各项规章制度，充分借鉴北京市、上海市和湖北荆州市等地的先进经验，结合调研成果，国家体育总局青少年体育司起草了《国家体育总局　教育部关于加强体教合作　共同推进体育强国建设的框架协议（征求意见稿）》（以下简称《框架协议》），提出了“共同普及青少年体育技能”“共同培养青少年后备人才”“共同推动体育运动学校改革”“共同完善青少年体育赛事体系”“共同培养学校体育教师和教练员队伍”“共同加强青少年体育场馆设施建设和开放”等 6 项合作任务。当前工作重点是制定具体可行的实施方案，注重加强顶层设计，与国家体育总局各项目中心、协会、各省区市体育部门做好沟通对接，全面启动实施人才拔尖工程，集中打造一批高水平运动队。

（四）以实施青少年体育 U 系列赛事工程为龙头，构建青少年赛事新格局

要实施青少年体育 U 系列赛事工程，逐步构建青少年赛事新格局，建立不同年龄阶段相互衔接、覆盖大多数奥运会项目和部分非奥运会项目的全国青少年 U 系列竞赛体系，加快形成公平、开放、面向全体青少年的竞赛制度，使得青少年赛事体系、激励机制逐步完善，赛事治理水平不断提高。

2018 年国家体育总局共安排 373 项次比赛，涉及 42 个大项，参赛运动员总人数约 104500 人，并委托第三方评估公司对部分项目的 U 系列比赛进行了评估。此外，还采取政府购买服务的方式，委托全国体育运动学校联合会举办了田径、篮球、冰球等 11 个项目的全国体校 U 系列锦标赛。U 系列赛事的举办，有利于发现和培养优秀体育人才，普及推广青少年体育，促进形成良好的赛事文化和体育文化，为体育强国和健康中国建设打下良好的基础。

此外，还需注意的是，在举办 U 系列赛事过程中，应坚持政府购买赛事服务的方式，可由国家体育总局安排资金专门用来购买 U 系列赛事服务，地方政府、企业、俱乐部都可以承办赛事，实现多元主体办赛。应坚

持实行网上报名方式，只要青少年想参加赛事，家长和学生自愿即可报名。还应建立有效的激励措施，要和参加青运会、全运会，以及学生的综合素质评价挂钩。

五　对青少年体育工作发展的展望

（一）进一步加强政策标准建设

随着青少年体育改革力度的加大，相关的政策、标准等必须及时跟进，以提高政府治理体系和治理能力的现代化水平。按照全面正确履行政府职能关于加强战略、规划、政策、标准的制定和实施的要求，国家体育总局青少年体育司结合青少年体育发展实际，已及时印发了《青少年体育锻炼器材配置指南》《全国青少年户外体育活动营地建设规范及器材目录》《青少年体育冬夏令营专项经费管理办法（试行）》。同时正在研制青少年体育器材通用安全标准、青少年户外活动营地等级标准和青少年体育俱乐部等级标准等，以使青少年体育的政策标准体系进一步完善。

在未来工作中，大力加强规章制度和标准体系建设无疑是重中之重。要加快推进青少年体育政策制度创新，研究制定引领青少年体育发展的纲领性文件，积极推动将青少年体育纳入国家全局性政策体系。制定青少年体育系列标准规范，进一步完善青少年体育服务标准体系，尽快出台关于促进青少年体育俱乐部健康有序发展的指导意见、关于推进青少年体育规范服务的指导意见、青少年体育俱乐部等级标准、青少年体育冬夏令营指南等，引领青少年社会体育组织更好发展。

（二）切实加强青少年体育发展的基础

加强青少年体育宣传。不断创新宣传模式，持续拓展宣传渠道和方法，通过网站、《中国体育报》《中国教育报》《青少年体育》杂志、微信公众号等平台广泛开展青少年体育宣传工作。联合媒体围绕青少年体育社会组织发展、活动开展、体校训练、青少年足球等主题，广泛开展有亮点有特色的报道。

开展青少年体育研究性工作。组织研制关于促进青少年体育俱乐部健康有序发展的指导意见、关于青少年体育规范服务的指导意见、青少年体育器材通用安全标准、青少年户外活动营地等级标准和青少年体育俱乐部等级标准等。

开展全国青少年体育基础数据年度统计工作。自2013年开始，我国建立起全国青少年体育统计年报制度，由国家体育总局科研所每年度开展统计，摸清全国青少年体育相关指标的发展状况，为科学决策服务。由于原有统计指标和统计填报系统已落后于时代，修订统计指标，研发具有数据库功能的新系统，对于今后利用新系统的大数据库功能高效精准地进行数据汇总统计分析工作，促进新时代青少年体育发展，将起到积极的作用。

开展儿童青少年体育健身活动状况调查。国家体育总局青少年体育司与教育部共同开展学生体质健康标准测试抽查复核和青少年健身活动状况调查工作，并将调查结果通过“青少年体育蓝皮书”向社会公布。通过调查全国儿童青少年体育健身活动状况，及时了解我国6~19岁儿童青少年人群体育健身活动的变化特点，为构建全民健身公共服务体系和实施《全民健身计划（2016~2020年）》提供科学依据。

（三）注重改革创新

在新格局下，青少年体育工作领域改革创新亮点较多。比如，改革赛事，实施青少年体育U系列赛事工程，逐步构建了青少年赛事新格局；改革第二届青运会（简称“二青会”）的项目设置、组织参赛单位、参赛人群，突出新的办赛理念；通过开展青少年体育冬夏令营活动，使青少年掌握运动技能，推进青少年体育技能普及提高等。以上改革创新理念和举措，对于实现青少年体育持续健康发展，具有重要的意义。

二青会于2018年8月在山西举办，共设49个大项，包括夏季项目

37 个、冬季项目 5 个、全能项目 7 个，总计 1800 多个小项。二青会改革力度前所未有：首先，项目设置较以往有较大突破，增设冬季项目、中国传统体育项目、全能项目等。增设冬季项目，旨在与 2022 年冬奥会全面接轨；增设中国传统体育项目，如赛龙舟、中国式摔跤等，使青运会更富有中国特色；增设全能项目，将充分利用我国项目发展优势，立足现有资源，科学探索跨界跨项选材新路子。其次，二青会以城市为单位组织参赛改为以省为单位组织参赛；按参赛人群分为体校组和社会俱乐部组，两个组别分设两个年龄段，扩大人才来源和参与面，充分调动社会各界参与体育的积极性。整体上，二青会突出创新办赛、开放办赛、人文办赛、绿色办赛、节俭办赛、廉洁办赛等六个办赛理念，借鉴国际办赛先进经验，动员社会力量参与办赛，加大市场开发力度，争取更多社会资本进入。

研究建立覆盖全年龄段的国家青训竞赛体系，进一步夯实国家青训基础，扩大青训竞赛规模。重点在全国各级各类体校广泛开展足球运动，推出全国体校足球比赛。搭建科学合理的竞赛平台，引导促进体校建立高水平运动队和俱乐部机制，培养高精尖足球后备人才。紧密结合“走出去，请进来”战略，提高教练员的执教能力，提高青少年足球运动员的训练和竞技水平，推动足球项目发展。

积极推动体校改革，推进体校项目设置特色化，形成层次分明、布局合理、集约高效的项目发展格局。开展实施体校精品工程和国家单项高水平体育后备人才基地认定工作，探索建立一批青训中心，在青少年训练阶段普及体能、康复、营养、心理等方面的训练辅助工作。

深化体教融合。加强顶层设计，积极推进国家体育总局与教育部签署共同推进体育强国建设合作框架协议，在青少年体育技能普及、后备人才培养、体校改革、赛事体系完善、体育教师和教练员培养、体育场馆建设与开放等方面加强合作。支持教育部门开展后备人才培养，创新和改进体育传统项目学校建设模式，鼓励、支持中学创办运动队、高校创建高水平运动队，积极推进各运动项目进校园。

（四）注重人才队伍建设

开展青少年体育人才队伍培训，加强人才队伍建设，是长期以来青少年体育发展所积累的一条成功经验。我们多年来始终高度重视加强各类青少年体育人才队伍建设，不断提高从业人员素质和能力。未来应继续开展青少年体育工作者培训，通过举办各类培训班，既开展管理知识培训也开展业务知识培训，既开展理论培训也开展实践培训，广泛培训体育行政部门、青少年体育组织、各级各类体校等的相关人员，以为青少年体育长远发展提供强有力的智力支持。

理论政策篇

Theory and policy

B.2
关于青少年体育工作的重要论述及其解读

陈世阳　刘政宇　赫婧媛*

摘　要： 党的十八大以来，以习近平同志为核心的党中央高度重视我国青少年的发展问题，把对青少年的培养视为事关党和国家前途命运的重大战略任务，将青少年工作视为党成就千秋伟业的重要基石。与此同时，党和政府将体育工作提到前所未有的高度，提出将体育强国梦与中国梦紧密相连，要求把体育工作融入“两个一百年”奋斗目标和中华民族伟大复兴的宏大格局中谋划。青少年体育工作作为这两大事业的交叉点，既是青少年工作的重要组成部分，又是体

* 陈世阳，北京体育大学马克思主义学院副院长，副教授；刘政宇，北京体育大学马克思主义学院硕士研究生；赫婧媛，北京体育大学马克思主义学院硕士研究生。

育工作的关键领域，具有极高的战略地位。习近平总书记等中央领导曾多次就青少年体育工作发表重要讲话，内容主要包括以下几个方面：少年强、青年强则国强；体育素质是青少年综合素质的重要组成部分；体育教育是全面教育体系的重要环节；体育锻炼是促进青少年身心健康成长的重要方式；青少年体育交流是中外人文交流的重要领域。这些讲话为新时代开展青少年体育工作提供了指导思想与根本遵循。

关键词： 青少年　体育工作　体育素质

一　少年强、青年强则国强

青少年是祖国的未来，是中华民族的希望。习近平与优秀青年代表座谈时指出："中国梦是我们的，更是你们青年一代的。中华民族伟大复兴终将在广大青年的接力奋斗中变为现实。"[①] 少年和青年是未来的社会主义建设者和接班人，历史的接力棒终究会传递到年轻人手中，实现国家富强和民族复兴的伟大使命也必将由年轻的一代人承担。中国当代青少年即将成长并成熟在"两个一百年"的历史交会期，他们必将继承青年人铁肩担道义的光荣传统，成为实现中华民族伟大复兴的中坚力量。

习近平总书记强调："少年强、青年强则中国强。"青少年是社会中最富有朝气、最富有梦想、最积极活跃的一代，青少年的发展方向极大地影响着整个社会的发展方向，青少年的综合素质几乎决定着整个国家的发展前途。在党的十九大报告中，习近平总书记提出"青年兴则国家

① 习近平：《在同各界优秀青年代表座谈时的讲话》，http：//www. xinhuanet. com//politics/2013 -05/04/c_ 115639203. htm。

兴，青年强则国家强。青年一代有理想、有本领、有担当，国家就有前途，民族就有希望”①。青年群体与国家兴亡、民族盛衰息息相关。谁赢得青年，谁就赢得未来。习近平总书记还在2019年的“五四讲话”中指出：“只要青年都勇挑重担、勇克难关、勇斗风险，中国特色社会主义就能充满活力、充满后劲、充满希望。”②

习近平总书记强调：“少年强中国强，体育强中国强，推动我国体育事业不断发展是中华民族伟大复兴事业的重要组成部分。”③ 青少年体育工作关乎青少年群体的健康成长，关乎体育强国建设，关乎民族伟大复兴，对国家发展有着长久而深远的影响，必须高度重视青少年体育工作。2015年4月，习近平总书记作出重要指示，要更加重视青少年体育工作，引导广大青少年积极参与体育健身运动，为中华民族伟大复兴作出应有贡献。④

二　体育素质是青少年综合素质的重要组成部分

提升青少年综合素质，促进其全面健康发展，对个人、家庭、社会都具有十分重大的意义。体育素质是个人综合素质中最基本、最核心的组成部分之一，是个人综合素质的重要体现。习近平总书记指出：“少年强、青年强是多方面的，既包括思想品德、学习成绩、创新能力、动手能力，也包括身体健康、体魄强壮、体育精神。”⑤ 新时代的青少年应该是德、智、体、美、劳全面发展的，五者缺一不可。习近平总书记强调，一个健全的人既要有丰

---

① 习近平：《决胜全面建成小康社会　夺取新时代中国特色社会主义伟大胜利》，《人民日报》2017年10月19日，第1版。

② 习近平：《在纪念五四运动100周年大会上的讲话》，http：//www. xinhuanet. com/2019 - 04/30/c_ 1210123119. htm。

③ 《习近平在北京考察：抓好城市规划建设　筹办好冬奥会》，http：//www. xinhuanet. com//politics/2017 - 02/24/c_ 129495572. htm。

④ 习近平：《引导广大青少年弘扬奥林匹克精神》，http：//www. xinhuanet. com/politics/2015 - 04/07/c_ 1114891840. htm。

⑤ 《习近平看望南京青奥会中国体育代表团》，http：//www. xinhuanet. com//politics/2014 - 08/15/c_ 1112100132. htm。

富的知识和文化内涵，还要有健康的精神和强健的身体。[①] 体育素质体现着青少年的健康状况、精神风貌和意志品质，提升体育素质是促进青少年全面健康发展的必要环节。

身体健康、体魄强健是良好体育素质的第一层内涵，是个体从事其他一切学习和工作的前提条件和物质基础，是提高个体综合素质的第一步。任何工作的完成最终都要落实到具体的个体身上，没有良好的身体素质这一根本前提，一切都是空谈。习近平总书记与首都青少年共同参加义务植树活动时指出："身体是人生一切奋斗成功的本钱，少年儿童要注意加强体育锻炼，家庭、学校、社会都要为少年儿童增强体魄创造条件，让他们像小树那样健康成长，长大后成为建设祖国的栋梁之材。"[②] 青少年正处于身体发育的黄金时期、运动素质形成的关键期、锻炼习惯养成的敏感期，应该充分利用好这个宝贵机会，加强体育锻炼，练就健康强壮的身体，为德智体美劳全面发展奠定坚实基础。

积极向上的体育精神是良好体育素质的第二层内涵，是体育素质的重要组成部分，能为青少年健康成长提供精神养料和正能量。青少年处于心智快速成长变化的敏感时期，对外部世界的认知尚不稳定，世界观、人生观、价值观尚不成熟。体育精神中蕴含的爱国主义、团结奋斗、勇敢拼搏等正面思想有助于引导青少年正确认识、处理个人与他人、与社会、与国家的关系，激发青少年的爱国主义、集体主义热情，塑造青少年勇于面对困难、挑战的意志品质和"追求卓越、突破自我"的精神，使青少年形成良好的心理和思想素质，从而为青少年其他方面素质的发展提供保障。习近平总书记重视体育精神的作用，希望广大运动员和青年大力弘扬中华体育精神和奥林匹克精神，大力弘扬"自强不息、战胜自我、超越自我"的精神。2015 年 4 月，习近平总书记就传承和发扬好青奥会留下的宝贵财富作出重要指示，要引导

---

① 《习近平到南京看望青奥会中国体育代表团》，http：//www. xinhuanet. com/politics/2014 - 08/15/c_ 1112099641. htm。

② 《习近平参加首都义务植树活动》，http：//www. xinhuanet. com//politics/2015 - 04/03/c_ 1114869011. htm。

广大青少年继续弘扬奥林匹克精神，积极参与体育健身运动，强健体魄、砥砺意志，凝聚和焕发青春力量，为中华民族伟大复兴作出应有贡献。①

三 体育教育是全面教育体系的重要环节

实现青少年的全面健康发展，为党和国家培养社会主义的建设者和接班人是我国教育事业的重要目标。在 2018 年 9 月召开的全国教育大会上，习近平总书记提出“要努力构建德智体美劳全面培养的教育体系，形成更高水平的人才培养体系”。这为教育事业的发展提供了根本遵循。习总书记强调：“要树立健康第一的教育理念，开齐开足体育课，帮助学生在体育锻炼中享受乐趣、增强体质、健全人格、锤炼意志。”② 体育教育是“五育”之一，是全面教育体系不可或缺的重要组成部分。发展体育教育是完善教育体系，协调推进“五育”并举的必要手段。

体育教育本身具有多元价值和功能。首先，体育教育通过有目的、有计划的课程干预，同时遵循科学的施教方法和原则，对青少年进行身体上的“改造”，从而促进青少年的身体发育和体质增强。其次，体育教育可以使青少年掌握体育、卫生保健、生活安全等方面的常识，学会科学的健身方法、基本的运动技能和生活技巧。青少年可以通过接受体育教育形成对体育的热爱，养成健康的运动习惯和生活习惯。再次，体育教育具有重要的文化功能。体育社会发展和人类进步的重要标志，是社会文明程度的重要体现。每一项体育项目都蕴含着文化内核和哲学意蕴。通过教授和练习中国传统体育项目，可以弘扬中华民族优秀传统文化，增强青少年的文化自信和文化认同；通过竞技体育项目的学习，有助于学生习得和养成“明事理、守规则、讲团结、善合作”等精神和理念。

---

① 《习近平就传承和发扬青奥会宝贵财富作出重要指示》，http：//www. xinhuanet. com/politics/2015 -04/07/c_ 1114892747. htm。

② 习近平：《坚持中国特色社会主义教育发展道路 培养德智体美劳全面发展的社会主义建设者和接班人》，http：//www. xinhuanet. com//2018 -09/10/c_ 1123408400. htm。

体育对其他“四育”效果的产生起着强烈的催化作用，是串联其他“四育”的纽带，是推动构建全面教育体系的关键力量。体育不仅可以“育体”，还可以“育人”“育心”，其他“四育”可以融入贯穿到体育教育中，对青少年的发展产生积极影响。首先，从体育和德育的关系看，体育教育是增强青少年爱国主义情感、培养青少年拼搏进取精神的有效途径，是提高青少年集体意识和规则意识的重要手段。每一次国歌奏响、国旗升起，对青少年都会产生潜移默化的影响，这是激发其爱国主义热情最有效的方式之一。在观看、参与体育比赛和体育训练的过程中，青少年可以亲身感受体育的魅力和团结协作的重要意义，并经受意志层面的磨炼。体育是最讲究规则的，通过体育教育，青少年可以树立强烈的规矩意识，形成遵纪守法的好习惯。其次，从体育和智育的关系看，体育教育有利于促进青少年脑和神经系统的发育，提高青少年的认知能力、注意能力、记忆力和创造力，有助于青少年获得智力的提升和取得更好的学业成就。再次，从体育和美育的关系看，体育能够改善人的形象，提升人的气质。长期的体育教育能够帮助青少年塑造优美的形体和优雅的姿态；能够培养青少年鉴赏美、创造美的能力，提高青少年的自信心，从而产生内外兼修、综合提高的效果。最后，从体育和劳育的关系看，体育能够激发青少年的社会参与意识和责任意识，促进青少年形成勤奋刻苦的意志品质，有助于青少年增强身体活动能力，增加生活技巧，为青少年参加劳动提供必要的思想和身体上的保障。

四　体育锻炼是促进青少年身心健康成长的重要方式

青少年身心健康是关乎其个人成长、家庭幸福、国家发展的大事。为青少年塑造良好的成长环境，维护和促进青少年身心健康，不仅是家庭和社会共同的责任，更是青少年体育工作和教育工作的重要任务。习近平总书记指出，中国高度重视发展体育事业，把体育锻炼作为促进青少年身心健康成长的重要方式。体育锻炼不仅能直接帮助青少年练就强健体魄，同时还能产生多重的生理效益，促进青少年身心健康。

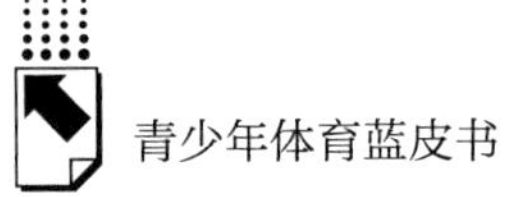

强健筋骨、增强体质是体育锻炼最直接、最基本、最核心的功能。首先，坚持体育锻炼能加速青少年的骨骼发育、增加青少年的肌肉力量，使骨骼肌肉的形态结构和性能都得到改善，从而提高骨骼的坚固性和肌肉的韧性，有助于积极预防骨折、韧带撕裂等伤病的发生。其次，坚持体育锻炼能够有效提高神经系统的机能水平和强化内分泌系统调节功能，维持并促进有机体的新陈代谢。再次，坚持体育锻炼能加速血液循环，改善呼吸系统的功能。另外，充足的运动量有利于青少年养成良好的作息习惯和饮食习惯，增强消化系统中各个器官的功能。最后，丰富的体育活动可以改变青少年静坐少动的生活方式，使青少年养成良好的生活习惯，进而增强青少年体质和抵御疾病的能力。

习近平总书记强调，体育对陶冶性情、历练意志有重要作用。体育锻炼可以从多个方面促进青少年心理健康。首先，青少年时期是个体生理和心理迅速发展、逐渐成熟的时期。在这期间，一方面，单个个体之间发育程度和身心特点差异巨大，导致部分青少年极易产生自卑倾向。另一方面，青少年往往急于通过各种方式展现自己成熟的一面，但由于主观意识与现实情况之间的落差，他们难免会产生挫败感。青少年在体育锻炼的过程中，能够不断克服困难，突破身体极限，磨炼心理韧性，增强抗压能力。体质的增强，身材的改善、心智的成熟都能在很大程度上增强青少年的自尊心和自信心，进而缓解或消除某些消极心理因素的影响。其次，体育锻炼是改善人际关系，提高青少年社会适应能力的重要途径。体育锻炼有利于培养青少年乐观开朗、积极向上的性格，同时也是一种帮助青少年结交朋友，提高青少年社会化程度的重要方式；能够有效地缓解青少年焦虑、紧张等不良情绪，提高青少年个体的情绪调节能力和环境适应能力；能够增强青少年的规则意识和社会意识，减少问题行为的发生。再次，随着社会多元化程度和网络在青少年中的普及程度不断提高，青少年极其容易被暴露在形形色色的信息当中。青少年的心理抵抗能力较弱，容易受到不良的思想和不健康生活方式的影响。充足的体育活动还可以丰富青少年的课余生活，引导青少年放下手机，走向室外，促使其养成健康的休闲方式，形成正确的价值观念，进而降低青少年对网络的依赖程度，减弱网络不良信息对青少年心理健康的影响。

五　青少年体育交流是中外人文交流的重要领域

青少年是国家的未来，更是世界的未来。青少年体育发展是国际社会广泛关注的重要领域，青少年体育交流是国际人文交流的重要环节。习近平总书记曾多次在外交场合提出，要密切中国青少年同世界各国青少年之间的交往，加强中国与其他国家在体育等方面的人文交流，多次强调青少年体育交流的重要性并勉励青少年运动员做中外人文交流的友好使者。

青少年运动员是青少年的一部分，是对外人文交流中不可忽视的重要力量。青少年是开展对外人文交流，促进人民友好的生力军。习近平总书记指出，国之交在于民相亲。"'民相亲'要从青年做起。"习近平总书记指出，"青年人是人民友谊的生力军"。青年人，渴于求知、渴于探索，他们是社会中最积极、最活跃、最有生气的一部分力量。青年一代，思想多元，具有开放的宽容胸怀。青年人最富有朝气和梦想，也最容易相互沟通和理解；青年人情趣相近、意气相投，最谈得来，最容易结下纯真的友谊。青年人是开展对外人文交流、促进人民友好事业的继承者、推动者、建设者，也是促进人民友好事业的希望。青少年运动员是青少年的一部分，在推动中外人文交流中发挥着独特作用。习近平强调，中国运动员要赛出竞技水平，展现体育精神，还要作为中国青少年的友好使者与世界青少年开展友好交流。2017年7月5日，习近平在柏林同德国总理默克尔共同观看中德青少年足球友谊赛时向小球员们表示："你们是中德足球事业发展的希望，也是中德两国友好合作事业的接班人。希望你们发扬团结拼搏精神，学习和交流足球技巧，成为好朋友、好伙伴。"① 2018年6月8日，习近平同俄罗斯总统普京在天津共同观看中俄青少年冰球友谊赛，并同青少年运动员合影、亲切交谈，勉励他们团结拼搏，以球会友，赛出友谊，赛出水平，共同提高，通过学习交

① 《习近平同德国总理默克尔共同观看中德青少年足球友谊赛》，http：//www.xinhuanet.com/world/2017－07/06/c_ 1121270812.htm。

流成为好朋友、好伙伴，做中俄友好合作事业的接班人。①

青少年体育交流是人文交流的重要平台。通过青少年体育交流，可以促进和增强中外青年的交流和友谊，展示中国良好的形象，进而增进国与国之间人民的相互理解，推进国与国之间的互利合作。2014 年 8 月，习近平总书记在看望南京青奥会中国体育代表团运动员、教练员及部分工作人员时指出："青奥会可以展示我国的改革发展成就，展示中国、南京发展的新面貌；展示中国青少年的风采，带动我国广大青少年积极健身健体，促进我国青少年与世界青少年的交流。"② 青少年是中外人文交流的生力军，是国家交往和促进人民友好事业的继承者、推动者、建设者。体育是世界人民的共同爱好，承载着维护世界和平，深化各国友好交往的神圣使命。青少年体育交流是二者的融合，是加强人文交流、促进民心相通的最佳方式和选择之一。习近平指出，"青奥会既是世界青少年展示体育发展水平的竞技场，又是世界青少年互相学习交流的平台……为广泛传播奥林匹克精神，引导年轻人思考正确的生活方式和生活态度，增进世界青年融合、友谊作出了贡献"③。

---

① 《习近平同俄罗斯总统普京在天津共同观看中俄青少年冰球友谊赛》，http：//www.xinhuanet.com//politics/2018－06/08/c_ 1122959245.htm。

② 《习近平到南京看望青奥会中国体育代表团》，http：//www.xinhuanet.com/politics/2014－08/15/c_ 1112099641.htm。

③ 《习近平到南京看望青奥会中国体育代表团》，http：//www.xinhuanet.com/politics/2014－08/15/c_ 1112099641.htm。

B.3
国家体育总局关于青少年体育工作的新思路

陈世阳　刘政宇　赫婧媛*

摘　要： 国家体育总局认真学习贯彻落实习近平新时代中国特色社会主义思想和习近平总书记关于体育工作重要讲话精神，对青少年体育工作形成新思路：基础性和战略性是青少年体育工作的定位；“普及与提高”是青少年体育工作的目标；促进青少年身体素质提高、加强竞技体育后备人才培养是两大重点任务；坚持以人民为中心、目标导向、分类指导、统筹协调、久久为功是五项基本原则；普及与提高、传统与现代、智育与体育、来源与出路、政府与市场是需要处理好的五对基本关系；青少年体育拔尖人才培养、青少年U系列赛事、青少年体育技能普及提高、幼儿体育是重点工作；加强组织领导、建立健全相关体制机制、聚焦重点工作、推进工作落实是开展好工作的必然要求。

关键词： 青少年体育　人才培养　体育技能

十八大以来，国家体育总局认真学习贯彻落实习近平新时代中国特色社会主义思想和习近平总书记关于体育工作重要讲话精神，从“两个百年

---

* 陈世阳，北京体育大学马克思主义学院副院长，副教授；刘政宇，北京体育大学马克思主义学院硕士研究生；赫婧媛，北京体育大学马克思主义学院硕士研究生。

目标”的大局出发，从建设体育强国、教育强国、健康中国的目标出发，高度重视青少年体育工作，规划、部署、协调、推进新时代青少年体育工作，特别是在2018年、2019年历史性地召开了全国青少年体育工作会议，以全面改革和加强青少年体育工作，以新思路开创体育事业改革发展的新局面。

一 青少年体育工作的定位：战略性、基础性

青少年体育工作关乎体育事业改革发展的各个方面，处于基础性和战略性地位。国家体育总局局长苟仲文指出，把青少年体育工作摆到战略性基础性位置来抓。① 这是对青少年体育工作的新的定位，需要从民族复兴、体育强国建设、体育发展规律等角度正确认识和深刻把握青少年体育工作在体育整体布局中的战略性、基础性地位。

首先，青少年体育是塑造高素质社会主义建设者和接班人的基础。习近平总书记作出重要指示批示，明确要求树立健康第一的教育理念，开齐开足体育课，帮助学生在体育锻炼中享受乐趣、增强体质、健全人格、锤炼意志。② 在青少年成长和全面发展过程中，体育有不可替代的作用。体育是培养青少年爱国主义和集体主义精神的最有效手段；体育是最讲规则的，参加体育运动和比赛可以培养青少年公平、公正、守法和讲规则的强烈意识；体育可以使人的体魄强健，可以提高创造力、增强专注力，可以改造提升青少年气质，使人优雅、智慧；体育活动可以充实青少年的学习生活，使青少年形成健康的课外生活方式，避免沉溺于网络。青少年体育工作事关青少年健康成长、全面发展，事关中华民族复兴和社会主义建设者、接班人的培养。

其次，青少年体育对加快推进体育强国建设也具有基础性作用。习近平

① 《赵勇同志在2018年全国青少年体育工作电视电话会议上的讲话》，http：//www. sport. gov. cn/qss/n5014/c854453/content. html。

② 习近平：《坚持中国特色社会主义教育发展道路 培养德智体美劳全面发展的社会主义建设者和接班人》，http：//www. xinhuanet. com//2018 -09/10/c_ 1123408400. htm。

总书记在党的十九大报告中发出了伟大号召，要求加快推进体育强国建设。[①] 总书记指出，我们要对标世界体育强国，找到差距、补齐短板，特别强调了要协调发展竞技体育、群众体育、体育产业，落实好“三位一体”的发展战略。孙春兰副总理也重申了总书记“三位一体”协调发展战略的思想和要求。[②] 实施“三位一体”战略，关键在于抓青少年体育。竞技体育方面，大力发展青少年体育，可以为竞技体育培养后备人才，夯实竞技体育的人才基础，把竞技体育的盘子做大。从群众体育来讲，青少年体育是群众体育的重要组成部分，并且青少年是实施全民健身战略的基础。青少年时期掌握了体育技能，容易让人养成终身体育习惯，会伴随人的一生。在促进体育产业发展方面，青少年是参加体育活动、购买体育装备、观看赛事的主要人群，是体育消费的主力，也是支撑体育产业发展的主要动力。所以，体育强国建设的根本在青少年体育。

最后，加强青少年体育工作符合体育发展规律。习近平总书记强调“要按照已经认识到的规律来办，在实践中再加深对规律的认识，而不是脚踩西瓜皮，滑到哪里算哪里”[③]。培养体育人才从青少年抓起是体育发展的基本规律。青少年时期是人的身体素质培养和运动习惯养成的最佳时期，也是拔尖体育人才培育的最佳时期。解决体育发展中不平衡不充分不协调不可持续的问题，要抓根本，做战略性、基础性工作，不浮于表面。青少年体育工作就是这个根本性、战略性、基础性工作。竞技体育人才培养不是一蹴而就、一朝一夕就可实现的，要从基础抓起、从青少年抓起。从事青少年体育工作要有正确的政绩观，有功成不必在我、久久为功的目光和远见。总之，重视青少年体育工作，就是要牢固树立“四个意识”，就是要按体育规律办事，就是要补短板、打基础。

---

① 习近平：《决胜全面建成小康社会　夺取新时代中国特色社会主义伟大胜利》，《人民日报》2017年10月19日，第1版。

② 孙春兰：《以新思想引领新时代体育工作　加快推进体育强国建设》，http：//www.xinhuanet.com/2018－03/28/c_ 1122606203.htm。

③ 习近平：《做人要实的三个“要求”和四个“树立”》，http：//www.xinhuanet.com/politics/2015－08/17/c_ 128137617.htm。

二　青少年体育工作的目标

青少年体育工作的目标是面向全国青少年普及体育技能、让全国青少年提高体育技能，全面提高身体健康素质，使得青少年优秀体育人才能够脱颖而出、层出不穷。这些目标可以概括为两点：普及与提高。

第一，普及，即努力实现青少年体育工作全覆盖。首先，青少年体育工作一定要覆盖全体青少年，融入青少年成长全过程。现在的青少年体育工作还未做到经常性地覆盖所有人群，今后要努力让青少年体育工作渗透、融入所有青少年生活和学习中，让他们做到“学习＋体育”“生活＋体育”，要争取在青少年成长的整个过程中都有体育要素的参与。我们要加强幼儿教育阶段、义务教育阶段、高等教育阶段的体育教育，发挥家庭、社区在青少年体育中的重要作用。其次，青少年体育工作要实现运动项目的广泛覆盖。当前很多竞技体育项目，包括夏奥会和冬奥会的一些项目，基本没有开展，没有青少年人才基础。例如，竞技体育后备人才的培训体系还未广泛地覆盖所有奥运会项目，一些项目仍然处于空白状态，导致了后备人才的断档，这是青少年体育工作的薄弱环节，也是发展潜力所在。构建青少年体育新格局，有助于推动我国奥林匹克教育的全面开展，有助于向青少年推广和普及夏季奥运会项目和冬季奥运会项目，以及具有中国文化特征的运动，如中国式摔跤、武术、射箭、赛龙舟等。

第二，提高，即全面提高青少年身体健康素质和体育技能，推动竞技体育后备人才的选拔与培养。一方面，落实青少年体育活动促进计划，激发和培育青少年体育爱好，实现青少年能够熟练掌握 1 项以上体育运动技能的目标，形成终身体育健身的习惯。预计到 2030 年，学校体育的场地设施和器材配置达标率能够达到 100%，青少年学生参与体育活动达到中等强度，即每周 3 次以上，全国儿童青少年新发近视率明显下降，儿童青少年视力健康水平整体显著提升，国家学生体质健康标准优秀率达 25% 以上。[①] 另一方

① 《教育部等八部门关于印发〈综合防控儿童青少年近视实施方案〉的通知》，http://www.moe.gov.cn/srcsite/A17/moe_943/s3285/201808/t20180830_346672.html。

面，在坚持办好体校的同时，推动体教融合，鼓励市场、社会不同力量参与青少年体育人才的培养。加强学校体育，在学生能够掌握基本运动技能的基础之上，根据学校情况，施行运动项目教学，开展课余训练和运动竞赛，以提高学生的专项运动能力，培养体育后备人才，同时，支持大中学建立高水平运动队。重视和加强体校建设，加大对地市级、县级体校的投入，更新体校教学训练设备，扩大体校教练团队数量、提高体校教学水平；推动体校的特色化、专业化、社会化改革，提高体校质量，发挥体校作为青少年竞技体育后备人才主阵地的作用。鼓励、支持企业和社会力量办俱乐部，培养青少年竞技体育后备人才。

三　青少年体育工作的重点任务

经过 70 年的建设，中国青少年体育发展取得了辉煌的成就，为今后奠定了坚实的基础。新时代，对青少年体育工作而言，在普及和提高两个目标中，提高是主要目标，是工作的重点，即促进青少年身体素质提高、加强竞技体育后备人才培养是抓好青少年体育工作的两大重点任务。

这是当前阶段体育发展改革的要求。一方面，青少年体育工作的弱化导致体育改革发展出现许多问题。2014 年全国学生体质与健康调研结果表明，虽然学生体质健康状况整体有所改善，但视力不良检出率依旧居高不下，并且呈低龄化倾向；肥胖检出率持续增加，大学生的身体素质继续呈下降趋势。[①] 体育人才总量太小，青少年体育后备人才特别是拔尖人才面临青黄不接、一才难求的局面。青少年培养阵地弱化，许多地市级、县级体校长时间缺乏投入，体育设备陈旧，教练团队数量不足、水平不高，甚至一些县级体校纷纷开始倒闭。对青少年体育工作重视、投入不够，体制机制不够灵活，人才培养仍停留在传统模式上，致使体育发展后劲严重不足。另一方面，新

① 《赵勇同志在 2018 年全国青少年体育工作电视电话会议上的讲话》，http：//www. sport. gov. cn/qss/n5014/c854453/content. html。

时代针对青少年体育工作提出了新的要求。要实现“两个一百年”的目标，需要依靠德智体能够全面发展的青少年一代接力奋斗。促进青少年全面发展责无旁贷。人民向往美好生活，希望自己的孩子不近视、不未老先衰，但目前我们在学校、社会培养青少年的阵地、设施、教练等方面，还远未满足人民对美好生活的期待。体育强国建设对青少年体育也提出了前所未有的要求。青少年体育工作的弱化是掣肘体育事业发展的深层次问题。在这样的背景下，在新中国体育70年发展的基础上，结合新时代的实际，全国体育系统要把“提高”作为今后青少年体育工作的重点。

四　青少年体育工作基本原则

要做到高标准高质量完成各项任务，青少年体育工作中必须把握好几个原则。

第一，坚持以人民为中心。以人民为中心是我们党的工作理念和原则，也是我们体育工作包括青少年体育工作的理念和原则。习近平总书记强调，我国有3亿多少年儿童，让孩子们健康成长关系到祖国和民族的未来，也是每个家庭最大的愿望和期盼。“人民满意不满意、高兴不高兴、答应不答应”是评判我们工作的唯一标准。在青少年体育工作领域中，以人民为中心的具体表现就是要满足人民对青少年体育的期待，满足青少年健康成长的需求，促进青少年身心健康的全面发展，培养竞技体育后备人才，培养合格的社会主义现代化建设者和接班人。

第二，坚持目标导向。青少年体育工作要坚持目标导向，坚定信心，迎难而上，以更加开阔的视野、更加扎实的作风、更加有力的举措，全力抓好各项工作，完成各项目标任务。当前和今后一段时期，“促进青少年身体素质的提升、培养高素质的竞技体育后备人才”这两大青少年体育工作任务就是我们工作的导向，在工作中要时刻考虑怎么实现和促进目标完成。国家体育总局应将更多精力放在青少年体育战略、规划、标准、政策制定和对各项计划贯彻落实的督导上，各地方单位工作重心应放在为国家培养输送竞技体育后备人才上。

第三，坚持分类指导。习近平总书记曾指出，中国体育事业取得了长足进展，但有些项目仍是短板。“我们要分类指导，从娃娃抓起，扎扎实实提高竞技体育水平。”① 不同项目具有不同的特点。对于青少年体育而言，更是复杂，由于掺杂了青少年身体发育、心智成熟、家庭和学校教育等因素，鲜有一套“放之四海而皆准”的具体方法。因此，我们应遵循规律办事，尊重规律、研究规律，根据每个项目的不同之处，结合青少年本身的特点，探究各项目特有的制胜规律和后备人才选拔培养模式，实施分类指导，精准施策，绝不能“一刀切、一锅煮”，搞“大水漫灌”。

第四，坚持统筹协调。统筹兼顾、协调发展是科学地开展工作的精髓。青少年体育工作开展的过程，其实就是统筹协调的过程、解决矛盾的过程，就是各司其职、团结协作、凝聚力量、形成合力的过程。青少年体育发展要坚持统筹协调，从横向上看，体育部门需要与发改、财政、教育等不同部门加强协调沟通，加强协作，主动提出相关标准和解决方案；从纵向上看，体育部门要加强全国各层级青少年体育部门的沟通协调，形成全国青少年体育大格局、大集体，共同促进青少年体育工作的发展。

第五，坚持久久为功。培养竞技体育后备人才需要漫长的周期，普及青少年的体育技能需要逐步实现，这些特点决定了青少年体育工作是一项长期而又艰巨的任务，决定了这项工作要久久为功，持之以恒。久久为功不仅是青少年体育工作的方式方法，也是体育人推进青少年体育工作的持久、坚韧的态度。因此，推进青少年体育工作，是一个循序渐进的过程，不能急于求成、心浮气躁，要脚踏实地、持之以恒，有功成不必在我，但功成定要有我的决心，要以坚韧不拔的毅力和定力深化改革，推动发展，敢打硬仗，敢打持久战。在具体操作过程中，要持续发力，积小成大，积少成多，既要注重短期目标，抓攻坚、抓突破，精准发力，也要有长远考虑，抓常态、抓长效，重视各种长效机制的建设和调整，从而保障工作取得最终胜利。

① 《习近平同国际奥委会主席巴赫交谈：中国向体育强国目标迈进》，http：//www. xinhuanet. com/world/2014 -02/07/c_ 119230043. htm。

五　青少年体育工作需要处理好的基本关系

做好青少年体育工作，是一项重要任务，也是一项长期和艰巨的任务。需要处理好各种关系。

第一，普及与提高的基本关系。普及与提高是辩证统一的关系，是“高原”和“高峰”的关系。普及是基础，是青少年体育发展的必由之路；提高是目的，贯穿于青少年体育发展的每一个阶段。做好青少年体育工作，必须贯彻普及与提高相结合的“两条腿走路的方针”。在此基础上，使全体青少年广泛参与体育运动，掌握1~2项体育技能，扩大青少年运动人口基数，实现运动项目的广泛覆盖，为竞技体育后备人才的选拔、培养厚植基础。在普及基础上，提高青少年体育技能，全面提高青少年身体健康素质，选拔和培养青少年体育后备人才特别是青少年体育拔尖人才。在提高基础上，吸引更多青少年自觉投入体育锻炼，实现普及与提高的互动与促进，共同服务于青少年的全面发展和体育强国建设。

第二，传统与现代的基本关系。体育并不是西方的专利，中国自古以来就有传统的体育项目，拥有丰富多彩的体育活动和具有中国民族特色的体育文化。中国传统体育是中国体育的重要组成部分。而由于现代的体育项目及比赛多数从西方传播而来，尤其是现代奥林匹克运动发源于西方，在很多人看来，只有奥运会的项目才是体育项目。在过去一段时间，只有奥运会项目才被重视，很多中国传统体育项目受到了削弱。在青少年体育的发展中，正确处理传统与现代的关系尤为重要。对优秀的中华传统体育要继承发展，要在青少年中推广有中国文化特征的运动，如中国式摔跤、武术、射箭、赛龙舟等，促进青少年身体健康、提升青少年的民族自信；同时要促使青少年广泛参与现代体育项目，弘扬积极向上的现代体育精神，参与国际体育交流和竞争。

第三，智育与体育的基本关系。青少年文化学习与体育锻炼不应是割裂开来的，而应是相互促进、相互提高的。但现实中，二者关系并未得到较好处理。体校学生和国民教育体系学生最大的差异在于智育和体育侧重点不同。很多体校学生不是在体育竞技中被打败的，而是在教育上被打败的；很多国民教育体系的学生不是输在了课业成绩上，而是在生活中没有一个健康强壮的身体。参与体育运动并不会影响学业，而是会培养学生的耐心、毅力和专注力；文化课的学习也不会耽误体校学生的正常训练，而是可以让体育生更全面地发展。因此，在青少年体育工作中要正确处理智育与体育的基本关系，补齐短板，促进青少年的全面发展。

第四，来源与出路的基本关系。我国青少年体育后备人才的特别是拔尖人才，面临青黄不接、一才难求的局面。要解决这个问题，需要解决好来源和出路的问题；只有两头打通了，青少年体育后备人才的“这池水”才能活起来，才可能出现人才济济、生机勃勃的局面。随着人民生活水平提高，青少年成长发展途径增多，传统的单一的体校吸引力下降，培养、输送竞技体育后备人才的来源变少，而青少年运动员的出路又未能得到良好保障，加剧了竞技体育后备人才数量萎缩的局面。解决这一矛盾的关键是搞活两头：一方面，在坚持办好体校的同时，推动体教融合，鼓励市场、社会不同力量参与青少年体育人才的培养，扩大来源；另一方面，畅通成长通道，完善相互衔接的学生赛事体系，建立和完善教育、体育和社会相互衔接的人才输送渠道；完善青少年运动员的评价机制、奖励机制和教育、保险等保障机制等，扩大出路。最终，形成竞技体育后备人才源源不断，体育项目蓬勃发展的良性循环。

第五，政府与市场的基本关系。体育不是单纯的公益属性，它既有公共福利及公益事业的一面，也有产业属性的一面，要综合利用政府、市场和社会的力量，发展中国特色体育道路。在体育事业的改革道路上，需要发挥好举国体制和市场机制的优势，将计划和市场平衡好，协调与统筹发挥政府、市场和社会共同推进体育强国建设的作用，努力形成举国体制和市场机制有机统一、协调互补、相互促进的格局。因此，要走举国体制与市场机制相结合的道路，更好发挥举国体制的基础作用，同时进一步发挥市场主体和社会主体的力量。对青少年体育工作也是如此。首先要做好政府不同部门内部的职能协调等工作。比如青少年体育与教育的融合问题，体育部门需要站在全局高度去看待、谋划、推动，多与教育部门沟通，探索体教结合的一些新路径。其次，办好青少年体育要利用好社会力量。推动单项协会实体化改革，加强协会建设，就是要更好通过社会组织的力量促进项目发展。再者要利用好市场力量。当前，职业体育正在快速发展，职业体育可以延长参与者的体育生命周期，扩大体育人口，带动体育发展，要鼓励职业体育和社会体育俱乐部参与青少年体育发展，形成庞大的支持青少年体育发展的多元力量。

六　开展青少年体育重点工作

青少年体育工作是系统工程，涉及体育事业改革和发展的各个方面。开展青少年体育工作既要有全局观，又要抓重点，找准关键问题、抓住主要矛盾，从而有的放矢、对症下药，保证工作的针对性、准确性和有效性，实现青少年体育工作取得突破。

第一，开展青少年体育技能普及工作。《中共中央国务院关于加强青少年体育增强青少年体质的意见》（中发〔2007〕7号）[①] 明确规定，每个学生要掌握两项以上体育运动技能。只有保障青少年掌握必需的体育运动技能，体育工作才有人才基础。这要求体育部门为青少年体育技能普及提高提供必要的机制保障。体育部门要承担起自己的责任，推动体教结合，要尽快公布运动等级标准；鼓励体育设施双向开放，即学校体育设施向社会开放、政府公共体育设施向学校开放，积极为青少年学习体育运动技能提供场馆和设备；校外体育要抓好冬夏令营活动，各省区市、社会各方要利用好互联网，通过冬夏令营活动组织体育培训。动员各级社会体育指导员为广大青少年参与体育锻炼提供指导。

① 《中共中央国务院关于加强青少年体育增强青少年体质的意见》，http://www.gov.cn/jrzg/2007-05/24/content_625025.htm。

第二，开展青少年U系列赛事工作。青奥会、青运会和各种U系列赛事为青少年参与比赛提供了众多平台和机会。应改革完善青奥会、青运会和各种U系列赛事参赛机制，在此基础上大量选拔和培养优秀竞技体育人才，为世界性竞技体育比赛打好坚实基础。此外，各项目中心和协会、各级体育部门，要大力发展U系列赛事。U系列体育赛事要结合项目特点，完善赛事体系，落实政府购买赛事服务、网上报名、促进主办主体多元化以及实施多种激励措施等工作。

第三，开展青少年体育拔尖人才培养工作。目前，我国青少年体育面临拔尖人才总量小、结构分布不科学，某些项目缺乏拔尖人才等问题，开展青少年体育拔尖人才培养工作是重中之重。要利用大数据科学谋划，将举国体制和市场机制相结合，加快建立青少年体育后备人才库，打造五支高水平队伍：国家队和国家集训队的预备队、各级体校高水平运动队、大中学校高水平运动队、俱乐部高水平运动队和国外留学生群体高水平运动队。五支队伍的建设，一是要抓好选材；二是要组织复合型团队进行科学训练；三是要提供强有力的保障，包括上学、就业、激励等；四是要有一套开放的机制。[①]

第四，开展幼儿体育工作。落实好“从娃娃抓起”的青少年体育工作要求，扩展体育新空间、遵循体育发展规律，开展好幼儿体育工作。鼓励幼儿参与小篮球、小足球、趣味田径、快乐体操、游泳等项目。由于幼儿缺乏选择体育运动的自主性，应引导家长的教育观念从重视学校成绩排名向促进孩子全面发展转变；紧抓幼儿教师培训，办好示范性幼儿体育教师培训班，确保幼儿体育教师能够掌握体育运动技能，通过培训幼儿教师普及幼儿体育。

七　加强对青少年体育工作的领导

青少年是国家发展和民族存续的根本与核心，青少年的事无小事。我们

---

① 《赵勇同志在2018年全国青少年体育工作电视电话会议上的讲话》，http：//www. sport. gov. cn/qss/n5014/c854453/content. html。

要站在“培养社会主义现代化建设者和接班人”这一高度上，投入情感、谋划思考、加强领导、完善体制机制、健全组织保障、推进工作落实，开展好青少年体育工作。

第一，加强组织领导。《中共中央国务院关于加强青少年体育增强青少年体质的意见》(中发〔2007〕7号)明确要求，各级党委、政府要重视青少年体育工作，将青少年体育工作纳入各地发展规划中；在国务院全民健身部际联席会议的框架下，共同推动体育、教育、文化等部门加强青少年体育工作；国家体育总局各部门和各项目中心、协会要重视对青少年体育工作的研究推动和政策支持，要设立专门的青少年体育工作部门，各项目中心和协会要有专门的分管领导。各地体育部门一把手要亲自抓青少年体育工作，要配强抓青少年体育工作的分管领导；各地体育部门要将青少年体育工作放到首要地位，要加强青少年体育工作部门核心职能建设和队伍建设。各单位各部门要加强组织领导，层层抓好工作任务的落实，各负其责、各司其职，相互支持、密切配合，全力做好各项工作。①

第二，建立完善的体制机制。建立完善的体制机制，要突出强调六个机制：青少年运动技术等级评定机制、参赛选拔机制、教练员培养机制、激励机制、资金保障机制和市场运作机制。健全体制机制，要贯彻落实国务院的意见指示，要把运动等级评价与晋级国家集训队等挂钩，要建立完善标准严格、操作规范、公开公正的选拔机制，提高教练员的数量和质量，完善运动员、教练员的待遇和奖励措施，保障资金来源、设立专款专项，同时要充分利用市场手段，广泛动员社会力量，为青少年体育工作的开展争取各界力量。

第三，聚焦重点工作。紧盯重点、以点带面是保障青少年体育工作有序展开的重要方法。2018 年青少年体育重点工作主要有六个方面：各项目中心、协会、各省市县建立 5 支队伍，建立大数据支撑的青少年体育拔尖人才

---

① 《中共中央国务院关于加强青少年体育增强青少年体质的意见》，http：//www. gov. cn/jrzg/2007 -05/24/content_ 625025. htm。

库；落实学校体育改革，新体校要有新的机制，老体校要转型发展；搭建U系列赛事的政策平台和管理服务平台，筹备青运会；备战青奥会；推进青少年体育冬夏令营开展；抓幼儿体育的改革试点，抓大中学校办高水平运动队的改革试点，抓社会力量办青少年体育的改革试点等。

第四，推进工作落实。要转变工作作风、责任到人。责任要分解到相关领导、相关部门、相关中心和协会，要有具体的工作方案和改革方案、倒排工期的推进方案，要一项一项地落实。根据国家体育总局党组的要求，对各项目中心和协会、各省区市青少年体育工作进行考核，努力推动各项工作落到实处。

改革创新篇

Reform and Innovation

B.4

2018年中国青少年体育冬夏令营活动开展状况调查报告

柳鸣毅　张毅恒　胡雅静*

摘　要： 2018年国家体育总局资助14252万元开展了2506个青少年体育冬夏令营活动，以此鼓励青少年积极参与体育活动，提升青少年身体健康素质与体育技能水平，全国31个省（区、市）已有414980名青少年参与体育冬夏令营活动。本报告通过第三方网络平台采用网络问卷的形式分别对其中29个省（区、市）的冬夏令营机构共计1128名冬夏令营从业人员和19015名青少年学员进行调查。结果显示：从参与机构看，通过政府差额补贴方式运营的冬夏令营机构数量最多，各机

---

* 柳鸣毅，武汉体育学院副教授；张毅恒，中国地质大学讲师；胡雅静，武汉体育学院硕士研究生。

构开展的活动内容丰富多样，包括技能培训、身体测试、比赛交流、学习体育文化等多个类别及跆拳道、篮球、足球、羽毛球等近120个体育运动项目，每节课时长多为60~90分钟，充分满足了青少年体育锻炼和技能学习需要；从从业人员看，师资情况呈现多元化、专业化和年轻化发展趋向，指导人员年龄多在40岁以下，包括专业教练、体育教师、退役运动员等多类成员；从参与学员看，多数参与学员处于小学学段，并且其体育基础较为薄弱，参与的冬夏令营课程以基础技能学习为主。为促进我国青少年体育冬夏令营活动科学开展，本报告提出，在政策层面上，应做好顶层设计，对工作推进方式、工作重点、工作节点等进行具体部署，提高工程质量；在组织层面上，创新工作推进方式，拓展推广渠道，促进能力建设；在人员发展上，培育人才团队，倡导科学指导；在活动内容上，建立课程体系，衍生营地功能；在市场推广上，适度进行商业开发，打造产业体系。

关键词： 青少年　体育冬令营　体育夏令营

一　前言

体育作为一项促进处于成长关键期的青少年健身、健心、健群的社会活动，将在满足青少年日益增长的文化、健康等多元化、多样化、多层次的需求中扮演重要角色。习近平总书记提出："少年强、中国强；体育强、中国强"，显然，青少年体育已然成为建设健康中国和体育强国战略的基础性工程。2018年，国家体育总局开始在全国范围内实施青少年体育冬夏令营活动。青少年体育冬夏令营是指利用寒暑假及其他时间开展的，以体育项目技能培训为主要内容，集中组织举办的青少年体育培训及相关活动。从本质属性角度分析，青少年体育冬夏令营是青少年体育活动的一种表现形式。种类繁多的运动项目、各式各样的活动形式、倡导公益的组织方式、促进技能掌握的活动目标是冬夏令营的内在属性，在寒暑假及其他时间举办是冬夏令营区别于学校体育的时间特性。

本调查报告针对2018年国家体育总局通过财政经费转移支付支持全国各省（区、市）以及地市州、区县、社区、学校、青少年体育俱乐部等基层创办的三类青少年体育冬夏令营从业人员进行调查，以期掌握我国青少年体育冬夏令营创办基本情况、政策落实情况以及需要改进的方向等。

二　2018年全国青少年体育冬夏令营开展现状

根据《体育总局办公厅关于做好2018年全国青少年体育冬夏令营实施工作的通知》，通过本级拨付的方式，国家体育总局青少司充分动员总局下属运动项目中心、全国性单项体育协会资源，发挥它们在专业教练员、活动组织、地方资源、器材设备等方面的优势，开展专项性青少年体育冬夏令营；通过转移支付的方式，国家体育总局青少司充分动员全国各个省（区、市）的资源，秉承兼顾全国性和地方性、发达地区和贫困地区、普及性和提高性等原则，开展各省（区、市）的基层性质的青少年体育冬夏令营。在我国目前青少年多元化的体育需求与青少年体育组织数量、活动赛事类型、场地设施数量、指导人员执教能力等之间具有不平衡性，以及青少年人口基数大与青少年体育参与率低和达标率低这一矛盾尚未解决的背景下，全国青少年体育冬夏令营工作采取的“纵横推进”的路径，有利于政府、社会和市场资源融合，为青少年提供不同种类、性质、项目的青少年体育冬夏令营，有利于针对青少年普及体育运动、开展体育技能培训、传播健身健康知识以及培养青少年的运动兴趣等，也有利于为青少年提供更多接触规范化、集约化、科学化、体系化的体育技能的机会。

（一）全国青少年体育冬夏令营开展类型

为了推动青少年体育公共服务均等化，2018 年共开展了三种类型的青少年体育冬夏令营活动，分别为政府全额资助类、政府差额补贴类和经费自筹运营类（见图 1）。根据统计，政府全额资助类为 578 个，占比 23.06%。此类冬夏令营是旨在围绕各省（区、市）脱贫攻坚等重大部署，针对贫困地区青少年、留守儿童、困难家庭青少年设计的公益类项目，参与冬夏令营的青少年不需要缴纳费用，通过政府提供青少年体育公共服务的形式彰显体育公益性和普世性。政府差额补贴类为 1275 个，占比 50.88%。此类冬夏令营通过政府差额补贴的方式开展，旨在扶持青少年体育技能培训事业和产业，使承办机构可以低于相关体育项目培训市场平均价格的价格进行收费，为青少年体育俱乐部、体育企业、体育培训机构等组织举办服务型青少年体育冬夏令营，给予资质、经费和技术等方面的支持。同时，全国各省（区、市）也采用政府购买服务、委托代理等方式激发社会参与青少年体育技能培训工作的活力。经费自筹运营类为 653 个，占比 26.06%。此类冬夏令营属于提高层次的营利性青少年体育冬夏令营，原则上政府不给予资助。但对此类冬夏令营行政主管部门需要予以监管，给予从事青少年体育技能培训产业的各类机构官方授权，提高此类冬夏令营在运营过程中的品牌效应和市场认可度。

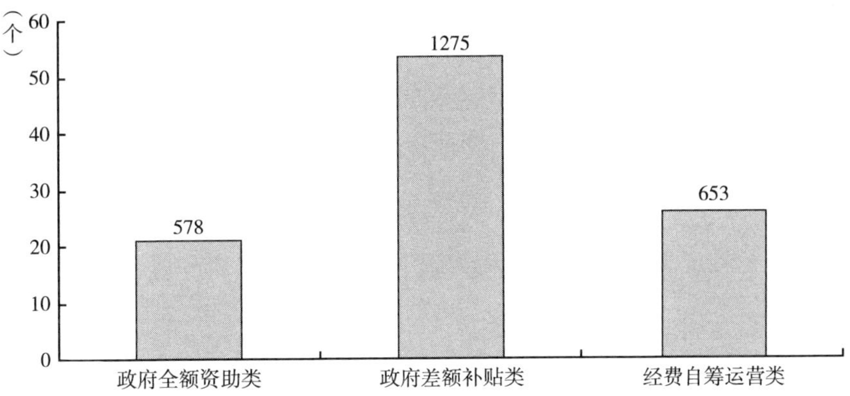

图 1　2018 年全国青少年体育冬夏令营分类情况

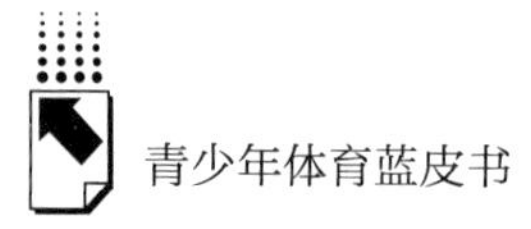

从三种类型青少年冬夏令营开展情况来看，2018 年全国青少年体育冬夏令营的政府补贴和扶持特点突出，政府补贴和扶持有利于促进青少年体育俱乐部、培训机构等各类组织的能力建设和可持续发展，同时也兼顾了扶持弱势青少年体育人群的扶贫工程。为进一步促进青少年体育培训产业发展，各省（区、市）等枢纽性体育行政机构还需增加激活市场的举措，促进自筹经费性质的冬夏令营有序发展。

（二）全国各省（区、市）青少年体育冬夏令营开展规模

2018 年，全国 31 个省（区、市）参与青少年体育冬夏令营的学员总计 414980 人，其中吉林省参与人数最多，为 80000 人；黑龙江省为 49615 人，江苏省为 37523 人，有 12 个省（区、市）参与青少年体育冬夏令营的学员人数在 10000 人以上（见图 2）。为了突出重点和试点改革，黑龙江、江苏、湖南、河北和福建省被列为 2018 年全国青少年体育冬夏令营重点布局省份，其开展的规模效应较好。如黑龙江省利用激活社会组织和体育运动学校的双向驱动模式，通过冬夏令营推动青少年体育技能普及和跨界选材、后备人才培养等工作开展，尤其是发挥冰雪项目优势，大力通过政府扶持和社会参与的渠道为更多青少年参与冰雪运动提供机会；湖南省采用社会组织自愿报名的方式，对青少年体育俱乐部、体育培训机构、体育企业和体育场馆等进行海选，按照区域、项目、人群和组织均衡发展的原则，布局该省青少年体育冬夏令营工作。由此说明，体育技能服务是当前青少年在寒暑假等闲暇时光较有需求的一项社会公共服务品，也存在巨大商机；各级体育行政部门的重视程度、工作方式和推动力度与青少年体育冬夏令营参与规模具有高度相关性。

（三）国家体育总局下属运动项目中心青少年体育冬夏令营开展规模

2018 年参与国家体育总局下属运动项目中心、全国性单项体育协会等组织的青少年体育冬夏令营学员共计 160314 人。其中，国家体育总局体操运动管理中心参与青少年人数最多，共 61808 人；国家体育总局棋牌运动管

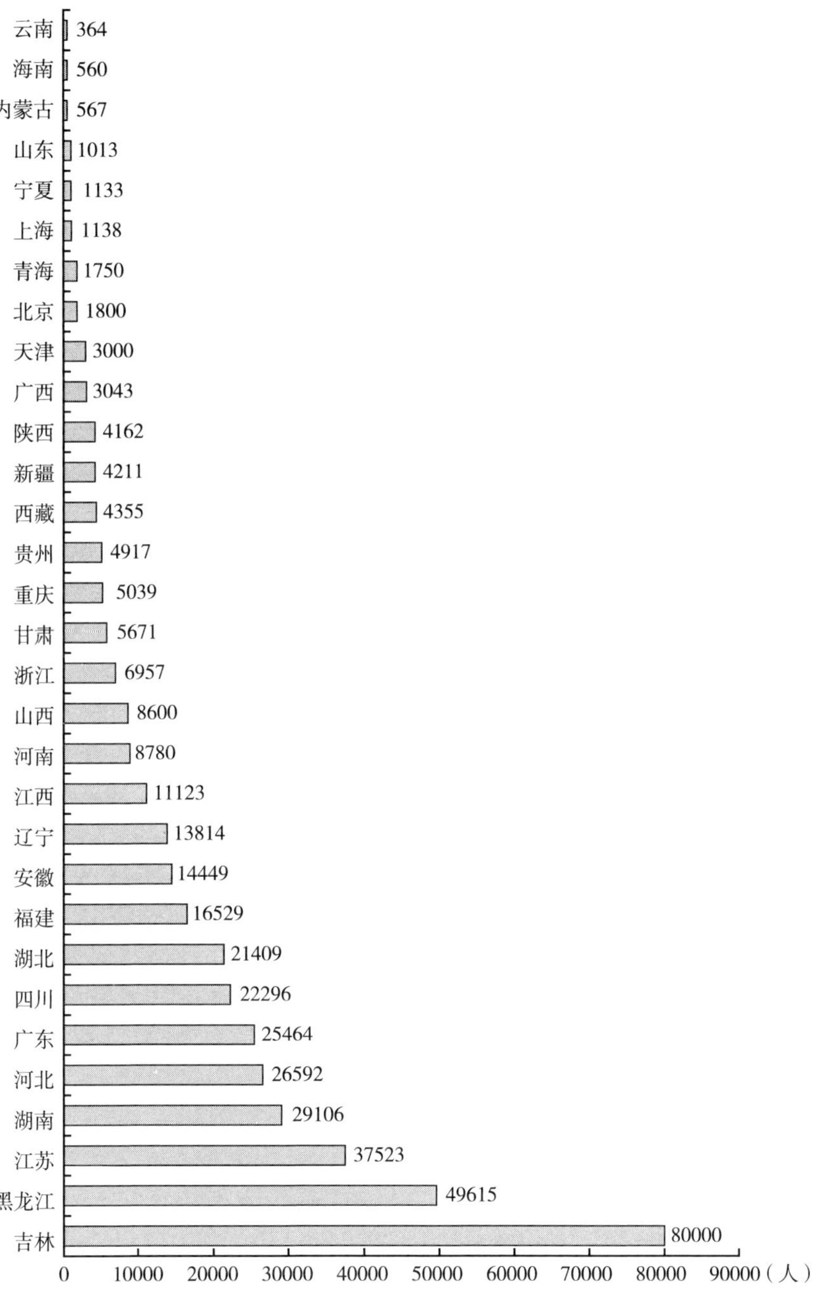

图2　2018 年全国 31 个省（区、市）青少年体育冬夏令营学员人数情况

理中心排名第二位，共27873人；国家体育总局登山运动管理中心排名第三位，共19678人（见图3）。可见，近几年“快乐体操”项目的开展较大程度地改变了大众对传统竞技体操训练的认识，尤其是当前快乐体操冬夏令营、赛事、校园培训等系列活动的开展，为体操专项冬夏令营奠定了规模基础。棋牌项目一直以来都受到家长和青少年的青睐，青少年体育棋牌冬夏令营以传承传统、深入校园和动员社会为特色。户外运动是青少年体育冬夏令营最受欢迎的项目，在美国有着近百年的历史。近几年，攀岩、露营、冲浪、滑板等户外运动在我国快速发展。户外运动以彰显身体教育的理念，以体育为载体，提高青少年身体活动能力。目前，我国户外运动已形成了内容丰富、机构多元和广泛参与的组织体系，营地环境涵盖了水上、山地、沙

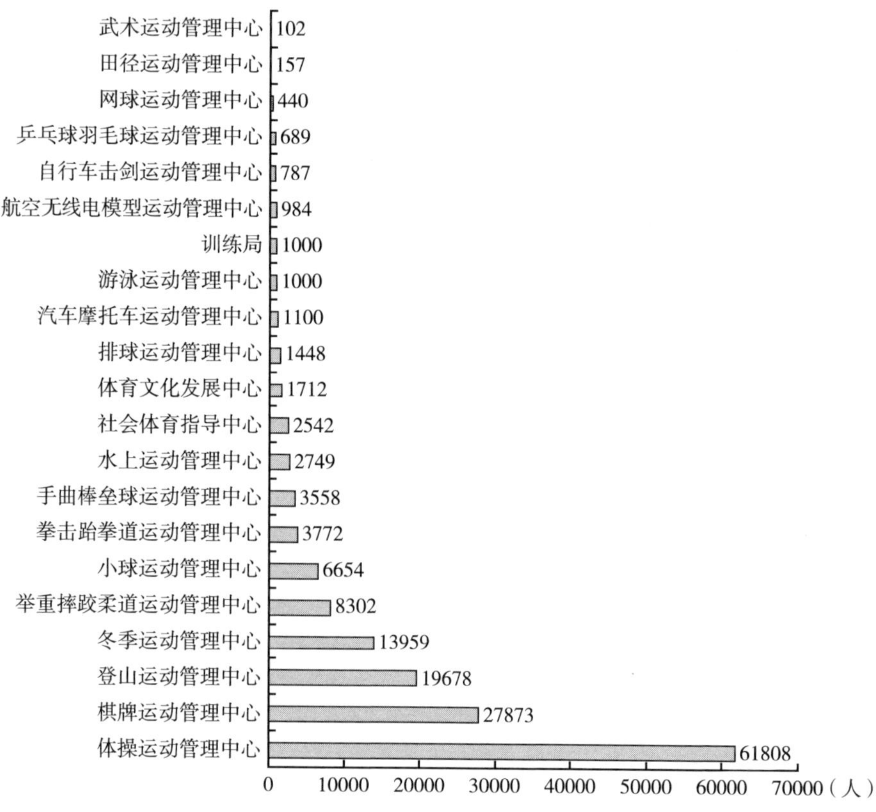

图3 2018年国家体育总局下属运动项目中心冬夏令营参与规模

漠、草原等多种自然形态以及葡萄园、蒙古包、少林寺等各地人文景观，吸引了全国各地青少年的广泛参与。

三　全国青少年体育冬夏令营从业人员调查结果

（一）全国青少年体育冬夏令营从业人员专业素养

青少年体育冬夏令营作为国家体育行政部门首次在全国范围内开展的青少年体育活动，其既依托体育行政机构的体育运动学校、青少年体育俱乐部等机构，也给予社会性质和市场性质的从事青少年体育技能培训的企业等机构参与机会。专业人才服务团队是青少年体育组织管理的主体，为了掌握专业人才服务团队基本情况，本报告选取年龄、任职性质、管理知识学习或实践经历背景、运动技术等级证书和教师资格证书作为专业人才的专业素养调查维度。

调查表明，在年龄分布方面，2018 年全国青少年体育冬夏令营从业人员呈现年轻化趋势，29～39 岁年龄段人员最多，占比 40.78%，其次是40～49 岁年龄段人员，占比 38.83%，50 岁及以上年龄段人员占比最低，为 20.39%。随着近几年青少年体育培训市场的爆发式发展，体育专业毕业生、退役运动员和年轻体育爱好者投身于创建青少年体育俱乐部、体育培训企业逐渐成为一种趋势，但这也说明当前我国青少年体育培训市场存在门槛较低、行业监管水平有待提高等问题。从任职性质方面分析，青少年体育冬夏令营专职从业人员比例达到 61.17%，表明青少年体育培训产业具有较大市场，且市场主体较为稳定。同时，有管理知识学习或实践经历背景的从业人员比例达到 66.58%，获得过运动技术等级证书的从业人员比例达到 96.99%，有教师资格证书的从业人员比例达到 98.85%（见表 1），可见青少年体育冬夏令营从业人员在管理知识或实践经历、专业技术资质和教育背景等方面的专业化素养较高，也说明青少年体育培训从业人员既需要管理能力，也需要专业技能指导能力。

表1　2018年全国青少年体育冬夏令营从业人员专业素养情况

素养分类	具体项目	样本数量(人)	占比(%)
年龄分布情况	29~39岁	460	40.78
	40~49岁	438	38.83
	50岁及以上	230	20.39
任职性质	专职	690	61.17
	兼职	438	38.83
管理知识学习或实践经历背景	有	751	66.58
	没有	377	33.42
运动技术等级证书	拥有	1094	96.99
	没有	34	3.01
教师资格证书	拥有	1115	98.85
	没有	13	1.15

（二）全国青少年体育冬夏令营组织形式

在参与规模方面，青少年参与活动人数在150人以上的冬夏令营比例最大，达到38.03%，此调查数据与当前青少年体育培训市场的爆发式发展状况相一致。寒暑假时段是青少年参与校外体育活动的黄金期，应着力拓展供给渠道和提高培训质量。每个冬夏令营班级学员数量在20人以上的比例最大，达到49.11%，说明青少年体育冬夏令营培训课程规模较大、培训方式较为粗放，还需进一步提高精细化小班培训比例，因为只有精细化小班教学才能有效提高青少年技能水平和熟练程度，才符合青少年体育技能教学的规律。

在冬夏令营组织天数和开设课程次数方面，一期青少年体育冬夏令营天数为0~10天和11~20天的比例分别为42.91%和43.44%，开设课程次数为1~10次和11~20次的比例分别为69.50%和18.35%，达到了使青少年基本入门和掌握某一项目基本技术的时间要求和课次要求。青少年体育冬夏令营承办机构不仅应加强宣传，更要通过提高管理水平和培训质量使青少年在冬夏令营结束后，能够免费或花钱继续享受体育培训服务，为其今后继续参与体育运动奠定基础。

在开展训练课时长方面，60～90分钟的占比最大，为30.59%；90分钟以上的比例次之，达到30.41%。显然，青少年体育冬夏令营训练课时长符合运动训练基本规律，能够满足准备活动热身、主要技能习得、讲授和熟悉身体素质训练的基本时间要求，能够满足完成运动技能提升所需的训练课结构。

在训练课时间段分布方面，上午和下午开展训练的比例较大，分别为44.41%和45.74%，既丰富了青少年的寒暑假生活，也较好地利用了青少年寒暑假上午和下午的“黄金时间”，促进青少年掌握1～2项运动技能。同时，冬夏令营收取费用的比例高达65.78%，表明青少年及其家长购买体育服务和参与体育技能培训的意愿较强。走训制比例达到54.79%，可见走训收费模式完全符合青少年体育冬夏令营运作规律。2018年全国青少年体育冬夏令营组织情况如表2所示。

表2　2018年全国青少年体育冬夏令营组织情况

类别	具体项目	样本数量(人)	占比(%)
青少年参与活动人数	50人以上	167	14.85
	51～100人	363	32.18
	101～150人	169	14.98
	150人以上	429	38.03
班级学员数量	1～10人	160	14.18
	11～20人	414	36.70
	20人以上	554	49.11
冬夏令营组织天数	0～10天	484	42.91
	11～20天	490	43.44
	20天以上	154	13.65
开设课程次数	1～10次	784	69.50
	11～20次	207	18.35
	21～30次	69	6.12
	30次以上	68	6.03
开展训练课时长情况	40分钟以内	138	12.23
	40～60分钟	224	19.86
	60～90分钟	345	30.59
	90分钟以上	343	30.41

续表

组织形式	具体项目	样本数量(人)	占比(%)
训练课时间段分布	上午	501	44.41
	下午	516	45.74
	晚上	111	9.84
收取费用情况	收取	742	65.78
	未收取	386	34.22
住宿制度	住宿制	251	22.25
	走训制	618	54.79
	两者都有	259	22.96

注：在“开展训练课时长情况”中，存在“6.02%的参与者不确定”情况。

（三）全国青少年体育冬夏令营活动内容

根据《青少年体育活动促进计划》，且按照我国开展青少年体育冬夏令营的要求，2018 年我国青少年体育冬夏令营开展了 7 类培训，开展身体素质测试的比例最高，达到 66.76%，其次是运动技能培训，比例达到 64.81%。青少年体育冬夏令营参与学员均是体育爱好者和初学者，开展提升速度、力量、柔韧性和灵敏性等多种竞技能力的身体素质训练有助于提高学员体质健康水平和改善学员身体形态，为学员接受运动项目技能培训打好基础，同时在冬夏令营期间组织队内交流比赛等活动也有助于提高培训质量、丰富活动内容。在课程开展目的方面，以增强身体素质为主要目的的青少年体育冬夏令营的比例最大，达到 68.88%，其次是普及体育运动，比例达 59.49%（见表3）。

在冬夏令营开展项目方面，选择参加跆拳道的比例最大，为 34.93%，可见近几年韩国民族运动项目跆拳道在中国取得了较好的普及和推广效应，其主要缘由可归为跆拳道项目重视礼仪和品势培养的特点是学员家长非常认可的运动项目价值，同时，跆拳道项目大众赛事、培训和文化交流活动，及其段位制对广大青少年也有较大吸引力。其次，篮球、足球、羽毛球、网球和乒乓球等球类项目仍然是青少年体育冬夏令营广泛开展的项目，空手道、击剑等重视礼仪和品势培养的项目也显现出一定的发展潜力。

表3　2018 年全国青少年体育冬夏令营活动内容情况

活动内容	具体项目	样本数量(人)	占比(%)
开展内容分类情况	运动技能培训	731	64.81
	身体素质测试	753	66.76
	体育交流比赛	535	47.43
	运动项目体验	523	46.37
	奥运文化传播	253	22.43
	健身知识普及	307	27.22
	体育明星互动	165	14.63
	其他内容	111	9.84
课程开展主要目的	普及体育运动	671	59.49
	增强身体素质	777	68.88
	培养后备人才	574	50.89
	促进学员交流	429	38.03
	丰富课余生活	324	28.72
	传播健康知识	251	22.25
	健全精神人格	303	26.86
	其他	53	4.70
开设训练班类型	兴趣班	581	51.51
	提高班	261	23.14
	专业班	194	17.20
	精英班	92	8.16
训练课程开展强度	强调练习组数和次数	260	23.05
	强调强度和负重	163	14.45
	两者皆有	705	62.50

注：除了“训练课程开展强度”“开设训练班类型”外，其他选项均为多选题。

在开设训练班类型方面，由初级到高级分为兴趣班、提高班、专业班和精英班，2018 年全国青少年体育冬夏令营四类训练班比例分布依次为 51.51%、23.14%、17.20%和 8.16%，说明我国青少年体育冬夏令营训练课程还处于入门的初级阶段。虽然初级班设计的训练内容较为简单，均属于一般训练内容，且负荷量和强度一般，但感觉训练课既有强度又有一定负荷量的训练感受的学员比例最大，达到 62.50%，说明参加青少年体育冬夏令营的学员体育素养处于较低水平。显然，当前青少年体育冬夏令营在承担青少年体育技能普及任务的同时，下一步需要通过动员体育运动学校资源开办冬夏令营，提高精英培养的比例，逐步承担后备人才培养的任务。

（四）全国青少年体育冬夏令营活动质量

在青少年体育公共服务中，由管理团队和师资配置组成的人力资源及由场馆条件、配套设施、购买保险、宣传和评定等级组成的保障条件是影响活动质量的关键因素。在工作团队人员构成方面，专业教练占比最大，为 83.51%，可见承办青少年体育冬夏令营的青少年体育俱乐部、体育企业、培训机构等组织，大多数属于“微小型”组织，为了降低成本等，一般都是管理人员和专业教练身兼多职。专业管理人员比例为 59.84%。同时调查发现退役运动员比例达到 36.70%，今后还需以青少年体育冬夏令营为载体，进一步拓展青少年体育培训产业，为我国退役运动员以自身运动技能再就业创造条件。在师资配备方面，一个冬夏令营训练班配备 1 名教练员的比例最大，为 45.83%，其次是配备 2 名教练员，比例为 40.60%。

在宣传方面，组织部门宣传和学员推荐的比例较高，依次为 57.80% 和 53.19%。青少年体育冬夏令营是国家和省（区、市）行政部门推行的一项青少年体育公共服务活动，2018 年是推广首年，主要由行政部门按照启动活动、发动报名、组织活动和绩效评估的要求组织实施，同时，通过学员相互宣传推荐也是其宣传招募学员的重要途径。

在保障条件方面，租赁其他场馆的承办机构比例最高，为 34.75%，使用自有场馆的承办机构比例为 28.63%，说明青少年体育冬夏令营承办机构有效利用了存量场馆资源，且有场馆资源的组织机构也在积极开展青少年体育技能培训工作。在场馆条件方面，设置有更衣室的比例最高，达到 76.33%。为了做好青少年体育冬夏令营安全保障工作，国家体育总局要求必须为入营学员购买保险，调查显示购买保险比例为 84.57%。学员获得运动技能等级的比例为54.88%。根据青少年体育冬夏令营举办宗旨，鼓励国家体育总局下属运动项目中心、全国性单项体育协会、各省（区、市）及承办机构构建自身运动技能评级体系，如草根教练体系、运动员技能等级体系，此体系的构建有利于提高青少年体育冬夏令营培训质量，促进青少年系统、科学和循序渐进地掌握运动专项技能。因此，由运动项目行业主管机构构建运动技能等级是青少年体育冬夏令营的重点工作内容之一。2018年全国青少年体育冬夏令营活动质量情况如表4所示。

表4 2018年全国青少年体育冬夏令营活动质量情况

质量条件		具体项目	样本数量（人）	占比（%）
人力资源	工作团队人员构成	政府机关	274	24.29
		专业教练	942	83.51
		体育教师	527	46.72
		专业管理人员	675	59.84
		高校学生	333	29.52
		退役运动员	414	36.70
		营员家长	150	13.30
		其他人员	67	5.94
	每班配备教练员人数	1人	517	45.83
		2人	458	40.60
		3人	174	15.43
		4人	78	6.91
		4人以上	51	4.52
保障条件	活动设施配备情况	医疗中心	663	58.78
		沐浴室	670	59.40
		更衣室	861	76.33
		健身中心	300	26.60
		自习室	419	37.15
		休闲区	531	47.07
		洗衣房	119	10.55
		其他	39	3.46
	场地设施使用情况	自有场馆	323	28.63
		租赁其他场馆	392	34.75
		与体育场馆合作	279	24.73
		其他	134	11.88
	为学员购买保险情况	是	954	84.57
		否	174	15.43

续表

质量条件		具体项目	样本数量（人）	占比（%）
	评定等级情况	是	619	54.88
		否	509	45.12
	宣传途径情况	组织部门宣传	652	57.80
		口头宣传	565	50.09
		派送宣传单	330	29.26
		商业广告牌	177	15.69
		公益活动	181	16.05
		商业活动	312	27.66
		学员推荐	600	53.19
		电视广播	96	8.51
		网站宣传	123	10.90
		其他	20	1.77

注：除了“场地设施使用情况”“为学员购买保险情况”“评定等级情况”外，其他选项均为多选题。

四　全国青少年体育冬夏令营参与学员调查结果

（一）全国青少年体育冬夏令营参与学员参与背景

2018年全国青少年体育冬夏令营有29个省（区、市）的19015名青少年填写问卷，男性学员比例（62.61%）高于女性学员（37.39%）；从年龄方面来看，8～12岁的填写问卷者比例最高，占57.61%，且明显高于其他年龄段；从学段方面来看，小学学段的填写问卷者比例最高，占62.79%，且也明显高于其他学段。可见，我国青少年体育冬夏令营对小学生吸引力最大，且初中和高中学生学业压力大在暑假有可能进行校外补课等，影响其接受运动技能培训。

在运动技能培训经历方面，有接近一半的青少年曾加入过青少年体育俱乐部，比例为43.33%，有56.67%的青少年未加入过青少年体育俱乐部，说明我国青少年参加校外体育组织的比例还有待进一步提高。没有参与过体育培训学员的比例（50.17%）高于参与过体育培训学员的比例（49.83%），可通过青少年体育冬夏令营使学员成为青少年体育组织长期会员，提高青少年体育技能培训参与率。2018 年全国青少年体育冬夏令营参与学员参与背景情况如表 5 所示。

表 5　2018 年全国青少年体育冬夏令营参与学员参与背景情况

背景	具体项目	样本数量(人)	占比(%)
性别	男性	11905	62.61
	女性	7110	37.39
年龄	3~7 岁	1812	9.53
	8~12 岁	10955	57.61
	13~17 岁	5261	27.67
	18 岁及以上	987	5.19
学段	学前	885	4.65
	小学	11940	62.79
	初中	4113	21.63
	高中	2077	10.92
是否加入过青少年体育俱乐部	有	8239	43.33
	没有	10776	56.67
是否参与过体育培训	有	9475	49.83
	没有	9540	50.17

（二）全国青少年体育冬夏令营参与学员活动类型

在 2018 年我国青少年体育冬夏令营开展的 7 类培训中，青少年学员选择运动技能培训的比例最高，达到 83.31%，其次是身体素质测试，比例为 67.05%，此比例与从业人员所选择的选项比例不同。显然，虽然从业人员旨在通过身体素质训练给青少年打好运动技能提升的基础，但调研得知青少年不太愿意进行较为枯燥的“跑步、俯卧撑、引体向上”等身体素质训练，而对专项运动技能训练充满好奇感。2018 年四类全国青少年体育冬夏令营班级类型由初级到高级依次为兴趣班、提高班、专业班和精英班，学员的选择比例依次为 44.56%、26.44%、19.64% 和 9.36%，同时，在参与课程时长方面，参与一节课 60~90 分钟的学员比例最大，达到 37.54%。由此从课程类型和时长方面可见，青少年体育冬夏令营参与学员体育素养处于较低水平，绝大多数青少年的体育运动技能还处于入门阶段，所以从青少年体育冬夏令营顶层设计和承办机构运作的角度看，应采取措施吸引参与青少年体育冬夏令营的学员在课程结束后继续参与体育活动。在参与课程次数方面，一期青少年体育冬夏令营参与0～10次课程的学员比例最高，为69.48%。根据国家对青少年体育冬夏令营的工作要求，一期青少年体育冬夏令营至少为期5天，因此承办机构基于对经费限制、工作要求等因素的考虑，一般均是在5天内开设10次课程，使青少年基本了解某一运动项目，所以，承办机构需要加大活动宣传和运营力度，培养青少年参与体育运动的兴趣，使青少年成为自身的长期性会员。2018年全国青少年体育冬夏令营参与学员活动情况如表6所示。

表6　2018年全国青少年体育冬夏令营参与学员活动情况

活动情况	具体项目	样本数量(人)	占比(%)
参与活动分类	运动技能培训	15842	83.31
	身体素质测试	12750	67.05
	体育交流比赛	9129	48.01
	运动项目体验	8602	45.24
	奥运文化传播	2423	12.74
	健身知识普及	5738	30.18
	体育明星互动	2517	13.24
	其他	35	0.18
参与班级类型	兴趣班	8474	44.56
	提高班	5028	26.44
	专业班	3734	19.64
	精英班	1779	9.36
参与课程次数	0～10次	13211	69.48
	11～20次	3494	18.38
	21～30次	1158	6.09
	30次以上	1152	6.06
参与课程时长	40分钟以内	2317	12.19
	40～60分钟	3784	19.90
	60～90分钟	7138	37.54
	90分钟以上	5776	30.38

注：“参与活动分类”为多选题，其他选项为单选题。

（三）全国青少年体育冬夏令营参与学员参与目的与收获等情况

2018 年全国青少年体育冬夏令营学员参与目的，选择比例居前三位的由高到低依次是增强体质健康、培养运动兴趣和学习运动技能，比例分别为 80. 19%、74. 17%、56. 92%。由于调查显示参与青少年体育冬夏令营的学员多数是体育入门者，因此增强体质健康和培育运动兴趣是他们最直接、最基础的目的。但从青少年体育冬夏令营学员收获情况分析看，选择在运动技能方面取得收获的比例最高，为 66. 25%。全国青少年体育冬夏令营是运动技能提升工程的重要组成部分，学员参与后的收获表明，2018 年全国青少年体育冬夏令营学员参与后收获情况与冬夏令营活动宗旨相一致，也说明冬夏令营活动达到了预期的效果，让绝大多数以提高健康水平为目的参与冬夏令营的学员，在运动技能提升方面也取得了一定的效果。此外，97. 13% 的学员认为青少年体育冬夏令营激发了他们的体育热情，95. 13% 的学员表示愿意再次参与青少年体育冬夏令营，可见青少年体育冬夏令营活动获得了学员们的高度认可（见表 7）。

表 7　2018 年全国青少年体育冬夏令营参与学员参与目的与收获等情况

	具体项目	样本数量(人)	占比(%)
参与目的	培养运动兴趣	14104	74. 17
	增强体质健康	15249	80. 19
	学习运动技能	10824	56. 92
	提高运动水平	7629	40. 12
	结交新朋友	3387	17. 81
	应对体育考试	985	5. 18
	模仿体育明星	561	2. 95
	取得自信	3364	17. 69
	家长选择	636	3. 34
	其他	187	0. 98

续表

	具体项目	样本数量(人)	占比(%)
收获情况	友情	9955	52.35
	健康	11436	60.14
	运动技能	12597	66.25
	比赛经验	4370	22.98
	坚强毅力	7480	39.34
	规则意识	2043	10.74
	运动健身知识	3389	17.82
	运动项目利益	758	3.99
	团队协作意识	4887	25.70
	其他	106	0.56
是否激发体育热情	是	18470	97.13
	否	545	2.87
是否再次参加	有	18089	95.13
	没有	926	4.87

注："参与目的"和"收获情况"为多选题，其他选项均为单选题。

五 促进全国青少年体育冬夏令营活动开展的政策建议

（一）做好顶层设计，提高工程质量

根据《青少年体育发展"十三五"规划》的总体要求，应坚持发挥政府在开展青少年体育活动工作方面的主导作用，切实保障青少年基本体育权益，构建青少年体育公共服务体系。在新时代背景下，全国青少年体育冬夏令营作为一项具有公益性、普及性和惠民性的活动得到了广大青少年及其家长的一致好评。基于问卷调查和实地调研，课题组认为青少年体育冬夏令营还需进一步做好顶层设计，提高工程质量。

一方面，活动整体策划工作有待加强。全国各省（区、市）体育部

门、冬夏令营承接单位高度认可应对工作推进方式、工作重点、工作节点等进行具体部署。在遵循以提高运动技能为中心的目标下，各省（区、市）及地市州、青少年体育组织等机构应做好活动整体策划工作，开展多元化的体育活动、丰富冬夏令营的组织形式，最终达到提高青少年体质健康水平和运动技能的目的。国家体育总局下属单位应从项目布局的视角，构建好全国青少年体育冬夏令营活动体系，此体系应包括运动技能等级标准、活动推广体系、活动组织主体、市场拓展体系等，实现以此体系为载体在青少年人群中推广运动项目、提高运动技能的效果。另一方面，活动质量监控工作有待加强。2018 年是全国青少年体育冬夏令营的启动年，在启动冬夏令营工程和扩大冬夏令营参与规模的同时，应进一步加强对青少年体育冬夏令营活动的质量监控，通过由国家体育总局对青少年体育冬夏令营承办机构的场地、师资、经费使用、课程等情况进行抽查的方式加强检查督导。

（二）拓展推广渠道，促进能力建设

2018 年全国青少年体育冬夏令营工作激发了广大从事青少年体育培训、青少年体育俱乐部以及有体育运动特色的中小学的工作热情，一定程度上促进了其能力建设。建议将开展青少年体育冬夏令营工作作为促进青少年体育组织建设的一种渠道。各省（区、市）及承办单位目前此项工作的开展均处于摸索阶段，而且开展此项工作的方式也不一样，如河南省为了推动全省开展冬夏令营，按照各地市 30 万元的标准拨款，湖北省、江西省按照各地市举办冬夏令营的规模和项目数直接拨款，湖南省将此项工作委托给湖南省体育产业集团以公开招标的方式推进此项工作等。为了进一步激发有“青少年体育培训基础、师资基础、场地基础、资质”等的组织机构开展此项工作，谨防“为了开展冬夏令营而开展”的误区，建议采用招标淘汰、突出重点、以奖代补等方式，保障青少年体育冬夏令营质量，在“放、管、服”的工作转型背景下，发挥体育职能部门主管和主导青少年体育冬夏令营的职能，使各级各类青少年体育组织能够公平、公正、公开地参与青少年体育冬夏令营的承办工作，尤其是通过青少年体育冬夏令营带动社会力量参与到青少年体育工作之中，激发社会组织、企业等的活力，并促进其能力建设。

（三）培育人才团队，倡导科学指导

构建人才团队是科学、有序、规范开展青少年体育冬夏令营的核心环节。从结构上分析，青少年体育冬夏令营人才团队主要分为青少年体育技能培训指导人员和管理人员。从课题组调查结果来看，青少年体育冬夏令营体育技能培训指导人员和管理人员呈现年轻化和专业化发展趋势，整体是在30～40岁年龄段。同时，由于青少年体育冬夏令营的举办机构一般属于社会机构，人员流动性大，兼职人员居多。

一方面，加大青少年体育冬夏令营人才团队培养力度。课题组在江西、湖南进行座谈时，青少年体育冬夏令营承办机构均表示培训师资水平参差不齐且缺乏有执教水平和经验的师资，而在青少年体育培训市场竞争日益激烈的背景下，青少年体育冬夏令营师资水平将直接影响其培训招生和质量。因此，建议全国或各省（区、市）举办青少年体育冬夏令营技能指导人员（师资）培训班，或在已有的培训班中优选青少年体育冬夏令营承办机构师资开展培训。同时，调研发现青少年体育冬夏令营管理人员也希望通过培训班或研讨会等形式，学习和吸收有一定资质和经验的青少年体育冬夏令营承办机构在组织活动、课程研发、招生宣传、收费管理等方面的经验和做法。

另一方面，建立青少年体育冬夏令营标准管理体系。目前，国家体育总局积极倡导标准化建设，青少年体育冬夏令营作为一项新生事物，应通过评估指标体系建设和人才团队建设构建标准化的管理体系。利用该管理体系指导各省（区、市）及各承办单位开展青少年体育冬夏令营，对青少年体育冬夏令营的经费、场地、师资、器材、课程等进行定量和定性要求，以规范管理者和培训师资的工作程序，规避青少年体育冬夏令营开展风险，体现全国青少年体育冬夏令营的官方性、权威性和规范性。

（四）建立课程体系，衍生营地功能

培训课程是青少年体育冬夏令营的核心内容。根据运动技能的发展规律，青少年体育冬夏令营可根据目标设置、学员水平等因素设置培训大纲、教案和内容等课程体系，可分为入门级、普及型、提高型等不同类型。本次课题组调研发现较多冬夏令营均结合培训特色设置了培训大纲等内容，衍生了冬夏令营的功能。为了进一步提升全国青少年体育冬夏令营培训质量，应建立课程体系，助力参加冬夏令营的青少年建立正确的技术动作模式。

一方面，建立青少年体育冬夏令营课程体系。为了提高青少年体育冬夏令营管理水平，应要求各青少年体育冬夏令营有培训大纲、培训教案和培训计划，同时，鼓励有一定规模、有较高培训水平的冬夏令营承办单位研制运动技术等级标准，围绕专项基本动作、基本技术、运动技能等基本要素，由易到难、由简到繁、由单一技术到组合技术、由技术练习到技术实战等发展序列制定培训课程体系。另一方面，提升青少年体育冬夏令营训练质量。青少年体育冬夏令营是以提升运动技能为目标的，从运动训练的角度而言，运动技能提升是基于生理机能发生的变化，人体神经、肌肉等产生条件反射的结果。因此，青少年体育冬夏令营应杜绝“形式主义”、“弱化训练强度的技能培训”和“怕承担安全责任的技能培训”等，在培训过程中对训练内容、训练强度、训练量进行监控。从培训组织形式而言，应有练习课、实战课、检查性比赛等内容，在丰富课程内容和形式的条件下，更应注重训练质量，教授青少年正确的基本运动技能和专项运动技能。

（五）适度进行商业开发，打造产业体系

2018 年全国青少年体育冬夏令营的公益性、普及层次和提高层次的层级式、多样化等特点，进一步激发了社会和市场参与青少年体育技能普及工程的热情。调查发现，由于诸多方面的原因，部分省（区、市）及青少年体育冬夏令营承办机构对“是否能收费”、“如何运行青少年体育冬夏令营”及“能否进行商业性开发”等认知程度不够，因此，为了进一步整合青少年

体育冬夏令营资源，通过商业化运作打造青少年体育产业体系，建议如下。

一方面，明确可适度进行商业开发的范畴和内容。为了进一步激活青少年体育冬夏令营市场活力，建议推动普及层次和提高层次青少年体育冬夏令营适度进行商业开发。同时，鉴于诸如马术、击剑、高尔夫、冰雪等项目活动成本较高，器材较为昂贵，青少年体育冬夏令营可在场馆、器材、装备、师资等方面开展合作运营，衍生商业化价值。另一方面，鼓励打造青少年体育冬夏令营产业体系。当前，青少年体育培训市场持续火爆，在全民健身上升为国家战略的背景下，青少年体育培训市场将兼顾高端化和大众化特点，青少年体育冬夏令营应以青少年体育技能培训为载体，建立与生产儿童青少年运动训练的器材设备、服装装备等产品的厂家的合作机制，开发国家级活动的商业价值。此外，还可开发“青少年体育冬夏令营＋运动特色小镇”“青少年体育冬夏令营＋户外教育”等具有商业价值的项目和活动形式，打造青少年体育冬夏令营产业体系。

六　结论与启示

2018 年全国青少年体育冬夏令营以提高运动技能为主要目标，有效激发了全国各省（区、市）和国家体育总局下属运动项目中心、全国性单项体育协会等组织开展青少年体育技能培训的活力，也给从事青少年体育技能培训的商业性机构提供了参与的机会和发展的平台。各省（区、市）及地市州、青少年体育组织等机构，以及国家体育总局下属运动项目中心、全国性单项体育协会等组织应做好活动整体策划，开展多元化的体育活动、丰富冬夏令营的组织形式，最终达到提高体质健康水平和运动技能的目的。国家体育总局下属运动项目中心、全国性单项体育协会开展的青少年体育冬夏令营应从项目布局的视角，做好全国青少年体育冬夏令营活动体系构建工作。国家体育总局应对承接青少年体育冬夏令营的承办机构进行检查督导，对其场地、师资、经费使用、课程等情况进行抽查，同时可采用试点的方式对参与冬夏令营的青少年进行体质状况监测，以此来衡量青少年体育冬夏令营对青少年体质状况的影响。

此外，还需创新工作推进方式，拓展推广渠道，促进能力建设，激发有“青少年体育培训基础、师资基础、场地基础、资质”等的组织机构开展青少年体育冬夏令营，谨防“为了开展冬夏令营而开展”的误区，建议采用招标淘汰、突出重点、以奖代补等方式，保障青少年体育冬夏令营高质量发展。

B.5
2018年全国体校 U 系列锦标赛评估报告

奥邦评估公司

摘　要： 国家体育总局先后出台了《关于加强竞技体育后备人才培养工作的指导意见》和《关于改革和加强全国青少年U系列竞赛工作的意见》，强调应切实发挥竞赛在青少年体育后备人才培养中的重要作用。为进一步完善全国青少年U系列赛事体系，满足各级各类体育运动学校的比赛需求，我国组织举办了2018年全国体校U系列锦标赛。本报告从赛事设置、组织运营、赛事宣传、市场开发四方面评估赛事落实情况，对2018年全国体校U系列锦标赛竞赛工作的情况进行了分析；从经费使用情况、项目经费对比两个方面评估全国体校U系列锦标赛经费情况；通过现场调研、问卷调查、参赛者访谈、数据分析等方式发现全国体校U系列锦标赛部分赛事存在的问题并给出建议。

关键词： 青少年　U系列锦标赛　体育后备人才

一　全国体校 U 系列锦标赛工作情况

本报告从赛事设置、组织运营、赛事宣传、市场开发四方面，对2018年全国体校U系列锦标赛竞赛工作的情况进行了分析。其中，赛事设置部分通过统计分析全国体校U系列锦标赛11场赛事的参赛情况、地域分布、等级认证、科普培训情况，展现全国体校U系列锦标赛赛事设置的实际情况。组织运营部分对11场赛事利用竞赛组织、接待服务、风险管控等方面的数据进行了解析，反映了赛事管理与执行状况。赛事宣传部分从赛事识别系统（VI）、赛事宣传体系、自媒体三个方面进行分析，展现全国体校U系列锦标赛宣传工作开展情况。市场开发部分通过分析全国体校U系列锦标赛赛事赞助商类别反映赛事市场开发程度。

（一）赛事设置

1. 参赛情况

2018年全国体校U系列锦标赛参赛规模如下：包括运动员、教练员、领队、队医在内共3702人，其中，运动员有2865人，包括体校运动员2312人、非体校单位运动员553人；赛事整体覆盖11～17岁年龄段人群；有来自30个省区市的241所体校参赛。不同项目的参赛情况如表1所示。

表1　各项目参赛规模

赛事项目	体校单位数量（个）	实际参赛规模（人）	整体要求（人）	实际与预计人数差异（人）
游　泳	25	327	500	-173
羽毛球	21	288	500	-212
女　排	20	342	200	142
乒乓球	16	180	500	-320
篮　球	20	379	500	-121
田　径	71	811	700	111
跆拳道	32	673	600	73
冬季综合	36	702	1000	-298
合　计	241	3702	4500	-798

2. 地域分布

2018年全国体校U系列锦标赛赛事共在以下9个省区市的地级市举办：广东、四川、福建、山东、河南、安徽、江西、北京与黑龙江；有30个省区市派运动员参加了“全国体校 U 系列田径锦标赛”，西藏、香港、澳门、台湾四地无运动员参赛；30 个省区市中黑龙江省参赛（冬季综合赛事）积极性最高；参加赛事的除举办地参赛运动员外，全国其他省区市参赛运动员平均占 78.6%。30 个省区市参赛运动员比例（TOP20）如图 1 所示。

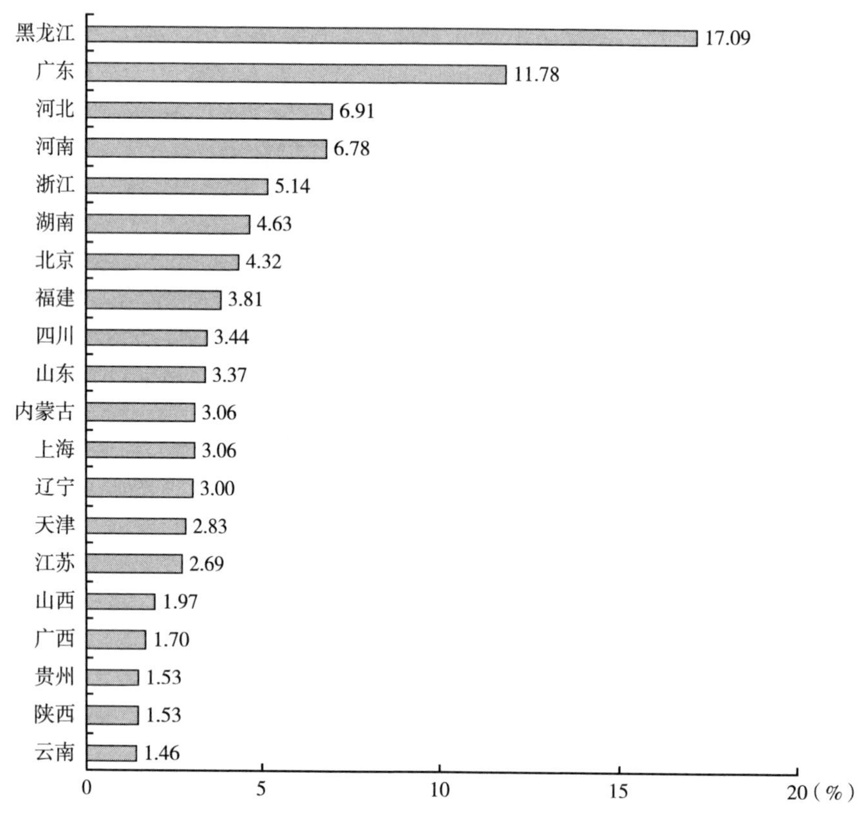

图 1　30 个省区市参赛运动员比例（TOP 20）

3. 赛程时间

全国体校 U 系列各项目锦标赛赛程天数为：游泳项目实际 5 天，要求 6 天；羽毛球项目实际 5 天，要求 5 天；排球项目实际 7 天，要求 8 天；乒乓球项目实际 7 天，要求 8 天；篮球项目实际 9 天，要求 9 天；田径项目实际 5 天，要求 8 天；跆拳道项目实际 5 天，要求 6 天。单场赛事实际赛程天数与整体要求平均相差一天。

4. 等级申请和科普培训

作为体校赛事，运动员等级申请至关重要。积极解决运动员等级申请问题是品牌赛事的必要环节。2018 年度全国体校 U 系列锦标赛为首届，暂不能申请运动员等级。

全国体校 U 系列锦标赛在赛事期间还举办了科普培训，在冬季综合项目的 3 场比赛中共举办 1 次科普培训。全国体育运动学校联合会在办赛期间首创同步开办科学讲座，在比赛的同时互相交流、促进提高，这种做法非常值得推广。

（二）组织运营

1. 竞赛组织

全国体校 U 系列锦标赛的裁判员选派工作严谨且执行到位。裁判员是保障竞赛公平公正的核心要素，执裁工作能否合理、规范地开展有赖于裁判员选派工作的实施情况。2018 年全国体校 U 系列锦标赛都落实了裁判员选派方案及裁判员公示工作。

有效的赛事通知是保障正常赛事举办的前提。本年度赛事都有效通知至各体校单位，通知途径有项目单项协会官方发布通知（官网发布通知）、网络平台发布通知信息、组委会直接联系通知体校单位。

竞赛组织指数是通过竞赛秩序、后勤服务、安全保障、场地布置、赛事方案、医疗保障、风险管控、标准化管理 8 个维度，并全面结合赛事满意度构建的综合指数，满分为 100 分。本年度该指数平均分为 83.46 分。目前体校赛事组织在“标准化管理”及“风险管控”两个方面整体表现不足；而在“竞赛秩序”和“后勤服务”、“安全保障”上都保持了应有的水准。

2. 接待服务

全国体校 U 系列锦标赛对参赛者的食宿行均进行了统一安排。关于接待服务包括服务态度、餐饮服务、住宿服务、接送服务四个考察维度。针对

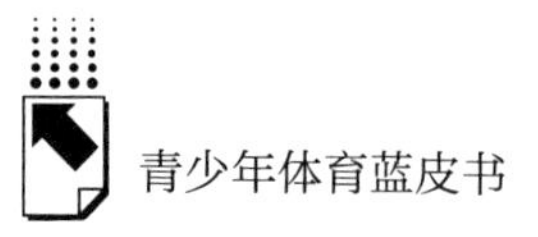

参赛者的满分为5分的满意程度问卷调查结果显示，2018年全国体校U系列锦标赛接待服务平均满意度达4.58分。

3. 人员保障

全国体校U系列锦标赛招标要求包括：比赛期间现场配备急救车1辆，医护人员不少于2名；比赛现场配备不少于16名安保人员。2018年全国体校U系列锦标赛整体人员配备在安保方面未达要求，原因是赛事整体组织表现良好，安保人员采取按需配备方式。

各比赛项目中，仅田径项目裁判员数量达标，其他项目裁判员数量未达标，原因是其他项目实到参赛人数少于计划规模，裁判员数量按需减少。

（三）赛事宣传

1. 视觉识别系统

统一VI赛事LOGO、赛事制作物、赛事主视觉设计并且设计合理，良好地展现了2018年全国体校U系列锦标赛赛事形象。

2. 赛事宣传体系

赛事宣传体系覆盖广泛，全国、各省区市有超过260人报道，有15家电视媒体报道，新闻报道共计654篇，自媒体推广文章129篇，赛事视频超过180分钟，图片素材超过600张。

3. 自媒体——全国体校U系列锦标赛微信公众号

全国体校U系列锦标赛与全国体育运动学校联合会共同使用微信公众号——全国体校U系列锦标赛，未开通官方微博。平台粉丝量3413人。自2018年9月至锦标赛整体比赛结束，累计原创发文129篇，其中文章平均阅读量为500+，单篇阅读量峰值为1000+，整体传播量为10万+；发文内容包括赛事预告、开幕、规程、通知、成绩、颁奖、图集、组织工作等。

（四）市场开发

游泳项目服装赞助商为陕西立昌达商务有限公司；篮球项目比赛包赞助商为山东路克士体育科技有限公司；乒乓球项目比赛乒乓球、裁判桌赞助商为河北银河体育用品有限公司；羽毛球项目比赛饮用水赞助商为华润怡宝饮料（中国）有限公司，全国系列赛保险赞助商为阳光保险集团。

二　经费情况

本部分从经费使用情况、项目经费对比两个方面评估2018年全国体校U系列锦标赛经费情况。其中，经费使用情况部分对全国体校U系列锦标赛11场赛事的经费支出及配比情况进行数据分析；项目经费对比将全国体校U系列锦标赛与青少年U系列赛事同类型运动项目围绕整体经费投入、人均经费投入进行了对比。

（一）经费使用情况

1. 经费支出情况

全国体校U系列锦标赛总支出9969893元，覆盖12个方面。其中，赛事食宿费为3313562元，占比最高，达到33.24%；其他方面占比由高到低依次是：场地费及器材租赁（15.90%）、劳务费（10.89%）、运营管理费（9.93%）、差旅费（8.46%）、税费（6.48%）、设计及制作（6.34%）、宣传推广（4.61%）、安保及医疗（3.23%）、中标费（0.75%）、报名系统（0.16%）、办公费（0.01%）。

《中央集中彩票公益金资助少年体育活动管理办法》规定，“申报单位应当合理编制项目总预算，预算资助额标准不超过每人每天350元，活动天数不少于5天（含报到和离会），结合预计活动支出，提出合理的项目资助额申请”。2018年全国体校U系列锦标赛不同项目赛事每天人均办赛经费由高到低依次为：游泳锦标赛（777.36元）、羽毛球锦标赛（635.84元）、乒乓球锦标赛（619.05元）、女排锦标赛（349.97元）、冬季综合锦标赛（326.56元）、跆拳道锦标赛（308.66元）、田径锦标赛（291.44元）、U16篮球锦标赛（127.48元），人均资助经费为583.5元/天。

《2018全国体校U系列锦标赛赛事服务招标文件》指出，“运动员食宿不低于200元/（天·人），教练员、领队、裁判员食宿不低于250元/（天·人），住宿标准不低于三星级。需要向裁判员、技术官员等人员支付劳务费，国家级裁判员标准不低于300元/（天·人），其他裁判员标准不低于200元（天·人）”。根据全国体校U系列锦标赛费用决算表，将总食宿费与劳务费平均分配到每一天每一位参赛人员与裁判员身上，可得到不同项目赛事运动员、教练员、领队、裁判员等的人均食宿费以及裁判员、技术官员等的人均劳务费，结果如表2所示。

表2　不同项目赛事人均食宿费与人均劳务费

单位：元/天

赛事项目	人均食宿费	人均劳务费
乒乓球	335	390
羽毛球	302	457
游　泳	294	622
女　排	191	417
跆拳道	173	277
田　径	156	128
冬季综合	136	229
U16篮球	66	190

2. 经费配比情况

全国体校U系列锦标赛总经费998万元，主要分配到8个项目与宣传上，冬季3场比赛占33.17%、田径占10.92%、游泳占10.32%、跆拳道占9.83%、篮球占7.52%、羽毛球占7.82%、乒乓球占7.82%、排球占6.11%、宣传占4.61%。

（二）项目经费对比

1. 整体经费投入对比

将青少年U系列赛事与全国体校U系列锦标赛赛事项目经费交叉对比后发现，全国体校U系列锦标赛在同类项目上所需经费更高。但也可以看出两类系列赛事经费投入最高的运动项目都是田径。

2. 人均经费投入对比

全国体校U系列锦标赛人均经费投入排名前三的项目为：冬季综合（3992.17元）、乒乓球（3632.08元）、游泳（3433.33元）；青少年U系列赛事人均经费投入排名前三的项目为：羽毛球（4672.94元）、单板滑雪（3163.34元）、乒乓球（2510.48元）。可以看出两类系列赛事人均经费投入较高的运动项目都有乒乓球。

三 总结与建议

（一）存在的问题

通过现场调研、问卷调查、参赛者访谈、数据分析发现全国体校U系列锦标赛部分赛事存在以下问题。

（1）部分场地配套不足问题。存在部分赛事比赛场地不同于正规体育场馆，在场地出入口、人流疏散、区域布局、热身场地等方面存在问题。

（2）比赛与文化课时间相冲突问题。体校学生文化课学习任务较重，中途出来参赛影响学习。

（3）竞赛区入口管理松懈问题。部分赛事出现无证人员进入赛场而安保人员未有效制止的情况。

（4）含非体校单位参赛状况。参赛单位涵盖的层级过多，队伍水平差距较大，实战锻炼效果欠佳。

（5）场地指引标识不清晰问题。部分赛事场地指引标识不清晰，甚至无标识。

（6）竞赛日程安排紧张。比赛时间安排紧张，各运动队之间的观摩与交流机会较少。

（7）存在资格违规仍允许参赛状况。弹性处理参赛资格违规问题，联席会征求全体领队意见，征求意见通过后允许继续参赛。

部分问题可能存在不可避免的理由，但仍需组委会细心考量尽量予以妥善解决或降低不良影响。

（二）建议

2018 年全国体校 U 系列锦标赛赛事服务由全国体育运动学校联合会提供。2018 年全国体校 U 系列锦标赛在整体设计、竞赛组织、接待服务、宣传推广、市场开发、科普培训、风险管理等各方面均落实到位，办赛质量良好。但出于多种原因，参赛规模尚未达到设计的要求，暂未撬动更多市场资金支持办赛。主要建议如下。

（1）赛事品牌建设：树立与强化赛事品牌印象，改进与创新科普培训环节，形成品牌特色，加强宣传，办好赛事，持续累积赛事品牌力。

（2）重视宣传传播：进一步拓宽宣传渠道（直播），重视赛事宣传的意义所在，充分发挥赛事影响力促进青少年参与体育活动。

（3）撬动市场参与办赛：做好市场开发工作，吸引市场资源、资金参与办赛，提高赛事质量，扩大影响力。

（4）完善激励机制：构建有效激励机制，增强赛事吸引力，提高竞赛激烈程度，使运动员得到更优质的锻炼机会，充分发挥赛事在青少年体育后备人才培养中的重要作用。

B.6
2018年全国青少年U系列锦标赛评估报告

奥邦评估公司

摘　要： 体育竞赛是促进青少年运动技能普及和提高青少年身心健康水平的重要手段，也是检验各项目青少年体育训练水平高低的有效措施。国家体育总局发布《关于改革和加强全国青少年U系列竞赛工作的意见》，提出切实发挥竞赛在促进青少年体育后备人才培养中的重要作用，着力解决运动项目发展中竞赛供给不足的问题，坚持赛事选才、赛事衔接、厚植基础、全面发展的原则，逐步构建青少年赛事新格局，建立不同年龄阶段相互衔接、覆盖大多数奥运会项目和部分非奥运会项目的全国青少年U系列竞赛体系，加快形成公平、开放、面向全体青少年的竞赛制度。通过完善竞赛体系、激励机制，改革参赛和管理办法等不断提高赛事治理水平，通过完备的U系列赛事体系发现培养优秀体育人才，普及青少年体育，促进形成良好的赛事文化和体育文化，为体育强国和健康中国建设打下良好的基础。

关键词： 青少年　U系列锦标赛　后备人才培养

2018年10月至2019年1月，我们对2018年全国青少年U系列赛事（下文简称“U系列赛事”）进行了评估，评估对象为40场赛事中的32名中心或协会工作人员、423名教练员、1215名运动员，共计1670人，累计发放问卷1511份。U系列赛事竞赛总场数373场，参赛人数为104500人，其中男女比例为58∶42。

一　2018年赛事总体情况分析

（一）赛事情况简介

2018年我们共评估U系列赛事40场，其中现场评估32场，线上评估8场。在三个多月的时间内，我们进行了51项赛事的现场评估、455人次的专家访谈与1511份问卷的采集，赛事情况简介见表1。

表1　赛事情况

项目	维度	数值
竞赛组织	满意度(分)	4.6
	投诉数量(项)	0
	组织指数	87.7
经费支出	资助总额(万元)	8850
	青少年体育司经费占总经费比重(%)	40.9
支出类别占比	食宿费用(%)	35.0
	场地设施(%)	20.5
	人工费用(%)	17.3
	赛事宣传(%)	8.9
	物料消耗(%)	8.5
	其他(%)	5.2
	管理费(%)	4.6
	满意度(分)	4.6

注：“满意度”满分为5分。

（二）赛事亮点

2018年U系列赛事具有以下亮点。

（1）赛事影响范围广。374场赛事涵盖55个运动项目，分别在全国28

个省（区、市）举办，占全国省（区、市）比例为90.3%。在参赛人数方面，按申报人数计算约有10万人参与U系列赛事。

（2）U系列赛事整体满意度较高。对各赛事进行调查问卷分析发现，总体满意度达到4.6分，体现出不管教练员还是运动员对赛事满意度都较高，未出现重大投诉。

（3）U系列赛事经费使用效率高。对各赛事经费数据进行评估发现，国家体育总局青少年体育司经费占总赛事经费的比重为40.9%，即青少年体育司每投入1元，约能带动2.4元的经费到U系列赛事中。赛事经费主要用于食宿费用（35%）、场地设施（20.5%）、人工费用（17.3%）三大方面。

二 U系列赛事改革落实情况

（一）完善赛事体系

总体上U系列竞赛项目目前已与奥运会、亚运会、全运会项目相衔接，符合当下项目发展的要求。赛事不管在地区分布上，还是在运动项目上都较为集中。可针对重点项目、冰雪项目、办赛数量少的运动项目增加赛事。并且大部分赛事在报名环节对运动员参赛资格予以严格要求，除去部分赛事（如全国冠军赛、总决赛、体校赛、传统校赛）无法对外开放，还有大约23%的赛事可放宽条件对外开放。

1. 项目衔接情况

通过研究U系列赛事与奥运会等大赛的项目衔接情况发现，U系列赛事基本实现与奥运会项目的衔接。但雅加达亚运会项目涉及的壁球、藤球、软式网球、卡巴迪、水上摩托、滑翔伞、班卡苏拉、克拉术、柔术等非奥运会项目未被纳入U系列赛事，此类项目可以在未来U系列赛事中予以进一步补充。

2. 项目分布情况

（1）赛事级别组成

全国性赛事是指冠军赛、总决赛、系列赛事等。分区赛事是指系列赛事、锦标赛事中的分站赛事。2018 年全国青少年 U 系列赛事 373 场赛事中，全国性赛事共计 165 场，占比 44.2%；分区性赛事共计 208 场，占比 55.8%。

（2）赛事年龄分组

《关于改革和加强全国青少年 U 系列竞赛工作的意见》中指出，“原则上 1 岁一个组别，也可根据项目特点，2 岁及以上设组”。经数据分析后，发现 41% 的赛事采用 1 岁一个组别。每个运动项目的特点、发展历史与现状不同，可提倡在合理的情况下逐步提高 1 岁一个组别的比例。

（3）赛事区域分布

全国有 28 个省区市举办 U 系列赛事。除台湾、港澳外，新疆、青海、西藏三个省/自治区可能由于场地条件等限制，也未举办。在 28 个办赛的省区市中，山东、江苏、广东、河北和北京为办赛数量居前五的省市，其办赛总量达到 161 场，占全年青少年 U 系列赛事总数的 43%；其获得国家体育总局青少年体育司资助总计 3503 万元。

（4）项目办赛数量

2018 年 U 系列赛事共涉及 55 个运动项目，每个运动项目平均举办 6.8 场赛事，网球项目办赛数量远超出平均值，达到 37 场。在办赛数量最多的十个项目中，球类项目占据五个，其中网球、高尔夫、橄榄球排名居前三位。而在办赛数量最少的十个运动项目中，排名最后的五个项目中有四个是冬季项目，这与目前冬季项目的青少年基础较为薄弱有关。

表 2　2018 年全国青少年 U 系列赛事办赛数量最多的十个项目

排名	项目	场数	排名	项目	场数
1	网球	37	6	滑冰	13
2	高尔夫	19	7	越野滑雪	12
3	橄榄球	16	8	自行车	11
4	游泳	13	9	篮球	11
5	乒乓球	13	10	帆船帆板	11

表3 2018年全国青少年U系列赛事办赛数量最少的十个项目

排名	项目	场数	排名	项目	场数
55	雪橇	1	50	水球	2
54	北欧两项	1	49	铁人三项	3
53	龙舟	1	48	花样游泳	3
52	滑雪马拉松	1	47	跳水	3
51	跳台滑雪	2	46	冰壶	3

3. 赛事开放程度

在已评估的40场赛事中，有26场赛事设立网上报名渠道，占比65%；11场赛事通过邮件报名，占比27.5%；6场赛事通过单位集体报名，占比15%；4场赛事报名方式多样，占比10%。其中55%的赛事有相关参赛要求，无参赛要求的赛事仅占45%。

总体来说，2018年全国青少年U系列赛事报名方式多样，有效降低了赛事报名的难度。但也有15%的赛事仍使用较为单一、传统的报名方式，有待进一步优化。

另外，赛事开放程度可进一步提高。在40场已评估赛事中，有18场赛事全面开放，占比45%；有22场赛事未开放，占比55%。其中13场为总决赛性质的赛事，需要获得区域赛名次才能拥有相关参赛资格。仍有9场赛事设置单位报名参加等限制性条件，未全面开放报名。

（二）制度化管理

在40场赛事中，尚未有协会制定针对U系列赛事的裁判员选派办法，但有86.7%的U系列赛事相对应的协会制定了针对本运动项目赛事的裁判员选派办法，并得到了有效落实。U系列赛事与其他赛事的不同之处在于参赛对象、竞赛水平不同，在裁判员选派工作方面与其他赛事并无特殊之处，不建议为U系列赛事制定单独的裁判员选派办法，落实现有办法便能有效保障赛事的举办。

在风险管理方面，75%的赛事会强制性要求参赛者投保。在已完成评估

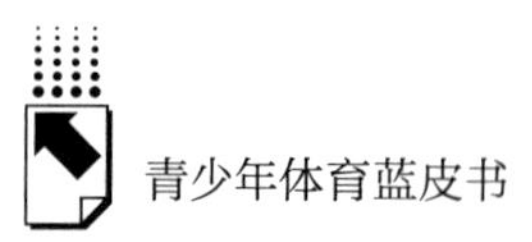

的40场赛事中大部分赛事要求参赛者自行购买保险，并作为赛事报名所提供的必要材料，这不仅有效保障了保险制度落实，同时也降低了赛事承办方的支出费用。

目前从赛事管理办法、赛场监督管理机制、赛事计划三个方面考察U系列赛事的制度建设情况。在举办40场赛事的25个运动项目协会中，虽未制定专门的U系列赛事竞赛管理制度，但都依照现在的竞赛办法举办U系列赛事，以此基本保障赛事的正常进行。

另外，在40场赛事中，有7场赛事引入俱乐部、公司等多种形式的社会团体，占比为17.5%。同时，社会资金虽已进入U系列赛事的竞赛组织、赛事宣传等环节，但资金在整体经费中所占比例仍较低。

各协会针对U系列赛事的相关制度可能会与现在的竞赛制度相重合，所以制度化管理的关键不是制定新的管理体系，而是促进各协会对现有竞赛管理体系进行有效落实。保险制度是竞赛工作的基础部分，在40场赛事中已有75%做出强制要求，但仍有25%的赛事未制定赛事保险方面的制度。保险方面的相关制度应成为赛事经费申请的必要指标，今后应力争使U系列赛事的保险覆盖率达到100%。

1. 裁判选派

裁判员是保障竞赛质量的核心要素，执裁工作能否合理、规范地开展有赖于裁判员选派工作的实施情况。在已评估完的40场赛事中，有86.7%的赛事相对应的协会制定了针对本运动项目赛事的裁判员选派方案；已定选派方案的赛事会100%执行相关选派规定；80%的赛事会对裁判员的选派情况进行公示。从总体上来看，U系列赛事裁判员选派方面的情况较好，在方案制订、方案落实、结果公示等环节中大多数比赛都会执行相关规定。但在部分赛事中，有教练员、运动员提出同地区执裁的问题，建议为避嫌同一地区的裁判和运动员不出现在同一赛场。

2. 保险机制

75%的赛事建立了良好的保险机制。保险制度作为保障参赛教练员、运动员权益的重要保障，应在赛事中做到全覆盖。当下中国人寿、中国平安等大型保险公司都提供运动保险服务，同时市场上也不乏专门提供运动保险的公司，诸如运动保等，这些公司提供的运动保险类别更多，服务更为细致。今后应进一步强化各赛事主办方/承办方的保险意识。U系列赛事应做到保险全覆盖，规避赛事中存在的风险，为参赛教练员、运动员提供有效的人身保障。

3. 制度建设

我们将赛事管理办法、赛场监督机制、年度计划三方面作为评估U系列赛事制度保障的主要内容，以举办40场赛事的25个运动项目协会作为评估对象。通过网络调查发现，有60%的项目协会制订了U系列赛事计划。赛事计划通常在协会全年赛事计划中列出，因为U系列赛事数量占各协会全年办赛数量比重较小，未单独做出计划。对于赛事管理办法与监督机制，各协会并未针对U系列赛事单独制定相关办法与机制。从评估的情况来看，各协会虽在竞赛过程中依据现有的竞赛管理规定举办U系列赛事，但仍较好地保障了U系列赛事的举办工作。

4. 市场激励

为了更好地促进U系列赛事的举办，结合市场力量成为重要的手段。通过对赛事策划中办赛主体信息数据的抓取，发现60.0%的赛事会引入地方政府作为承办方，33.3%的赛事会引入省级社会团体作为赛事承办方，可见赛事举办地的地方力量是保障U系列赛事正常运转的重要组成部分。在已完成评估的40场赛事中，仅有7场赛事引入企业/俱乐部作为承办单位，比例较低。

（三）建立激励机制

1. 赛训激励

在已完成评估的40场赛事中，仅有20%的赛事进行了赛训结合的尝试，作为U系列赛事中的重点改革部分，赛训结合比例较低。目前U系列赛事尚在改革初期，而大多数项目传统的办赛模式已根深蒂固，部分协会没有赛训结合的意识。目前来看，关于赛训结合在青少年U系列竞赛体系中的有效实施模式仍在探索中。赛训结合存在一定的问题，如各赛事主/承办方对赛训结合重视程度不高，且对于赛训结合的具体内容、相关要求不清楚，导致赛训结合比例较低，同时缺乏赛训结合的相关配套经费。

2. 人才激励

我们将激励机制分为可参与高级别赛事、可申请运动员运动水平/等级标准、优秀成绩奖励三类，对 U 系列赛事激励体系进行评估。在已评估完的 40 场赛事中，所有的赛事都会对优秀成绩进行奖励；26.8% 的赛事可以参与高级别赛事；18.9% 的赛事可以申请运动员等级；56% 的赛事会进行精神文明的评选工作。可见，现阶段青少年 U 系列赛事的人才激励机制有待完善。

关于人才激励政策的完善，首先应注重打造高层次赛事，U 系列赛事应积极与洲际赛事、国际赛事接轨，拔高层次。目前大部分 U 系列赛事的赛事成绩不能作为申请运动员等级的依据，主要原因有以下几个方面：①项目标准未覆盖至少儿、青少年的年龄层；②首届赛事成绩很难作为运动员等级申请依据；③部分新兴项目暂时无运动等级认定。其次要加强优秀成绩奖励。U 系列赛事虽已对优秀成绩进行奖励，但仍可对优秀表现的表彰机制进行细分，如排球项目可细分为“最佳二传手”“最佳得分手”等。

基于上述情况，为加强人才激励，可采取以大数据为基础，创新激励模式的方法，即以赛事评估作为数据抓取手段，将培养优秀运动员的数量作为核心标准。为每个运动员设定单位、教练等标签，录入每场、每年赛事数据，以此评价各单位、教练的人才输送情况，对常年为国家输送优秀人才的单位和教练员进行表彰与奖励，并形成优秀单位、优秀教练库。同时注重加强与协会的沟通合作。与各运动项目中心/协会制定明确的工作计划表，有效推进青少年 U 系列赛事进入运动员等级申报赛事。

（四）加强赛事宣传

1. 宣传体系

在已评估的 40 场赛事中，所有的赛事都利用了网络媒体进行宣传，比例达100%。40场赛事中，使用国家级媒体进行宣传的比例为21.1%；使用地方媒体进行宣传的比例为65.8%，可见地方媒体是U系列赛事宣传的重要平台。在宣传途径上，只采用一种方式进行宣传的赛事占41.1%，采用两种宣传途径的赛事占39.5%，两者合计共占比80.6%，显示出当下U系列赛事宣传途径较为单一，无法产生较大的影响。这与U系列赛事的特点具有重要关系，一是U系列赛事经费主要用于保障竞赛组织，会相对控制宣传方面的支出；二是U系列赛事为青少年赛事，在竞技水平、观赏度上不如一般大型赛事，很难获得相关媒体的报道。

对各赛事的赛事时间进行统计发现，90%的赛事执行赛前宣传；20%的赛事执行赛中宣传；100%的赛事执行赛后宣传。宣传渠道：纸媒报道占70%、电视报道占40%、官方网站报道占100%、网络平台报道占100%、网络直播占5%。宣传时效性：所有赛事均在赛事结束一天内发布相关报道。全国级媒体（央视报道、新华社、中国日报、中国体育报、体育晨报等）报道占比为21.1%。因此，可以构建融赛前宣传、赛中宣传、赛后宣传为一体的全面宣传推广体系，或融入新媒体的手段加强赛事宣传推广，同时结合地方政府支持宣传推广赛事，充分发挥赛事影响力。

2. 品牌标识

人们日常所感知的外部信息，有80%以上是通过视觉通道到达人们心智的。换言之，视觉是人们接受外部信息的最重要和最主要的通道，设计到位、实施科学的视觉识别系统，是建立广泛影响力、良好形象的快速便捷之途。

国家体育总局青少年体育司作为U系列赛事工作的管理者、资助者、监督者，其形象应在U系列赛事中有所体现，具体表现为在竞赛章程中作为主办单位展现，现场展示“青少司”标识等。同时《中央集中彩票公益金支持体育事业专项资金管理办法》明确指出，应当以显著方式标明“彩票公益金资助——中国体育彩票”。通过评估得出，在基础赛事中仅40.5%的赛事体现了体彩公益金标识，而展现国家体育总局青少年体育司作为主办单位的比例仅为11.2%。

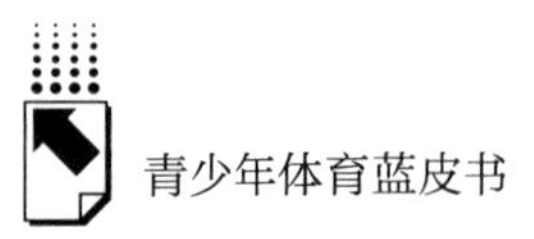

三 U系列赛事经费情况

从财政部、国家体育总局相继下发《中央集中彩票公益金支持体育事业专项资金管理办法》《中央集中彩票公益金资助青少年体育活动管理办法（试行）》，再到国家体育总局青少年体育司的《体育总局青少司关于做好2018年全国青少年U系列赛事经费使用工作的通知》，都体现了主管部门对于青少年U系列赛事经费规范使用工作的高度重视。

（一）经费管理制度

40场赛事中有42.1%的赛事会制定经费预算表，100%的赛事会制定经费决算表。在评估过程中发现以往承办单位承办赛事并不会制定经费预/决算表，体现出承办单位经费支出管理意识不强。在此次评估要求承办单位出具预/决算表并提供样表的情况下，有众多承办单位所提交的预/决算并不标准，体现在支出类别混乱、支出不详细上。

U系列赛事经费大部分通过转移支付的方式到达各承办地，各项目中心/协会并未使用相关费用，故未制定相应的经费制度，但赛事承办机构也未制定相应的支出标准，这导致对当下U系列赛事经费支出难以进行有效监管。

为更好地建立经费管理制度，应要求各运动项目管理中心制定针对U系列赛事的经费管理制度，主要包括经费管理办法、经费支出标准、年度经费计划三方面，并以此作为项目审批过程中的重要评分内容，最后通过评估的方式，对落实情况进行调查。除此之外，在赛事经费资助申报时，应将赛事经费预算表作为申报所必须提交的材料之一。同时采用“以评估落实审计”的方法，通过评估活动对经费预算或支出过程中存在数额超标、支出不合理状况的赛事进行抽查审计。对于经费支出存在严重违规问题的赛事进行通报。

（二）经费使用情况

在经费支出的五个类别中，人员劳务占17.3%、场地设施占20.5%、物料消耗占8.5%、食宿费用占35%、赛事宣传占8.9%、管理费占4.6%、其他费用占5.2%。从整体上来看，各赛事的经费支出主要集中在办赛部分，但无法清晰判断国家体育总局青少年体育司资助金额的流向。

下一步将建立U系列赛事经费大数据库。依托所收集的财务数据，分项目、分级别建立经费数据库。数据库的作用主要是：一是解析办赛成本，确立经费拨付依据。对每场赛事经费支出类别、数额进行横向和纵向对比，区分每场赛事的办赛成本。二是发现异常，重点审计。通过数据对比，将经费支出大幅提升、支出类别特殊的赛事作为重点审计对象，追查可能存在的违规问题。三是趋势预测，制定规划。通过预测分析，对下一年经费情况进行预测，合理制定相关经费预算。

1. 经费比例

U系列赛事中，资金主要由国家体育总局青少年体育司资助、地方政府资助、社会资助、其他收入（参赛者缴纳的食宿费等）四部分组成。其中：国家体育总局青少年体育司资助占40.9%，地方政府资助占19.4%，社会资助占4.2%，其他收入占35.5%。

可见，U系列赛事调动了地方和社会对于青少年体育发展的带动作用，但社会资金的带动作用不够显著。数据表明国家体育总局青少司每投入1元，能带动约2.4元的资金进入青少年赛事中。

2. 资助经费流向

球类项目受资助经费最多，其次是水上项目（18%）和冬季项目（15%）。从整体上看六类项目分配较平衡。

数据分析显示，滑冰、田径、游泳等项目是U系列赛事经费支出重点项目，其中滑冰13场赛事，总资助金额达到426万元，平均每场资助32.8万元。为促进经费的合理、合规使用，应提倡滑冰、田径、游泳等运动项目协会尽早制定相关经费管理办法与支出标准，规范经费使用。

3. 人均办赛经费

以2018年U系列赛事抽查赛事为分析对象发现，U系列赛事中平均每人所需办赛经费为2724元。在实际赛事举办过程中，因为无法区分地方政府、协会、社会资助等各方面的资金，所以难以衡量各部分经费的去向。但从整体上来看，所有赛事经费主要用于比赛场地、人员劳务、物料制作、赛事相关人员接待等方面。

为解决上述问题，赛事经费申请之初，建议通过经费预算表的形式对赛事经费支出进行规范，限制经费使用类别、使用标准。不管是哪部分经费，都要集中用于赛事本身。

另外还存在由其他原因造成的经费问题，如联合办赛。部分赛事因为规模较小，选择与成人赛事结合办赛的方式，如小轮车、铁人三项赛事等。在经费支出过程中，难以衡量资助经费是否全部用于保障青少年参赛。

部分赛事的经费决算表有“虚高”填报的可能，今后需要通过对大量数据的横向比较来进行管理。以国家体育总局青少年体育司经费为准，排列出40场赛事中人均经费支出排名前十的项目，可以得出人均经费较高的项目主要是小众新兴项目、户外项目等的结论。人均经费高的项目普遍有结合社会、市场资金，并且在宣传方面的支出相对较高。其中小轮车是28场赛事中人均经费额最高的赛事，达到12029元，其宣传支出占比（32.3%）显著高于其他赛事项目平均值（10.2%）。

4.各类支出比例

经费总支出排名前十的赛事，经费支出范围为61万元至420.8万元。总支出最高的赛事比最低的赛事高出18倍。可见赛事之间经费支出及经费结构差异较大，除了项目特点差异以外，无经费使用标准也是重要原因之一。铁人三项总决赛经费远高于其他项目，该赛事经费支出为420.8万元，其中国家体育总局青少年体育司资助35万元，剩余资金源于社会资金。此赛事项目定位为青少年及成人组的全国总决赛，因此经费支出相对较高，宣传费用支出达到100万元。

依据赛事经费支出的类别，对支出比例较高的赛事进行分析，可做到有针对性地分析赛事经费支出的情况，找出支出不合理的赛事，同时，发现不同赛事的不同支出特点，为今后合理规划经费预算比例打下基础。

支出占比最高的前两场赛事皆为游泳赛事，从经费决算明细来看，人工总支出达12.6万元，裁判员劳务费为每人每天400元，属于合理范围。武术赛事支出达82万元，裁判员费用达31万元，其比赛主裁判劳务标准为每人每天900元、辅助裁判劳务标准为每人每天600元。

小轮车、滑板、铁人三项等赛事观赏价值较高，比赛主承办方重点对赛事进行了良好的宣传，因此这类赛事宣传费较高，如小轮车赛事总支出近140万元（国家体育总局青少年体育司资助25万元），宣传支出45万元；滑板赛事总支出23万元，宣传费用5.8万元，基本属于合理范围。

排球赛事在物料、宣传方面未有支出，但食宿费用高达80万元。可能是由于多项支出内容合并造成食宿费用整体偏高。举重赛事依照每人每天170元的标准进行接待，因接待人数较多，为245人，且赛事持续8天，故整体食宿费用较高。

5. 重点项目与赛事

在40场U系列赛事中，除去部分赛事无须缴纳费用或费用自理外，U系列赛事平均收取每人每天235元的费用，其收费主要用于住宿、餐饮及其他三方面。

住宿/餐饮环境的选择直接影响着赛事缴费水平的高低。从数据来看，缴纳费用金额最高的两个赛事均在深圳举办，分别是游泳赛事和艺术体操赛事。其他高缴费金额的赛事一般是在二线城市举办，并入住当地较好的酒店。U系列赛事由国家拨款举办，下拨经费的目的就是减轻运动员、教练员参赛压力，有效带动其参赛积极性。2019年可通过百余项赛事数据的收集，对各赛事的缴费比例在保障合理性的情况下，分运动项目、分办赛地区进行有效的规范，在保障办赛的同时，进一步减低运动员、教练员的参赛成本。

总参与人数在运动员人数的基础上，上浮40%作为教练员、裁判员等人员数量。同时，在正赛的时间上增加两天作为报到和离会的时间，以此计算资助金额是否符合每人每天不超过350元的标准。从数据分析上看，40场赛事中并无超额资助的赛事，较好地落实了相关资助要求。其中有4场赛事接近最高资助额度，2019年资助需谨慎增加资助金额，以防范超额资助的可能。需要注意的是，数据中所指的运动员数量是指秩序册中运动员数量，并非申报时所填报的数量。此外，2018 年 40 场赛事中有 9 场赛事的活动时间不足 5 天，不符合资助标准中的要求。

表 4　赛事资助标准 TOP10

项目	资助标准
2018 中国 BMX 自由式联赛(总决赛)暨青少年 U 系列全国 BMX 自由式冠军赛、全国 BMX 自由式锦标赛暨全国青少年 U 系列 BMX 自由式锦标赛	331 元/(人·天)
2018 年冲浪项目 U 系列比赛(深圳站)	323 元/(人·天)
中国马术青少年场地障碍 U 系列赛	312 元/(人·天)
全国青少年 U 系列滑冰比赛	310 元/(人·天)
澳瑞特杯 2018 年全国 U 系列男子举重总决赛	261 元/(人·天)
2018 年 U 系列中国青少年滑板巡回赛(深圳站)	246 元/(人·天)
全国青少年 U 系列攀岩联赛总决赛	212 元/(人·天)
2018 年全国“篮球杯”U17 男子篮球比赛决赛	209 元/(人·天)
2018 年全国青年 U－18 沙滩排球锦标赛	209 元/(人·天)
中国青少年自行车 U 系列赛暨场地自行车全国青少年冠军赛	195 元/(人·天)

四　U 系列赛事组织情况

（一）赛事举办情况

平均来看 U 系列赛事实到人数约占申报人数的 82.7%。通过对 40 场赛事的数据进行对比，仅有 33.3%的 U 系列赛事参赛人数能够达到申报标准。以赛事举办时间不超过一个月的变期为标准，统计约有 94.3%的赛事能按时举办。

（二）赛事组织情况

在抽查的 U 系列 40 场赛事中，竞赛组织情况得出有效数据率为 75.2%。通过 8 个维度构成的竞赛组织指数综合指数满分为 100 分，而 U 系列 40 场赛事平均指数得分为 79.52 分。

（三）竞赛管理情况

针对竞赛组织指数得分低于70分的赛事（合计4场赛事）进行深入探讨发现，它们主要在“标准化管理”“风险管控”“场地布置”“医疗保障”四个方面存在不足（见图1）。在竞赛组织中表现优异的赛事，都做到了标准化管理，将赛事组织各项工作形成标准化、程序化的工作流程及明确分工。优秀的竞赛组织管理做到了积极防范风险，做好竞赛中灾害、人员安全、赛事运作、场地设施、高危项目等方面风险的应对策略。

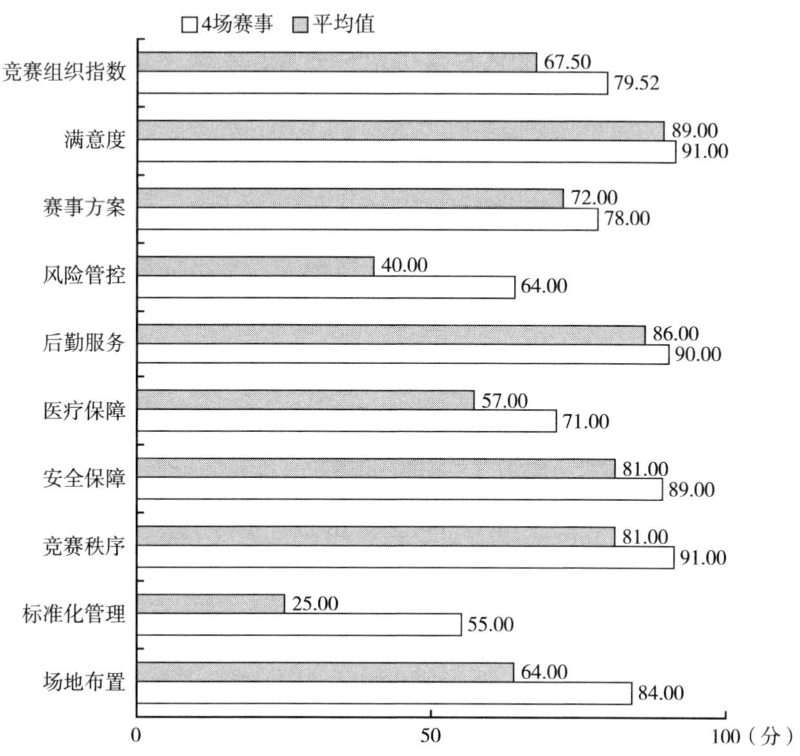

图1　竞赛组织保障情况

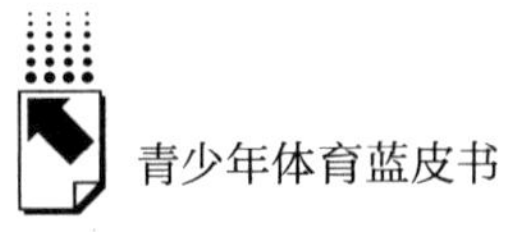

五　结论与建议

（一）经费管理

评估调查发现，大部分赛事财务管理意识不足，这导致赛事在经费决算上存在明细不清、去向不清的情况。没有项目中心/协会制定经费支出标准，仅有 42.1% 的比赛制定预算表。

上述问题，可能是由以下原因造成的。①管理动力不足：U 系列赛事资助采用中心本级使用和转移支付两种方式，不管是哪一种方式，经费使用过程中都存在国家体育总局青少年体育司、项目协会、地方承办单位三方。在责权尚未足够明确时，造成经费使用主体与责任主体分离，协会和承办单位的管理动力不足。②管理难度大：不同运动项目、不同赛事之间经费使用的情况千差万别，管理标准、支出标准很难使用同一标准进行简单划分。

由于 U 系列赛事承办单位不固定，因此承办单位对于赛事举办过程的了解程度不如项目协会。而项目协会长期参与到 U 系列赛事工作中，不仅更清楚赛事支出的类别与标准，同时更清楚何时需要对经费支出标准做出适当调整。由此，经费虽然不由项目协会支出，但项目协会应该是 U 系列赛事经费支出标准的制定者。

综上，可以通过三方面进一步规范经费使用：①设立申报要求。国家体育总局青少年体育司将制定经费管理办法、制定经费使用标准作为赛事项目的基本申报要求。②建立 U 系列赛事资助标准。评估方对各协会进行调研，核算每一个运动项目各支出类别的支出标准，如裁判每天的劳务费标准，200 人的赛事需多少名裁判员，以此推断每个运动项目的办赛成本。③赛事评估核对。通过赛事评估，对经费实际使用情况进行核对，如裁判员劳务费与经费标准是否一致。

（二）赛事监督

通过评估发现尚无协会制定关于U系列赛事的管理办法与赛事监督机制，仅有60%的赛事被纳入该项目的赛事年度计划；大部分赛事参赛人数不足，仅有33.3%的赛事能够达到或超过申报人数。

基于上述问题，分析发现U系列赛事与一般赛事在举办方面最大的差异是参赛人群不同，在竞赛组织工作上差异不大。这使得制定的U系列赛事管理制度可能会与现在的赛事管理制度相重合，这可能是政策未被落实的重要原因。这种可能性在调研过程中也得到验证，各协会均表示会依照现有的赛事管理办法举办U系列赛事。

对于赛事管理办法与现场监督机制而言，各协会并未针对U系列赛事制定相关办法与机制。但从评估的情况来看，各协会在竞赛过程中依据现有的赛事管理规定举办U系列赛事，较好地保障了U系列赛事的竞赛工作。所以评估小组认为制度化管理的关键不是制定新的管理体系，而是促进各协会对现有竞赛管理制度的有效落实。

综上所述，为改善赛事监督不足的现状，可以采取以下措施：①设立申报要求。国家体育总局青少年体育司可将参赛人数、赛事时间作为评估重点内容，将评估结果纳入下一阶段经费申报的标准中，以此推动合理合规的申报。同时可纳入赛事保险全覆盖、建立网络报名渠道等指标作为申报要求。②督促落实现有的赛事管理制度。评估小组依据各运动项目现有的赛事管理制度与现场监督机制，对U系列赛事举办情况进行评估，确保赛事公平、公正地开展。

（三）赛事宣传

在U系列赛事现场对“青少司”标识、“体彩公益金”等标识存在展示不足的问题。仅11.2%的赛事将国家体育总局青少年体育司作为主办单位，40.5%的赛事体现体彩公益金标识。并且赛事宣传渠道较为单一，没有形成体系化的宣传工作，其中80.6%的赛事仅使用一到两种宣传途径。

对赛事进行分析，发现U系列赛事经费主要用于保障竞赛组织，而在宣传方面的支出则相对较少。U系列赛事为青少年赛事，在竞技水平、观赏度上不如一般大型赛事，较难获得相关媒体的报道。这可能是造成赛事宣传较为薄弱的原因。

每场赛事都由承办方进行宣传，宣传事项包括寻找媒体渠道、洽谈合作、草拟新闻稿等，这对承办方形成巨大负担。同时各赛事在不同平台进行宣传，并没有使U系列赛事宣传形成合力。所以应探索全国青少年U系列赛事整体打包进行宣传，挑选一至两家具有一定影响力的媒体，对所有U系列赛事进行整体报道，以此降低宣传的边际成本。目前，众多地方性全民健身活动的宣传工作均采用此种模式，即将整体赛事宣传工作进行打包处理。

为加强赛事宣传，可以采取以下方式：①设立申报要求。探索U系列赛事宣传的规范化管理，对宣传的途径、报道的数量等方面提出具体且量化的要求。②探索U系列赛事的整体宣传，可探索与大型媒体平台相结合，建立良好的合作机制，对三百余场赛事进行宣传报道。③加强识别系统的落实工作。可建立U系列赛事体系的标识体系，要求每场赛事都对体彩公益金、U系列赛事关键标识等进行展示。

（四）人才机制

在评估的赛事中，所有的赛事都会对优秀成绩进行奖励；其中26.8%的赛事可以参与高级别赛事；11.2%的赛事可以申请运动员等级；56%的赛事会进行精神文明的评选工作；尚未有赛事或协会建立U系列赛事人才库。可见，现阶段青少年U系列赛事的人才激励机制有待完善。

目前，大部分的U系列赛事的赛事成绩不能作为申请运动员等级的依据，主要原因有以下几个方面：①U系列赛事尚未被纳入运动等级赛事体系，成绩很难作为运动员等级申请依据；②项目的运动员等级标准未覆盖至少儿、青少年的年龄层；③部分新兴项目尚无相关运动等级认定办法。

因此，国家体育总局青少年体育司应要求各项目协会将U系列赛事纳入年度办赛计划中，固定每年所举办的赛事，以此形成固定的参赛人群。以赛事评估作为建立U系列赛事人才库的抓手，通过现场评估、信息收集等方式建立U系列赛事的人才库。

为改善人才机制匮乏带来的问题，可以加强与协会的沟通合作。与各运动项目中心/协会制定明确的工作计划表，有效推进将青少年U系列赛事纳入运动员等级申报赛事中。或以大数据为基础，创新激励模式，以赛事评估作为数据抓取手段，将培养优秀运动员的数量作为核心标准。为每个运动员设定单位、教练等标签，录入每场、每年赛事数据，以此评价各单位、教练人才输送情况，对常年为国家输送优秀人才的单位和教练员进行表彰与奖励，并形成优秀运动员、优秀教练员、优秀单位库。

B.7
2018年各级各类体校教练员（管理人员）培训工作分析报告

孙文新*

摘　要： 体育总局青少司于2018年8月正式印发的《体育总局青少司关于印发〈全国各级各类体校教练员人才教育培训规划（2018～2022）〉的通知》要求，在5年内对全国共计22000余名体校教练员进行全面轮训，全面更新体校教练员执教理念、完善体校教练员知识结构、提升体校教练员执教能力，为我国竞技体育可持续发展打下坚实基础。2018年10～12月，体育总局青少司举办了20期各级各类体校教练员通识知识更新轮训班、4期国家高水平体育后备人才基地校长培训班、3期各级各类体校教练员专题培训班等，培训人数达3700人次，培训累计时间约335天次，顺利完成了2018年培训任务，取得了良好的工作成效。

关键词： 体校　教练员　竞技体育

一　总体情况

（一）培训目的和意义

各级各类体校教练员、管理人员和专业技术人才队伍是推动我国体育事

---

* 孙文新，全国体育运动学校联合会教育发展委员会主任。

业科学发展的重要人力资源组成部分，是我国竞技体育可持续发展和建设体育强国的重要基础。据统计，我国在世界大赛上获得奖牌的运动员有95%以上来自各级各类体校的培养和输送，而全国各级各类体校的教练员是竞技体育后备人才培养工作的关键力量之一，因此进一步促进和提高体校教练员队伍的专业理论水平和执教能力，提高管理人员的管理水平，对我国发展竞技体育、实施奥运战略、建设体育强国具有极其重要的意义。

（二）体校教练员通识知识更新轮训班

为切实抓好培训工作，体育总局青少司专门成立了由体育总局分管领导任组长的全国各级各类体校教练员人才教育培训工作领导小组，并组成了由体育总局青少司牵头、教练员学院负责、有关项目中心（协会）参与、全国体育运动学校联合会协助管理的培训工作机构，实行全国各级体育行政部门分类分层管理、分级负责的培训管理机制。

为做好通识知识更新轮训班的前期工作，顺利完成培训任务，2018 年 5 月，体育总局青少司专门举办了 1 期教学师资力量培训班，选调全国各大院校的教授、专家、博士生导师、国家队教练、奥运会世界冠军教练以及国家体育总局双百培养计划精英教练员等进行师资培训，同时组织 140 多位专家、学者针对体校教练员需求设计出共 15 个专题的培训课程，撰写完成《青少年儿童科学训练通识培训教程》等专用教材，并在 20 期轮训班中投入使用，受到参训学员的好评。

按照体育总局经费的统一调配和部署，2018 年共安排转移支付 2360 万元用于各级各类体校教练员通识知识更新轮训班。根据《体育总局青少司关于做好 2018 年 U 系列赛事体系建设转移支付经费使用工作的通知》（体青字〔2018〕71 号），轮训班于 10 月 8 日至 12 月 29 日分别由天津等 20 个省（区、市）承办，参训学员由本省及临近省份体校教练员构成，平均每期培训学员 144 人，每期培训班 15 天（含抵离时间），每天分上、下午两个单元，每个单元 4 小时。2018 年原计划培训 2879 人，实际完成培训 2917 人，完成培训目标的 101.3%，此外，面向所有培训班均发放了培

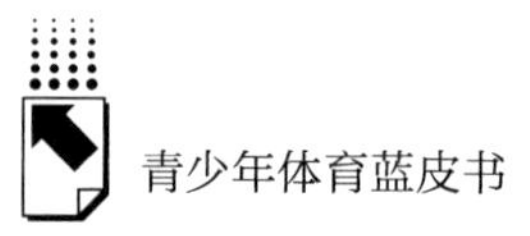

训质量评估表，评估表收回率在87%以上，培训质量评估综合得分达到94.9分。

表1　2018年全国各级各类体校教练员人才教育通识更新轮训完成情况

培训期数	举办地	承办单位	举办时间	计划培训/实际培训人数	评分
第一期	天　津	天津体育职业学院	10月8～22日	144/144	96.5
第二期	青海·西宁	青海多巴国家高原体育训练基地	10月10～24日	150/148	91.6
第三期	河南·郑州	河南省体育运动学校	10月14～28日	144/144	95.4
第四期	吉林·长春	吉林体育学院	10月15～29日	144/146	97.6
第五期	辽宁·沈阳	沈阳体育学院	10月16～30日	144/148	97.5
第六期	黑龙江·哈尔滨	黑龙江冰雪体育职业学院	10月18日至11月1日	144/138	96.6
第七期	贵州·贵阳	贵州省水上运动管理中心	10月21日至11月4日	144/135	88.6
第八期	湖南·娄底	娄底市文体广新局	10月24日至11月7日	144/140	95.7
第九期	河北·石家庄	河北体育学院	10月26日至11月9日	144/144	96
第十期	四川·成都	成都市温江区体育局	10月28日至11月11日	144/179	97.1
第十一期	海南·澄迈县	海南省澄迈县文化广电出版体育局	11月1～15日	137/135	95.7
第十二期	新疆·乌鲁木齐	新疆青少年体育联合会	11月6～20日	144/144	96.8
第十三期	浙江·杭州	浙江体育职业技术学院	11月11～25日	144/134	88
第十四期	江苏·南京	江苏省体育局训练中心	11月15～29日	144/140	96.9
第十五期	江西·萍乡	江西省萍乡市体育局	11月21日至12月5日	144/144	94.4
第十六期	陕西·西安	陕西省青少年体育运动学校	11月26日至12月10日	144/189	94.2
第十七期	山东·潍坊	山东体育学院附属中学	12月5～19日	144/145	98.8
第十八期	上　海	上海体育学院	12月10～24日	144/140	93
第十九期	广东·广州	广州体育职业技术学院	12月12～26日	144/144	96
第二十期	湖北·武汉	武汉体育学院	12月15～29日	144/136	93
总　计				2879/2917	94.9

（三）体校教练员专题培训班

为进一步更新教练员的执教理念，完善教练员的知识结构，提高教练员的执教水平，在举办通识知识更新轮训班的基础上，2018 年 12 月 1 ~ 28 日，体育总局青少司还专门举办了 3 期各级各类体校教练员专题培训班，其中包括青少年运动员选材与育才培训班 1 期、青少年运动员体能训练培训班 1 期、青少年运动员运动伤病预防与康复培训班 1 期，培训人数达 394 人次。专题培训班目的明确、针对性强，课程内容包括青少年运动员选材概述及相关理论、选材指标的测试方法、跨界跨项选材、基因选材、优势与潜优势项目选材；专项体能训练理论与案例、力量与爆发力训练理论与案例、青少年体能长期发展规划、耐力训练理论与案例、速度训练理论与案例、身体功能动作筛查与纠正性训练；青少年运动员肩部、腰骶部、踝部、颈部、膝部损伤与运动康复、运动损伤预防等。根据学员们反馈的情况，课程内容对拓宽训练视野、更新执教理念、创新训练方法等方面起到了积极的促进作用。

（四）国家高水平体育后备人才基地校长培训班

为加强新周期的国家高水平体育后备人才基地建设，提高基地管理干部综合素质与科学治校能力，2018 年 11 月 15 日至 12 月 1 日体育总局青少司在海南省万宁市举办了 4 期国家高水平体育后备人才基地校长培训班，共有来自全国 31 个省（区、市）的 376 名国家高水平体育后备人才基地的校长参加了培训。培训班共邀请了 17 名国内知名专家进行专题授课，内容包括教练员职业素养、青少年科学选材与训练监控、智能体育与运动训练、体能训练发展趋势、领导者素质建设、体校营养膳食管理、科学治校等。培训期间，青少司与全国体育运动学校联合会还组织校长们分两次进行了座谈，重点就基地未来发展、体校改革、后备人才培养等方面进行了深入的交流与探讨，大家积极参与、建言献策，为青少年体育工作可持续发展提出了很多好的意见和建议。

表 2　2018 年管理人员（校长）培训和教练员专题培训完成情况

培训班	举办地	承办单位	举办时间	计划/实际人数	评分
校长培训班第一期	海南·万宁	全国体育运动学校联合会	11 月 15 ~ 19 日	92/92	95
校长培训班第二期	海南·万宁	全国体育运动学校联合会	11 月 19 ~ 23 日	92/94	94.4
校长培训班第三期	海南·万宁	全国体育运动学校联合会	11 月 23 ~ 27 日	93/94	92
校长培训班第四期	海南·万宁	全国体育运动学校联合会	11 月 27 日至 12 月 1 日	93/96	94.2
青少年运动员选材与育才培训班	海南·万宁	全国体育运动学校联合会	12 月 1 ~ 5 日	70/96	94
青少年运动员体能训练培训班	江苏·南京	全国体育运动学校联合会	12 月 20 ~ 24 日	91/156	96.8
青少年运动员运动伤病预防与康复培训班	广东·广州	全国体育运动学校联合会	12 月 24 ~ 28 日	91/142	94.6
总　计				622/770	

二　培训的特点

（一）各方高度重视，培训点保障有力，确保了培训顺利完成

为进一步落实《全国各级各类体校教练员人才教育培训规划（2018 ~ 2022）》（下文简称《规划》），抓好培训工作，在培训班正式开始前，体育总局青少司于 2018 年 8 月 30 日至 31 日在北京专门召开了体校教练员培训工作座谈会，教练员学院、全国体育运动学校联合会、20 个省（区、市）以及承办培训工作的具体单位负责人等参加了座谈会。会议针对培训工作的职责分工、培训经费的使用、培训过程的监管、培训后的总结工作等都做了详细的解读、进行了周密的部署。在 20 个轮训班培训期间，体育总局青少司、教练员学院、全国体育运动学校联合会、相关省（区、市）以及承办点负责人都按照职责分工完成培训任务，对培训过程进行监管，确保了各个培训班的顺利完成。

（二）课程设置更贴近体校教练员的实际，培训对象和内容针对性更强

根据国内外青少年体育发展情况与需求，结合体校教练员工作的实际，在培训内容中首次设置了关于青少年体育的系统、科学、全面的课程，目的在于全面更新各级各类体校教练员的执教理念，完善其知识结构，提升其执教能力，为我国竞技体育可持续发展打下更坚实的基础。课程包含了青少年执教素养与理念、儿童青少年身体发育特征与训练敏感期规律、运动员选材等有关青少年体育的 15 个专题。国家高水平体育后备人才基地校长培训班的培训内容中，不仅有科学治校、领导者素质建设等管理层面的课程，还有智能体育与运动训练、数字化体能训练理念等先进的培训课程。在专题培训班中，则设置了现代体能等关于训练理论与原理的课程，使教练员能更好地掌握训练方法与手段、提高执教能力与水平。

通过向每个培训班发放《授课质量调查表》以及《国家体育总局培训项目质量评估表》，培训组织单位认真汇总梳理了反馈意见，2018 年培训总体满意度达到了 95% 以上。学员普遍反映，通过学习增强了技能、获得了信心，特别是对培训内容的丰富性与针对性、现代教学理念、先进的训练手段等有着较高的评价。

（三）通过建立督导机制，保障了培训班质量

为切实抓好培训工作，提高培训的质量和效益，培训班尝试建立了授课督导一体化模式，通过专家强化对培训班的督导，保障整体培训授课和管理质量，效果良好。在实际督导过程中，专家从实际培训人员、时间、经费落实，师资队伍状况，课程与教学管理，学员食宿条件，学员管理以及规章制度和培训文件管理等 6 大方面 20 个具体指标来进行督导，逐一反馈 20 个培训班的具体情况，为今后开展培训工作提供了重要的参考依据。

三　培训班存在的问题

（一）启动时间较晚

由于国家体育总局经费安排部署和财务制度等原因，2018 年培训工作于 10 月才正式启动，但因为 12 月必须完成，所以 27 期培训班的所有工作都只能集中到不到 3 个月的时间之内完成。由此，各省（区、市）在承办培训班时，培训的学员基本上以本地教练员为主，来不及选调其他省（区、市）体校教练员参加培训，培训的广泛性、地域性及培训学员相互之间的交流不够。

（二）专项培训不足

按照《规划》要求，各级各类体校教练员培训在国家体育总局本级内分为通识知识更新轮训、专项知识培训两大类，其中通识知识更新轮训由体育总局青少司负责，专项知识培训由各项目中心（协会）根据《规划》进行组织。但 2018 年各项目中心（协会）由于时间、经费等原因未举办专项培训班。2019 年，应督促各项目中心（协会）加强专项知识培训，并根据实际需要，在体育总局青少司负责的培训班中适当增加专项知识培训班的次数。

（三）培训点审核尚待加强

由于培训工作启动较晚，部分省（区、市）在选择培训点时比较仓促，也来不及按照《规划》要求与有较丰富培训经验的专业体育院校等进行对接，个别培训点甚至是第一次参与组织大规模培训，在培训班执行和管理上经验不足，出现了对教练员管理松散、考勤不严格等问题。

（四）培训师资不足

2018 年的培训，在 10 周时间内安排了 20 多期培训班，如此密集的培训对于专家教授排课产生了一定影响，师资选派捉襟见肘，部分培训班出现讲师经验能力不足的情况。另外，选派的授课教师主要来自体育院校，体育院校以外的专家特别是来自一线具有丰富实践经验的专家不够。

（五）经费需进一步加强管理

2018 年的培训工作时间短、经费数额大，根据《中央和国家机关培训费管理办法》有关规定，培训班的食宿费、交通费、师资费等各方面都有明确的标准和要求，但个别地区财务设定标准低于国家标准，由于未能及时沟通，部分专家教授未能按计划授课。同时，由于培训班全部结束已临近 2018 年底，部分培训点的财务已封账，导致培训班虽然早已结束，但其并没有完成经费核销工作，为后续的财务审计工作带来隐患。

四　对策建议

（一）与教练员岗位培训相衔接

自 2019 年起体育总局青少司通识知识更新轮训同科教司初（中）级教练员岗位培训将相互融合，经青少司与科教司认可后可将部分体校教练员培训班纳入教练员岗位培训班中，教练员培训完成并经考试合格后，可以拿到青少司颁发的结业证书及科教司颁发的初（中）级教练员岗位培训证书，从而提高培训质量和效益。

（二）扩大培训人员范围，增加专项培训内容

体育总局青少司从 2019 年起将在以全国各级各类体校教练员为培训对象的基础上，逐步扩大培训人员范围，将部分青少年体育俱乐部教练员也吸纳进来，以完善青少年体育教练员知识结构体系。同时，按照《规划》的要求，2019 年青少司可进一步开展专项知识培训课程，在通识知识更新轮训班中增加专项知识培训内容，以“通识知识更新轮训班－某专项培训方向”的方式开展培训，使培训既有综合性又有专项性。

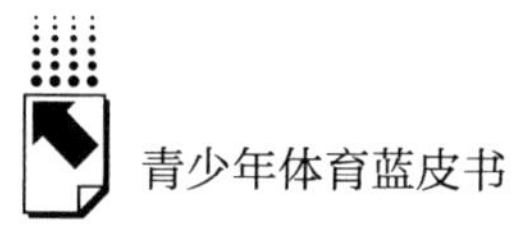

（三）合理划分各省（区、市）培训名额

针对2018年各省（区、市）举办的培训班出现的本地教练员过于集中等问题，2019年可根据各培训点的管理能力情况重新进行划分，原则上按照区域和就近的原则分派各省（区、市）培训名额，使培训工作布局更趋科学化。

（四）完善师资评估机制

进一步打造合格的师资队伍，构建完善师资评估管理办法，在条件允许的情况下，适当增加体系外和一线专家的选派数量，严格按照师资评估标准选派授课教师，对不符合标准、学员评价得分不高的教师将不再选派。

（五）加强培训点管理

制定培训点管理办法，合理筛选符合条件的培训点，按照《规划》要求优先考虑由教育部批准设立的15所专业体育院校承办培训班。同时，加强对培训点管理人员的培训，严格执行请销假制度、严肃课堂纪律，确保培训工作顺利进行。

（六）规范使用培训经费

严格执行《中央和国家机关培训费管理办法》相关规定，提醒、督导各省（区、市）、各培训点按照要求做好培训经费的管理、使用工作，加强经费审计和监督，杜绝违规使用经费的情况出现。

（七）搭建远程网络学习平台

为扩大培训范围，提高培训传播度，2019年可进一步搭建网络学习平台，通过网络学习平台，全国各级各类体校教练员、管理人员及专项技术人员等都能够进行网络在线学习，从而使培训效益最大化，实现最大限度的资源共享。

B.8 第三届青年奥运会中国体育代表团参赛分析报告

国家体育总局青少年体育司青少年训练处

摘　要： 第三届夏季青年奥林匹克运动会（以下简称“青奥会”）于2018年10月6～18日在阿根廷首都布宜诺斯艾利斯举办，本届青奥会共设32个大项241个小项，共有来自206个国家（地区）奥委会的3998名15～18岁的选手参加了比赛。本届青奥会中，中国代表团共取得了21枚金牌、10枚银牌、9枚铜牌，位列金牌榜第二，完成了各项参赛任务，增进了与世界各国青少年运动员之间的交流和友谊，实现了运动成绩和精神文明双丰收。

关键词： 第三届夏季青年奥林匹克运动会　青少年体育　竞技体育

一　中国体育代表团参赛特点

（一）高度重视本届青奥会，做好赛前准备工作

本届青奥会中国代表队的参赛目标包括加强与世界各国青少年的交流学习、检验训练成果、锻炼后备队伍、积累比赛经验等。针对青少年运动员的特点，代表团专门安排了外事、安全、反兴奋剂、着装管理、媒体关系等各方面的培训，通过精心组织备战参赛工作、完善工作制度、细化组织分工，

制定印发代表团工作规范、反兴奋剂和医疗工作手册等相关文件，建立起了层次分明、职责清晰的赛时运行体系。参赛期间，还成立了代表团参赛工作领导小组，建立健全了重大事项协商机制，保证了各项参赛和文化交流活动的顺利进行。

代表团对反兴奋剂工作高度重视，为了确保运动员干干净净参赛，不出任何兴奋剂问题，印发了《体育总局办公厅关于做好第三届青年奥林匹克运动会中国体育代表团反兴奋剂工作有关事宜的通知》，与参赛队签订了《赛风赛纪和反兴奋剂责任书》，明确了任务、落实了责任、强化了管理，并且针对青少年运动员特点，专门安排了反兴奋剂教育准入和相关培训。青奥会期间，代表团共接受兴奋剂检查 25 例，涉及游泳、跳水、乒乓球、田径、曲棍球、现代五项、羽毛球、体操、蹦床、射箭等 10 个项目，未发生一例兴奋剂违规。

（二）运动员和教练员顽强拼搏，取得了优异成绩

中国体育代表团运动员共参加了 24 个大项 28 个分项 102 个小项的比赛。在本届青奥会上，中国青少年体育健儿获得 21 金 10 银 9 铜共 40 枚奖牌的好成绩，位列金牌榜第二，超过了美国、日本及一些欧洲体育强国，金牌数仅次于俄罗斯。其中，代表团在 8 个大项 10 个分项上获得金牌，在 12 个大项 14 个分项上获得奖牌，分别占代表团参赛项目的 35.7% 和 50% 。

乒乓球项目中，中国小将王楚钦、孙颖莎先是在男、女单打决赛中分别以 4∶1 的大比分战胜世界排名第 8 和世界排名第 9 的日本选手张本智和、平野美宇，后又在混合团体项目上，再次战胜日本队，包揽了乒乓球项目全部 3 枚金牌，极大地鼓舞了代表团的士气。蹦床项目中，中国队包揽男、女网上个人 2 枚金牌，体现了中国健儿在蹦床项目上的绝对实力。田径项目中，中国运动员共取得 3 枚金牌，陈龙在男子跳高项目第一阶段奠定领先优势，后又在第二阶段以 2.22 米的高度打破青奥会纪录夺冠；西日措在女子 5000 米竞走项目两个阶段比赛中均位列第一并最终夺冠，成为首个获得青奥会田

径金牌的藏族运动员，特别是她在第一阶段以 22 分 23 秒 26 的成绩在本赛季同年龄组世界排名第一；李心会在女子铅球项目中充分发挥水平，成为唯一一位在比赛中投掷成绩突破 18 米大关的选手，领先优势明显。游泳项目获得的 3 枚金牌中，2 枚来自接力项目，具有很高的含金量。体操选手尹德行获得男子鞍马项目金牌，这也是我国选手首次在青奥会男子体操项目中获得金牌。羽毛球男子单打项目，李诗沣成功战胜自我，在决赛中以 2∶0 的战绩横扫过去交手从未赢过的劲敌印度球员拉克什亚。摔跤女子自由式 65 公斤级决赛中，中国选手周欣茹仅用时 49 秒便以 10∶0 的比分闪电夺冠。跳水项目中，中国选手林珊在参加的所有小项目中均夺得冠军，中国队在跳水项目中收获的 3 枚金牌全部来自她。射箭运动员张梦瑶表现沉着冷静，在半决赛和决赛高度紧张的比赛氛围中，她多次射出 10 环，最终战胜韩国和西班牙选手夺得冠军。女子曲棍球项目作为唯一参赛的集体球类项目，中国队在此次比赛中表现出良好的竞技状态和精神风貌，获得了第 3 名。在现代五项、皮划艇、跆拳道等项目中中国队也涌现了一批优秀年轻选手，获得了奖牌乃至金牌。在三人篮球、攀岩、赛艇、自行车、沙滩排球等项目上中国队不畏强手、敢打敢拼，充分发挥了自己的竞技能力与水平，经受了锻炼。

中国健儿还参加了 13 个小项的混合国际团体比赛，并在体操、现代五项、跳水 3 个项目上与其他国家的运动员一起获得了金牌。在训练和比赛中，我国青年运动员克服了与国外运动员语言不通、互不了解等困难，主动配合、积极沟通、热情鼓励，圆满完成了混合国际团体比赛任务，与他国运动员加深了了解、收获了友谊，获得了组委会和各国的一致好评。

代表团时刻牢记自己代表着国家的风采和形象，不忘自己的责任与使命，在赛场内外都注意展示良好的精神风貌和体育道德：在赛场上，能够做到尊重对手、尊重裁判、尊重观众，通过比赛表现出中国青少年运动员顽强拼搏的作风和敢于争胜的信心；在参加文化活动时，能够做到行为得体、热情友好；在接受媒体采访时，能够做到落落大方、从容自然，展现出我国青少年运动员自信、阳光、健康、活泼的良好形象，受到了社会和媒体的广泛赞誉。

（三）巩固加强我国与国际体育界友好关系

第三届青奥会期间，中国体育代表团团长、国家体育总局副局长高志丹会见了国际奥委会、布宜诺斯艾利斯青奥组委等国际体育组织领导人，拜会了中国驻阿根廷大使馆，就中国体育代表团参赛及加强友好合作关系，中国台北代表团参赛旗、徽、歌等事宜交换了意见，与国际体育界增进了友谊，拓宽了交流合作的渠道。此外，代表团还主动加强与组委会各部门、各代表团之间的沟通，通过各种渠道广泛做好友好工作。

（四）积极参与“学习与分享”活动，开阔视野

青奥会不仅是影响最大、水平最高的综合性青少年体育盛会，也是对广大青少年进行价值观教育的舞台。本届青奥会专门为运动员设计了丰富多彩的“学习与分享”活动，包括冠军对话、反兴奋剂问答、职业生涯规划、身体机能测试、互动体育游戏、音乐绘画艺术学习等各类文化教育活动共计 28 项，在各代表团还专门设立了青年变革者，由其负责带领运动员参加各项活动，同时还为每位参赛运动员准备了活动情况记录装置，对每位运动员的活动参与情况进行打分，并激励运动员，等等。

作为 206 个参赛国家/地区奥委会中运动员人数较多的代表团之一，中国体育代表团在团部工作人员、教练员、青年变革者的安排与引导下，在繁忙的训练比赛之余积极参加组委会组织的各类文化教育活动。如赛艇、皮划艇、三人篮球等项目的队员参加了运动游戏交流；轮滑队员参加了反兴奋剂知识问答；田径队员参加了安全运动主题讨论活动；高尔夫球队员、跆拳道队员参加了各自国际单项联合会组织的研讨会；等等。青奥会期间，有很多运动员甚至都在“学习和分享”活动打分系统中获得了满分，得到了国际奥委会的肯定。此外，团部还根据赛程情况，组织运动队互相加油，有效增强了代表团的凝聚力，鼓舞了代表团的士气，促进了不同项目运动员之间的友谊。

二　参会暴露的问题和不足

（一）部分项目未能发挥出应有水平

本届青奥会上，中国体育代表团虽然在传统优势项目上发挥较为稳定，但仍有部分项目未能发挥出应有水平，如射击项目未获一枚奖牌，3 名队员在资格赛中均打出了高水平，但在决赛阶段发挥不够稳定，在争金、争牌的过程中心理问题处置不当，最终与奖牌无缘；男子跳水本来具有绝对实力，但在决赛中却出现了不应该出现的失误，出现失误后又未能及时进行调整，在跳台上未能获得金牌、在跳板上甚至未能进入前八，爆出了冷门；羽毛球女子单打决赛，在关键分环节中，不论是在抢分的气势上还是在出球的胆量上都不如对手，最终被对手气势压倒搏杀，憾失金牌；网球项目运动员无论在身高、体质、比赛经验上都要优于对手，但由于现场打法和指挥不当，在双打半决赛中被更加积极奋进的日本队淘汰；跆拳道项目运动员比赛经验不足，由于太想拿到金牌，反而没有充分发挥出技术特点优势，最终失利。

（二）传统优势项目外的其他项目仍缺乏新的金牌增长点

除传统优势项目外，我国在其他项目上仍缺乏新的金牌增长点，特别是集体球类项目。青奥会要求除东道主外，每个代表团只能选派男女各一支队伍参加集体球类项目（足球、曲棍球、橄榄球、沙滩手球）比赛，但在资格赛过程中，我国所有男子项目均未取得参赛资格，女子足球项目也未能取得参赛资格，集体球类项目面临严峻形势，必须强化危机意识，进一步加强科学训练，尽快提高项目发展水平。

三　其他国家和地区的参赛情况

青奥会虽然不设官方金牌榜、奖牌榜，但各国家和地区都对此高度重

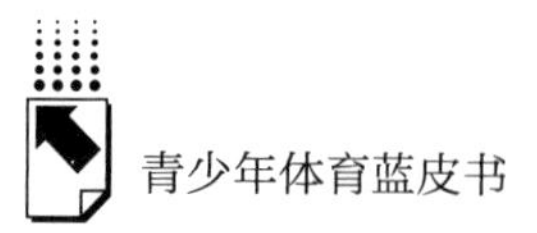

视。根据统计，本届青奥会俄罗斯代表队获得 29 金 22 银 15 铜共 66 枚奖牌，位列金牌榜第一，日本代表队获得 16 金 14 银 14 铜共 44 枚奖牌，位列金牌榜第三。

俄罗斯代表队青少年后备人才实力雄厚，在体操、游泳、拳击等项目上均表现突出，特别是游泳项目表现优异，共拿到 13 枚金牌，值得认真学习借鉴。

值得注意的是，日本代表队在本届青奥会成绩提升明显，在未参加柔道项目比赛的情况下，获得的金牌数量接近日本队过去两届青奥会获得的金牌数量之和，奖牌数量较过去两届总数之和还要多出 10 枚，反映了日本体育整体水平在迅速提升。根据统计，在过去两届青奥会获得奖牌的日本选手中，乒乓球、击剑、游泳、羽毛球、柔道、摔跤项目均有运动员成为现役国家队主力，例如柔道选手阿部一二三、摔跤选手向田真优、蛙泳选手渡边一平等，均具备很高的声望和极强的夺金实力。本届青奥会上获得奖牌的日本选手要多于前两届，预计其中也会有更多的选手在未来的国际大赛中担当日本队主力，目前来看，除平野美宇和张本智和已经是现役乒乓球队主力外，本届青奥会一人夺得 5 金的体操选手北园丈琉尤其值得关注。

青少年的健康成长关系着祖国和民族的未来，也是每个家庭最大的期盼。我们不仅要认真总结青奥会的参赛组织工作，查找比赛中存在的问题和不足，更要把青少年体育工作摆到战略性基础性位置来抓，鼓励青少年参加体育运动，提高体育技能，培养青少年体育后备人才，磨炼青少年意志、强健青少年体魄，为体育强国建设打下坚实基础。

第三届青奥会已经落下帷幕，中国体育代表团圆满完成了各项参赛任务和文化教育交流任务，实现了运动成绩和精神文明双丰收的目标，向世界展示了新时代中国青少年体育健儿文明友好、奋发向上的精神风貌，为祖国赢得了荣誉。我们将继续发扬奥林匹克精神和中华体育精神，为加快建设体育强国不断努力。

学校体育篇

School Physical Education

B.9
2016～2018年全国学生体质健康状况变化特征

张一民　贾潇　孔振兴*

摘　要： “少年强则中国强，体育强则中国强”，青少年身心健康、体魄强健是国家强盛的基础。2016～2018 年学生体质健康测试抽查复核结果显示：全国学生体质健康状况整体呈现“逐步提升”的趋势，全国大、中、小学生体质不及格率由12.0%下降至11.3%，达标率由88.0%提升到88.7%；不同学段、不同地理区域学生体质健康状况发展呈现出不平衡和不充分的特点，即小学生体质健康状况最好，中学生居中，大学生最差；东北地区不及格率最高，华东地区优秀率最高；全国

* 张一民，北京体育大学运动与体质健康教育部重点实验室主任，教授；贾潇，北京体育大学运动与体质健康教育部重点实验室，助理实验师；孔振兴，北京体育大学运动与体质健康教育部重点实验室，助理研究员。

大、中、小学生肥胖比例分别为7.9%、8.9%、9.0%，超重比例分别为12.3%、13.4%、13.4%，超重和肥胖人数比例仍然居高不下。

关键词： 青少年 体质健康 体质健康监测

自教育部2014年颁布实施《国家学生体质健康标准（2014年修订）》（以下简称《标准》）、《学生体质健康监测评价办法》等一系列文件以来，全国各地各校严格执行《标准》，在本行政区内统筹开展面向全体学生的体质健康测试，并逐步建立健全包括学校测试上报、部门逐级审核、随机抽查复核、动态分析预测、信息反馈公示、评价结果应用等相关制度在内的学生体质健康监测评价体系，着力建立“六项制度”助力全国学生体质健康水平提升。

2016～2018年，教育部体育卫生与艺术教育司连续三年组织全国32所高等学校分别组成抽查工作组，对各地各校组织实施的学生体质健康测试情况进行抽查复核。2016～2018年全国抽查的小学一年级至大学四年级学生中，大、中、小学生有效样本总计分别为221053人、220330人、227160人（见表1）。

表1　2016～2018年现场测试数据有效样本量

单位：人

学段	2016年	2017年	2018年
小学	97038	96610	99989
初中	46710	47423	48922
高中	47614	46886	48645
大学	29691	29411	29604
总体	221053	220330	227160

一 全国学生体质健康基本状况

2016~2018年全国大、中、小学生体质不及格率由12.0%下降至11.3%，整体下降了0.7个百分点；达标率由88.0%提升到88.7%，整体提升了0.7个百分点。其中，优良率由26.5%逐渐提升至30.3%，上升了3.8个百分点（见表2、图1）。依据《2018年全国教育事业发展统计公报》公布的“全国各级各类学历教育在校生2.76亿人”计算，截止到2018年，全国有2.45亿在校学生体质健康达到合格及以上水平，有0.84亿在校学生体质健康总分超过80分。即在过去三年间，全国各地各校认真贯彻落实《国务院办公厅关于强化学校体育促进学生身心健康全面发展的意见》（国办发〔2016〕27号），严格规范了《标准》的组织实施与测试工作，通过全面实施《标准》激励学生积极参加体育锻炼，逐步夯实了增强学生体质的基础，促使2016年后全国学生体质健康状况整体呈现“逐步提升”的趋势，且有近30%的学生表现出较高水平的提升，可以预见，彻底扭转全国学生体质健康“令人担忧”的现状指日可待。

表2 2016~2018年全国各学段学生体质达标率变化情况

单位：%

学段	不及格			及格			良好			优秀		
	2016年	2017年	2018年	2016年	2017年	2018年	2016年	2017年	2018年	2016年	2017年	2018年
小学	7.9	6.7↓	6.4↓	56.8	54.5	53.2↓	27.7	29.2↑	30.5↑	7.6	9.6↑	9.9↑
初中	12.8	11.7↓	11.6↓	60.8	58.6	58.6	22.5	24.4↑	24.6↑	3.9	5.3↑	5.2↓
高中	11.2	10.5↓	11.0↑	67.5	66.0	65.0↓	19.3	20.9↑	21.0↑	2.1	2.7↑	3.0↑
大学	25.1	26.1↑	27.6↑	68.3	67.3	65.1↓	6.3	6.3	6.9↑	0.2	0.3↑	0.4↑
总体	12.0	11.2↓	11.3↑	61.5	59.5	58.4↓	21.9	23.4↑	24.1↑	4.6	5.9↑	6.2↑

说明：↑表示与前一年相比出现上升，↓表示与前一年相比出现下降。

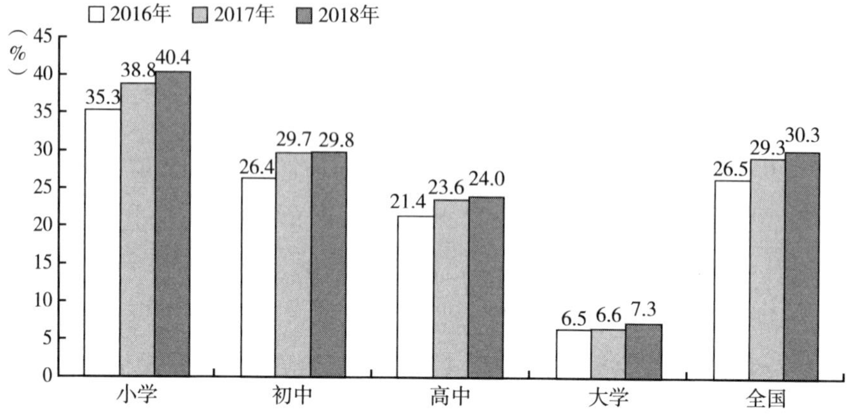

图1　2016～2018年全国不同学段学生体质优良率的变化

二　全国不同学段学生体质健康状况比较

2016～2018年，全国各学段学生体质健康状况比较结果表明：小学生体质健康状况最好，中学生居中，大学生最差。具体特点如下。

（一）学生体质健康水平随年级增加呈下降趋势

2016～2018年小学及初中生的体质不及格率逐年降低，小学生从7.9%下降至6.4%，初中生从12.8%下降至11.6%；高中生的不及格率出现小幅波动；大学生表现不佳，依然有超过四分之一的学生不及格，不及格率呈现小幅上升（从25.1%上升至27.6%）。由此可见，大学生体质健康水平依然“令人担忧”。

（二）学生体质健康水平“源头”提升趋势已经呈现

在体质健康水平已经达标的学生群体中，不同学段达到优良的学生人数比例不同。2016～2018年，小学生体质健康总分超过80分的人数比例最高，由35.3%逐年增加到40.4%，提升了5.1个百分点；初中生由26.4%逐年增加到29.8%，提升了3.4个百分点；高中生由21.4%逐年增加到24.0%，提升了2.6个百分点；大学生也有小幅提升，从6.5%提升到7.3%，提升了0.8个百分点。由此可见，我国不同学段学生体质健康水平发展“不平衡”和“不充分”的特点依然存在，不过，“源头”提升的特点已经呈现，若全国各地各校（尤其是高校）能将“国办发〔2016〕27号”文件中的各项要求进一步落到实处，那么我国不同学段学生体质健康状况将会得到明显改善。

总之，自2016年以来，各学段学生体质健康水平变化不同：中小学生不及格率逐年降低，优良率持续上升，中小学生体质健康水平逐年提升；大学生不及格率持续小幅上升，优良率仅略有提高，大学生体质健康水平令人担忧的状况还未得到明显改善。

三　全国不同地理区域学生体质健康状况比较

我国地理区域划分与全国31个省（区、市）和新疆生产建设兵团的对应关系如表3所示。

表3　七大地理区域划分

地理区域	省(区、市)
华北地区	北京、天津、河北、山西、内蒙古
东北地区	辽宁、吉林、黑龙江
华东地区	上海、江苏、浙江、安徽、福建、江西、山东
华中地区	河南、湖北、湖南
华南地区	广东、广西、海南
西南地区	重庆、四川、贵州、云南
西北地区	西藏自治区、陕西、甘肃、青海、宁夏、新疆(含新疆生产建设兵团)

表4的统计结果表明：2016～2018年不同地理区域间学生体质健康水平存在较大差异，东北地区不及格率最高，有接近1/5的学生不及格；华东地区优秀率最高，超过了10%。

表 4　2016～2018 年各地理区域学生体质平均达标率

单位：%

地理区域	不及格率	及格率	良好率	优秀率
华北地区	13.8	58.0	22.4	5.9
东北地区	19.9	59.8	17.1	3.2
华东地区	7.7	53.1	28.6	10.6
华中地区	11.6	64.3	21.5	2.7
华南地区	11.2	64.3	21.1	3.4
西南地区	7.9	58.7	27.1	6.3
西北地区	12.3	64.6	20.0	3.1

表 5　2016～2018 年各地理区域学生体质达标率变化情况

单位：%

地理区域	不及格			及格			良好			优秀		
	2016 年	2017 年	2018 年	2016 年	2017 年	2018 年	2016 年	2017 年	2018 年	2016 年	2017 年	2018 年
华北地区	15.4	12.4↓	13.6↑	60.4	57.9	55.6	20.2	23.0↑	23.9↑	4.0	6.7↑	7.0↑
东北地区	20.0	21.8↑	18.0↓	61.1	59.6	58.7	16.3	15.7↓	19.2↑	2.6	2.9↑	4.1↑
华东地区	7.6	8.1↑	7.3↓	54.7	53.8	50.9	27.9	27.6↓	30.2↑	9.7	10.5↑	11.5↑
华中地区	10.2	13.2↑	11.5↓	64.8	65.2	62.8	22.5	19.4↓	22.5↑	2.6	2.3↓	3.1↑
华南地区	11.7	11.0↓	11.0	67.6	65.0	60.2	18.6	21.2↑	23.4↑	2.1	2.8↑	5.4↑
西南地区	10.2	6.4↓	7.1↑	61.8	57.3	57.1	23.9	28.5↑	28.8↑	4.1	7.7↑	7.0↓
西北地区	13.1	10.8↓	13.0↑	65.1	63.1	65.6	18.9	22.2↑	18.9↓	2.9	4.0↑	2.5↓

说明：↑表示与前一年相比出现上升，↓表示与前一年相比出现下降。

四　全国学生超重、肥胖的发生率

（一）学生超重和肥胖的人数比例依然居高不下

2016～2018 年我国学生超重和肥胖平均比例为 21.6%，其中超重平均比例为 13.0%，肥胖平均比例为 8.6%。由此可知，有超过 1/5 的学生体重超标（见图 2）。

另外，2016～2018 年，全国大、中、小学生总体的肥胖比例分别为

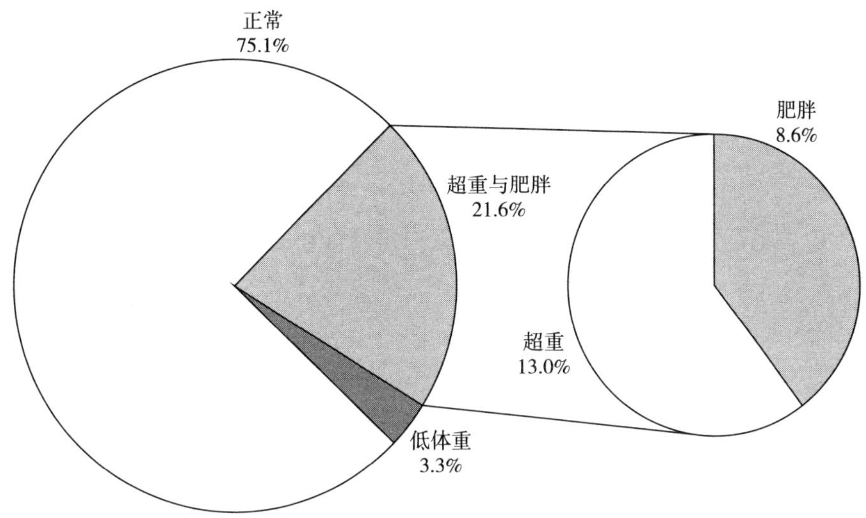

图2　2016～2018年全国学生体质BMI平均达标率

7.9%、8.9%、9.0%，超重比例分别为12.3%、13.4%、13.4%，超重和肥胖人数比例基本呈现逐年上升趋势（见表6）。

表6　2016～2018年全国学生体质BMI达标率

单位：%

学段	低体重			正常			超重			肥胖		
	2016年	2017年	2018年	2016年	2017年	2018年	2016年	2017年	2018年	2016年	2017年	2018年
小学	3.6	3.8	3.3	76.6	74.2	75.4	11.3	12.6↑	12.2↓	8.5	9.4↑	9.0↓
初中	2.8	2.4	2.3	75.8	73.3	72.6	12.6	13.7↑	14.0↑	8.9	10.6↑	11.1↑
高中	2.3	2.0	1.8	75.5	74.1	74.1	13.8	14.8↑	14.8	8.5	9.1↑	9.3↑
大学	5.7	5.7	5.7	78.2	76.7	75.4	12.7	13.4↑	14.1↑	3.5	4.3↑	4.8↑
总体	3.4	3.4	3.1	76.4	74.3	74.5	12.3	13.4↑	13.4	7.9	8.9↑	9.0↑

说明：↑表示与前一年相比出现上升，↓表示与前一年相比出现下降。

（二）大学生肥胖比例最低，小学生超重和肥胖比例出现下降

表6表明，2016～2018年大学生肥胖比例最低，不足5%，而中小学生

则在10%左右。需要强调的是，中学生和大学生超重、肥胖的比例持续小幅增加，而小学生超重和肥胖的比例在2018年出现小幅下降趋势。

在教育部持续推动下，在全国各地各校认真贯彻《国务院办公厅关于强化学校体育促进学生身心健康全面发展的意见》（国办发〔2016〕27号）的前提下，我国学生体质健康状况在2016～2018年三年间呈现出稳步提升的趋势，但是不同学段、不同地区学生的体质健康状况发展不平衡和不充分的特点依然存在，我国学生超重和肥胖发生率居高不下的现象仍未得到有效的改善。

B.10
2018年全国青少年体育健身活动状况调查报告

贾潇　张一民　孔振兴*

摘　要： 2018年，国家体育总局青少年体育司联合教育部体育卫生与艺术教育司在全国31个省（区、市）和新疆生产建设兵团开展了全国青少年体育健身活动状况调查，结果显示全国在校学生平均每周参加1次及以上体育锻炼的人数比例达到了98.1%，参加体育锻炼时达到中高等强度的比例为87.2%，有99.0%的学生能够每周至少上1节体育课。全国在校学生参加体育锻炼或健身活动已呈现常态化特征，但需要进一步关注体育课或体育活动质量、学生锻炼时的安全意识和健身知识教育等问题。同时，在学生个人参加体育锻炼动机明显加强的前提下，如何改善学生居住地健身环境、提升家庭对学生锻炼的支持度以及持续改善学校的健身环境依然是未来的工作重点。

关键词： 青少年　体育健身活动　体育锻炼

2018年，国家体育总局青少年体育司联合教育部体育卫生与艺术教育司在全国31个省（区、市）和新疆生产建设兵团开展了全国青少年体育健

* 贾潇，北京体育大学运动与体质健康教育部重点实验室，助理实验师；张一民，北京体育大学运动与体质健康教育部重点实验室主任，教授；孔振兴，北京体育大学运动与体质健康教育部重点实验室，助理研究员。

身活动状况调查，结果表明，全国在校学生参加体育锻炼或健身活动已呈现常态化特征，但是，需要进一步关注体育课或体育活动质量、学生锻炼时的安全意识和健身知识教育等问题。同时，在学生个人参加体育锻炼动机明显加强的前提下，如何改善学生居住地健身环境、提升家庭对学生锻炼的支持度以及持续改善学校的健身环境依然是未来的工作重点。

青少年时期是个人身心健康发展的关键时期，青少年体质健康状况不仅关系到个人的健康成长，而且关系到整个民族综合素质的提高。众所周知，青少年体育锻炼行为与体质健康存在密切关系。为了回应“健康中国”和“全民健身”国家战略，了解 2018 年我国青少年体育健身活动基本情况，国家体育总局青少年体育司与教育部体育卫生与艺术教育司联合对全国 31 个省（区、市）和新疆生产建设兵团在校中小学生参加体育健身活动的基本情况进行调查，对我国中小学生的体育锻炼行为、健身习惯以及外部影响因素等进行研究分析，为进一步完善我国青少年体育公共服务体系、提高青少年科学健身水平、增强青少年体质、促进青少年健康提供科学依据。

一　调查概况

2018 年，国家体育总局青少年体育司联合教育部体育卫生与艺术教育司依托教育部《国家学生体质健康标准（2014 年修订）》组建抽查复核工作团队，采取定点整群随机抽样方式，在全国 31 个省、自治区、直辖市和新疆生产建设兵团开展入校调查，现场发放并填写《2018 年全国儿童青少年体育健身活动状况调查问卷》。

（一）调查对象

本次调查对象为小学四年级至高中三年级的在校学生，分为小学 4～6 年级、初中和高中三个学段。调查覆盖全国 31 个省、自治区、直辖市和新疆生产建设兵团的 144 个市（地、区、州），240 个县（市、区、旗），1018 所学校，共获得有效样本 145270 人。其中，男生 72554 人，比例为 49.9%；女生 72716 人，比例为 50.1%。调查对象基本情况见表 1。

表1 调查对象基本情况

学段	性别	样本量(人)	比例(%)
小学4~6年级	男	24435	16.8
	女	24557	16.9
初中	男	24060	16.6
	女	24166	16.6
高中	男	24059	16.6
	女	23993	16.5
全国	男	72554	49.9
	女	72716	50.1

（二）调查内容

本次调查以全国青少年体育健身活动状况为核心内容，主要分为两个部分：第一，青少年体育健身活动的总体情况，包括体育锻炼参与度、强度、频率、持续时间等。第二，影响青少年参与体育健身活动的相关因素，包括健身习惯、健身外部环境等。

二 体育健身活动基本情况

（一）总体状况

1. 参与度

调查结果显示，2018年我国98.1%的在校学生平均每周均能参加1次及以上体育锻炼（包括体育课、课外活动和校外体育锻炼）。其中，男生每周参加1次及以上体育锻炼的人数比例为98.9%，女生这一比例为99.2%，表明2018年被调查学校的学生基本能每周参加1次及以上的体育锻炼活动（见表2）。

2. 锻炼强度

2018年我国在校学生在参加体育锻炼时达到“中等强度”（呼吸、心跳加快，微微出汗）的学生比例为67.1%，达到“高强度”（呼吸急促，心跳明显加快，出汗较多）的学生比例为20.1%。遗憾的是，有12.8%的在校学生未达到体育健康课程标准的要求，即学校体育活动的质量还有待于进一步提高（见表3）。

3. 锻炼频率与时间

我国在校学生有99.0%的人能够每周至少上1次体育课，每周上2~3次体育课的人数比例最高，达到了66.4%（见表4）。我国在校学生平均每次参加体育锻炼的持续时间在30~59分钟的人数比例最高，为51.0%，其次为持续时间在30分钟以内的，占比为26.2%（见表5）。

（二）分学段学生体育健身活动状况

1. 参与度

随着学段（年龄）的增长，在校学生每周参加体育锻炼的次数逐渐降低。每周参加7次及以上的人群中，小学4~6年级学生比例为24.5%，初中生为19.0%，高中生只为16.2%（见表2）。

表2　不同学段学生平均每周参加锻炼的次数

单位：%

学段	0次	1次	2次	3次	4次	5次	6次	7次及以上
小学4~6年级	2.4	3.7	10.2	17.8	15.2	17.2	9.0	24.5
初中	1.5	2.7	11.6	19.7	15.3	20.1	10.0	19.0
高中	1.6	4.6	20.2	15.8	13.3	17.7	10.7	16.2
全国	1.9	3.7	14.0	17.8	14.6	18.3	9.9	19.9

2. 锻炼强度

随着学段（年龄）的增长，在校学生参加体育锻炼时的强度逐渐增加。每次锻炼时达到中等及以上强度的人群中，小学4~6年级学生比例为82.9%，初中生为88.7%，高中生达到了90.1%。

表 3　学生每次参加体育锻炼的身体感受

单位：%

学段	呼吸、心跳变化不大	呼吸、心跳加快，微微出汗	呼吸急促，心跳明显加快，出汗较多
小学 4 ~6 年级	17. 1	66. 2	16. 7
初中	11. 3	65. 5	23. 2
高中	9. 9	69. 6	20. 5
全国	12. 8	67. 1	20. 1

3. 锻炼频率与时间

小学 4 ~6 年级学生和初中生平均每周参加 3 次体育课的比例最高，分别为 41. 1% 和 40. 4%；高中生平均每周参加 2 次体育课的比例最高，达到了 63. 4%。平均每周上体育课的次数随着学段（年龄）的增长逐渐减少，每周参加 3 次及以上体育课的总比例，小学 4 ~6 年级学生为 78. 8%，初中生为 68. 5%，高中生仅为 27. 1%。

表 4　平均每周上体育课次数

单位：%

学段	0	1 次	2 次	3 次	4 次	5 次	6 次	7 次
小学 4 ~6 年级	1. 3	3. 1	16. 8	41. 1	12. 6	8. 6	4. 5	12. 0
初中	0. 6	3. 0	27. 9	40. 4	7. 5	6. 9	4. 3	9. 4
高中	1. 2	8. 4	63. 4	9. 7	4. 4	2. 6	3. 6	6. 8
全国	1. 0	4. 8	36. 0	30. 4	8. 2	6. 0	4. 1	9. 4

随着学段的增长，我国在校学生平均每次参加体育锻炼的持续时间逐渐减少。具体表现为小学 4 ~6 年级学生平均每次参加体育锻炼持续 60 ~89 分钟和 90 分钟及以上的比例分别为 17. 5% 和 12. 1%，初中生分别为 14. 2% 和 8. 0%，而高中学生却分别下降至 10. 5% 和 6. 2%。需要指出的是，平均每次参加体育锻炼持续时间为 30 分钟以内的人数比例则随着学段的提升逐渐增加，从小学 4 ~6 年级学生的 22. 4% 增加至高中生的 34. 0%（见表 5）。

表 5　平均每次参加体育锻炼的时间

单位：%

学段	90 分钟及以上	60～89 分钟	30～59 分钟	30 分钟以内
小学 4～6 年级	12.1	17.5	48.0	22.4
初中	8.0	14.2	55.5	22.4
高中	6.2	10.5	49.4	34.0
全国	8.8	14.1	51.0	26.2

（三）经常参加的体育锻炼项目

我国在校学生经常参加的体育锻炼项目中，参加跑步的人数比例最高，达到了 79.5%，其他主要项目依次为跳绳（41.1%）、羽毛球（37.9%）、篮球（32.3%）、健步走（29.3%）、跳远（27.8%）以及足球（22.8%）。其中，小学 4～6 年级的学生经常参加的体育锻炼项目依次为跑步（77.2%）、跳绳（59.5%）、羽毛球（40.3%）、足球（31.1%）和篮球（31.0%）；初中生为跑步（81.7%）、跳绳（41.0%）、羽毛球（36.9%）、跳远（36.0%）和篮球（33.7%）；高中生依次为跑步（79.8%）、羽毛球（36.4%）、篮球（32.1%）、健步走（26.1%）和跳绳（22.5%）（见表 6）。

表 6　经常参加的体育锻炼项目

单位：%

锻炼项目	小学 4～6 年级	初中	高中	全国
健步走	29.7	32.1	26.1	29.3
跑步	77.2	81.7	79.8	79.5
跳高	16.7	14.8	7.9	13.2
跳远	25.3	36.0	21.9	27.8
篮球	31.0	33.7	32.1	32.3
排球	6.8	8.7	6.6	7.4
足球	31.1	22.0	15.3	22.8
乒乓球	22.4	22.0	19.7	21.4
羽毛球	40.3	36.9	36.4	37.9
网球	4.4	3.1	1.8	3.1
体操	23.9	16.7	8.9	16.5

续表

锻炼项目	小学4~6年级	初中	高中	全国
韵律操(形体操、健美操、体育舞蹈、舞蹈等)	20.6	12.8	9.0	14.2
游泳	27.0	16.7	9.5	17.8
武术	7.4	3.6	1.9	4.3
跆拳道	10.3	5.0	2.1	5.8
空手道	2.8	1.4	0.7	1.6
柔道	2.0	1.2	0.5	1.2
滑冰	12.6	5.6	2.2	6.8
滑雪	8.3	4.2	1.8	4.8
跳绳	59.5	41.0	22.5	41.1
踢毽子	14.6	10.5	8.1	11.1
轮滑	20.2	12.8	5.5	12.9
其他	11.5	10.3	7.3	9.7
没有持续做的体育锻炼项目	1.9	2.6	3.9	2.8

以上结果表明，跑步、健步走和跳绳等是我国在校学生经常参与的体育锻炼项目，羽毛球、足球、篮球等球类项目因易学而有趣也深受学生喜爱。与此同时，经常参加武术、空手道、柔道、滑雪、滑冰、网球、排球等项目的学生比例较低，这可能与这些项目的场地要求及技术要求较高、推广度不足等因素有关。

（四）参加体育锻炼的安全意识

在参加体育锻炼前进行适当的准备活动有助于提高运动效果、减少运动损伤。调查结果显示，全国有1.7%的在校学生在参加体育锻炼前从来不做准备活动，分别有41.8%和31.8%的学生每次都做和经常做准备活动，24.8%的学生偶尔做准备活动，对此应予以高度关注（见表7）。

表7　每次参加体育锻炼前的准备活动情况

单位：%

学段	每次都做	经常做	偶尔做	从来不做
小学4~6年级	46.3	29.8	22.0	1.8
初中	44.5	31.6	22.5	1.5
高中	34.4	33.9	30.0	1.7
全国	41.8	31.8	24.8	1.7

我国在校学生锻炼前准备活动的方式方面，最主要的是关节（如手腕关节、颈关节和脚踝关节）活动，人数比例达到了70.1%，其次为压腿（如前压腿和侧压腿），人数比例为68.1%。不同学段在校学生锻炼前准备活动的方式未见明显差异（见表8）。

表8　在校学生锻炼前准备活动的方式

单位：%

类型	小学4~6年级	初中	高中	全国
慢跑	58.6	60.5	63.8	61.0
腰部运动(如扭腰)	58.1	63.9	69.3	63.8
肩部运动(转动肩膀)	52.1	59.9	63.0	58.3
关节(如手腕关节、颈关节和脚踝关节)活动	60.8	71.9	77.7	70.1
扩胸运动	53.6	61.7	64.6	59.9
压腿(如前压腿和侧压腿)	61.0	69.3	74.3	68.1
体前屈	35.7	40.2	43.0	39.6
原地高抬腿	50.3	55.6	55.5	53.8
其他	14.0	12.2	9.0	11.7
没有熟练掌握准备活动	3.0	2.4	2.0	2.5

需要指出的是，学生在参加体育锻炼时常常会发生运动损伤，其中，发生比例最高的损伤为运动扭伤（如腰扭伤），人数比例为67.1%，最低的为肌肉拉伤（如大腿拉伤）（见表9），但是，仅有3.3%的学生了解其正确的处理办法。

表9　运动损伤发生情况

单位：%

运动损伤	小学4~6年级	初中	高中	全国
擦伤(如膝盖擦伤)	8.8	13.4	15.9	12.7
肌肉拉伤(如大腿拉伤)	4.4	3.5	2.1	3.3
运动扭伤(如腰扭伤)	77.1	63.0	61.2	67.1
体育考试或测试受伤	7.0	17.0	17.0	13.6
其他	2.8	3.1	3.8	3.2

综上所述，我国在校学生参加体育锻炼前的准备活动方式及运动损伤发生后的处理方法等知识需要得到进一步普及，即我国在校学生参加体育活动时的安全意识亟待提高。

（五）健身知识的来源

我国在校学生健身知识的主要来源为学校体育老师，所占比例为82.7%，其他来源有同学或朋友（34.8%），网络、电视、手机等媒介（48.7%）以及家长（47.0%）等（见表10）。

表10　健身知识来源

单位：%

来源	小学4~6年级	初中	高中	全国
家长	51.4	49.6	40.0	47.0
学校体育老师	78.7	84.7	84.9	82.7
校外辅导班/兴趣班/健身俱乐部的老师	27.9	20.8	13.6	20.8
同学或朋友	43.8	5.2	55.5	34.8
网络、电视、手机等媒介	30.7	50.3	65.6	48.7
书籍	33.9	28.7	25.1	29.2
其他	9.3	8.7	5.9	8.0

三　影响学生参与体育活动的相关因素

（一）个人动机

参加体育锻炼的动机是指引起和维持学生参与体育学习和体育锻炼活动的内部心理动因。调查结果显示，我国在校学生参与体育锻炼的主要动机为“自己喜欢”，这一比例在各个学段中均为最高，全国总体比例达到了67.1%（见表11）。

随着学段（年龄）的增长，选择动机为“自己喜欢”的比例逐渐降低，从小学4～6年级的77.1%下降到高中阶段的61.2%，选择“家长要求”的人数比例从4.4%下降到了2.1%；与此同时，选择“学校或老师要求”的比例则从8.8%增长到了15.9%，选择“体育考试或测试需要”的比例则从7.0%增长到了17.0%。这表明随着学段（年龄）的增长，我国在校学生参加体育锻炼受父母的影响在减小，而受学校和体育考试的影响在增大。

表11　参加体育锻炼的个人动机

单位：%

个人动机	小学4～6年级	初中	高中	全国
学校或老师要求	8.8	13.4	15.9	12.7
家长要求	4.4	3.5	2.1	3.3
自己喜欢	77.1	63.0	61.2	67.1
体育考试或测试需要	7.0	17.0	17.0	13.6
其他	2.8	3.1	3.8	3.2

（二）社区环境

随着体育事业的不断发展，政府加大了公共体育方面的设施投资力度，以改善我国居民的体育活动条件。调查结果显示，我国在校学生所在社区或村中，仍有7.9%的社区（村）缺乏锻炼场地或设施，场地或设施充足的社区（村）所占比例仅为31%（见表12）。因此，相关部门应进一步完善活动场所和器材，进一步满足我国在校学生参加体育活动的场地和设施需求。

表12　学生居住地锻炼场地或设施情况

单位：%

场地或设施	小学4～6年级	初中	高中	全国
很充足	41.9	30.1	20.7	31.0
一般	33.8	40.5	42.8	39.0
比较少	17.6	21.6	27.2	22.1
没有	6.7	7.7	9.2	7.9

调查结果显示，有24.5%的社区或村没有举办过体育活动（青少年运动会、冬夏令营、体育培训等），有28.0%很少举办；有27.4%的社区或村没有成立过体育组织（体育俱乐部、体育社团、体育兴趣组等）（见表13、表14）。因此，建议社区或村多举行各类体育活动、成立各类体育组织等，比如安排一些适合小学生及其家长共同参与的比赛项目，以激发孩子参与体育锻炼的热情。

表13　学生居住地举办体育活动情况

单位：%

体育活动情况	小学4~6年级	初中	高中	全国
很多	19.9	13.4	7.8	13.8
有一些	35.7	34.6	31.0	33.7
很少	24.2	27.9	32.0	28.0
没有	20.1	24.1	29.2	24.5

表14　学生居住地拥有体育组织的情况

单位：%

体育组织情况	小学4~6年级	初中	高中	全国
很多	19.6	13.1	7.6	13.5
有一些	35.9	33.1	29.0	32.7
很少	22.8	26.5	30.2	26.5
没有	21.8	27.3	33.1	27.4

（三）家庭环境

家长对孩子体育健身的引导、熏陶、影响等行为有助于培养孩子对体育的兴趣、爱好和使孩子养成体育锻炼的习惯，为孩子的身心协调发展打好基础。调查结果显示，有54.5%的父母及爷爷、奶奶或姥姥、姥爷等非常支持孩子参加体育锻炼，比较支持的比例为30.4%，而不太支持与非常不支持的比例仅为1.8%，这表明父母等长辈的支持态度是我国在校学生经常参加体育锻炼的主要影响因素（见表15）。

表 15　父母等长辈支持参加体育锻炼情况

单位：%

支持情况	小学 4 ~6 年级	初中	高中	全国
非常支持	60. 1	54. 3	49. 2	54. 5
比较支持	24. 6	30. 4	36. 2	30. 4
一般	12. 5	13. 6	13. 6	13. 2
不太支持	2. 0	1. 4	0. 9	1. 4
非常不支持	0. 8	0. 4	0. 2	0. 4

表 16 显示，有 12. 2% 的父母及爷爷、奶奶或姥姥、姥爷等从来不陪同孩子参加体育锻炼。

表 16　父母等长辈陪同参加体育锻炼情况

单位：%

陪同情况	小学 4 ~6 年级	初中	高中	全国
每次都陪	21. 8	12. 8	7. 3	14. 0
经常陪	33. 7	27. 7	20. 8	27. 5
偶尔会陪	37. 3	47. 6	54. 2	46. 3
从来不陪	7. 2	11. 9	17. 6	12. 2

表 17 显示，全国有 30. 6% 的父母及爷爷、奶奶或姥姥、姥爷等非常愿意花钱支持孩子参加体育锻炼，而 9% 的长辈不愿意花钱支持孩子参加体育锻炼。虽然社会经济快速发展，带来了家庭收入的增加，但家庭体育消费观念仍需改善。

表 17　父母等长辈是否愿意花钱让你参加体育锻炼

单位：%

是否愿意花钱	小学 4 ~6 年级	初中	高中	全国
非常愿意	39. 7	29. 5	22. 6	30. 6
比较愿意	29. 1	33. 2	35. 7	32. 6
一般	21. 5	28. 3	33. 4	27. 7
不太愿意	6. 6	7. 0	7. 1	6. 9
非常不愿意	3. 2	2. 0	1. 2	2. 1

表18显示，有接近30%的父母及爷爷、奶奶或姥姥、姥爷等不重视孩子的体育健康检测结果。非常重视孩子的体育健康检测结果的长辈比例随着学段（年龄）的增长而降低，从小学4～6年级的48.0%下降为高中的14.4%，这表明部分家长对孩子参加体育锻炼的状况不够了解，轻视体育锻炼的作用，十分不利于我国儿童青少年参与体育活动。

表18　父母等长辈对孩子体育健康检测结果的重视程度

单位：%

重视程度	小学4～6年级	初中	高中	全国
非常重视	48.0	28.2	14.4	30.3
比较重视	31.2	40.3	38.8	36.7
不太重视	15.1	25.8	38.7	26.5
完全不重视	2.2	2.5	4.0	2.9
不知道	3.4	3.2	4.1	3.6

（四）学校环境

表19显示，有79.7%的在校学生认为学校体育场地设施能够满足其全部或大部分体育锻炼需求，但是有20.3%的学生认为学校体育场地设施完全不能或仅能满足其小部分体育锻炼需求。这一结果表明近年来我国十分重视青少年体育，在学校加强了体育场地设施建设，保障了儿童青少年在学校中积极参与体育锻炼。

表19　学校体育场地设施能否满足锻炼需求

单位：%

能否满足锻炼需求	小学4～6年级	初中	高中	全国
完全能够满足	46.9	33.6	25.5	35.4
能满足大部分	35.4	45.7	51.8	44.3
能满足小部分	15.6	18.5	20.3	18.1
完全不能满足	2.1	2.2	2.3	2.2

此外，有78.7%的在校学生认为学校开设的体育课或举办的体育活动至少能够满足其大部分锻炼的需求，令人遗憾的是有超过20%的学生认为目前学校开设的体育课或举办的体育活动至多仅能满足其小部分锻炼的需求（见表20）。

表20　学校体育课或体育活动能否满足锻炼需求

单位：%

能否满足锻炼需求	小学4~6年级	初中	高中	全国
完全能够满足	48.1	35.5	24.3	36.1
能满足大部分	34.8	44.3	48.8	42.6
能满足小部分	14.9	18.1	23.6	18.8
完全不能满足	2.1	2.1	3.3	2.5

需要强调的是，学校体育课或课间操时间被占用的情况仍有发生，经常被占用和偶尔被占用的比例分别为12.6%和45.4%（见表21）。学校对体育课或体育活动的重视程度亟待提高，相关教育行政部门仍需做好监督管理工作。

表21　学校体育课或课间操时间是否被占用

单位：%

是否被占用	小学4~6年级	初中	高中	全国
经常被占用	15.8	12.9	9.1	12.6
偶尔被占用	46.8	45.7	43.7	45.4
没有被占用过	37.4	41.4	47.2	42.0

表22显示，有37.3%的学生认为学校能经常宣传科学健身有关知识，但分别有51.8%和11.0%的学生认为学校偶尔宣传和从未宣传过科学健身有关知识。科学健身知识宣传能够激发儿童青少年参加体育活动的兴趣，营造积极良好的健身环境，这一点还需要在今后的学校体育中进一步加强。

表 22　学校宣传科学健身有关知识的情况

单位：%

宣传情况	小学 4～6 年级	初中	高中	全国
经常宣传	42.2	38.1	31.4	37.3
偶尔宣传	44.9	51.7	58.8	51.8
没有宣传过	12.9	10.2	9.9	11.0

综上所述，2018 年全国在校学生参加体育锻炼或健身活动已呈现常态化特征，需要关注的是，体育课或体育活动质量不高、学生锻炼时的安全意识弱等问题依然存在。同时，在学生个人参加体育锻炼动机明显加强的前提下，如何改善学生居住地健身环境、提升家庭对学生锻炼的支持度以及持续改善学校的健身环境依然是未来的工作重点。当然，部分学校依然存在挤占体育课或体育活动时间的问题，要引起高度重视。

B.11 2018 ~2019年全国儿童青少年体育健身活动状况调查报告

张彦峰　武东明　孔振兴　王　欢　冯　强　王晶晶　贾　潇*

摘　要： 2018 ~2019 年全国儿童青少年体育健身活动状况调查显示，我国儿童青少年的科学健身素养仍处于中等偏低的水平。其中，科学健身态度指数接近优秀水平，无论从社会层面看，还是从家庭、学校、社区等层面看，儿童青少年对科学健身的正向价值观已基本形成；科学健身习惯指数较2017 年略有上升，相关政策的引导效应持续提升；科学健身知识不足和科学健身技能偏低的问题仍然存在。儿童青少年科学健身素养既受外部环境的影响，如家庭环境、社会环境、学校环境等，也与个体本身与环境交互过程中的个体接收、筛选、内化、整合程度有关，如个体社会化、生活方式等。在提升我国儿童青少年科学健身素养的措施上，要重点支持高聚集度省（区、市），充分发挥其扩散带动效应；既关注“量”的指标，也兼顾“质”的科学性；推进支持性、选择多样化的科学健身环境建设；改变基于健身的健康促进模式，赋予科学健身更广阔的生活体验空间。

关键词： 儿童青少年　科学健身素养　健身理念

* 张彦峰，国家体育总局体育科学研究所国民体质研究中心，研究员；武东明，国家体育总局体育科学研究所国民体质研究中心，副研究员；孔振兴，北京体育大学运动与体质健康教育部重点实验室，助理研究员；王欢，国家体育总局体育科学研究所国民体质研究中心，研究员；冯强，国家体育总局体育科学研究所国民体质研究中心，助理研究员；王晶晶，国家体育总局体育科学研究所国民体质研究中心，副研究员；贾潇，北京体育大学运动与体质健康教育部重点实验室，助理实验师。

为了更好地贯彻《体育法》、落实《"健康中国2030"规划纲要》、推动《青少年体育活动促进计划》的实施，积极引导和激励儿童青少年经常参加体育健身活动，提高儿童青少年体质健康水平，国家体育总局在构建"儿童青少年科学健身素养"① 调查体系的基础上，将"儿童青少年科学健身素养"作为测量儿童青少年科学健身水平和健身效果的重要指标，以全面了解我国儿童青少年的体育健身活动状况。

2018～2019年，本研究通过多阶段整群随机抽样的方式对全国31个省（区、市）及新疆生产建设兵团共计243个区（县）1112所中小学校中的小学4年级至高中3年级的儿童青少年开展问卷调查（有效调查样本108893个），总结出2018年我国儿童青少年科学健身素养基本特征。

一　科学健身素养指数

（一）基本情况

儿童青少年科学健身素养指数区间为0～100，2018年我国儿童青少年科学健身素养指数为67.3，较2017年的65.8高出1.5。儿童青少年科学健身素养指数划分为知识、态度、技能、习惯4个维度，共计57个细化指标。其中，科学健身知识指数得分57.7、科学健身态度指数得分84.7、科学健身技能指数得分59.1、科学健身习惯指数得分67.4（见图1）。

数据显示，我国儿童青少年的科学健身素养仍处于中等偏低的水平。其中科学健身态度接近优秀水平，无论从社会层面看，还是从家庭、学校、社区等层面看，儿童青少年对科学健身的正向价值观已基本形成；科学健身习惯指数较2017年略有上升，相关政策的引导效应持续提升；科学健身知识不足和科学健身技能偏低的问题仍然存在。

① 科学健身素养是指儿童青少年通过学习科学健身知识、掌握科学健身技能，结合自身情况选择健身项目，养成终身健身习惯，提高自身体质与健康水平的能力。

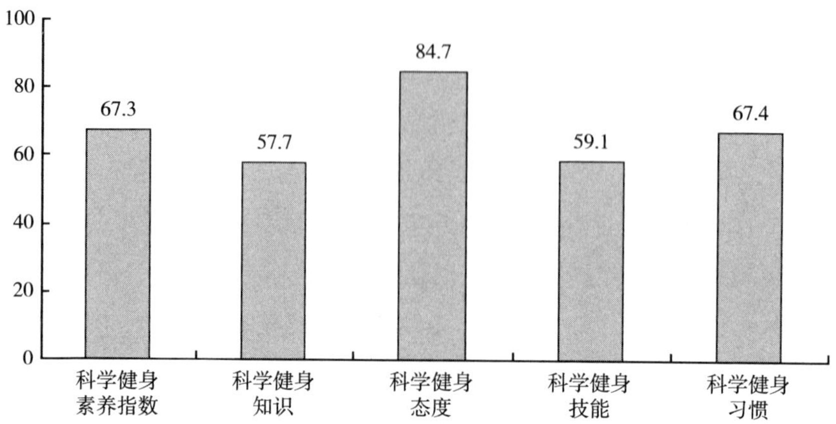

图1　2018年我国儿童青少年科学健身素养指数得分及各分项指数得分

（二）合格率

对比儿童青少年科学健身素养指数不同分数段的样本量及其占比，以60分为合格分数线，每10分作为一个分数段，随着分数由低至高，人数占比逐渐递减。74.1%的儿童青少年科学健身素养指数达到了60分及以上，41.2%达到70分及以上，13.2%达到80分及以上，1.0%达到或超过90分（见表1），表明2018年我国儿童青少年科学健身素养指数合格率呈现金字塔式分布，且科学健身素养指数分布的地区集聚效应明显，呈现3个板块的发展格局。

表1　2018年我国儿童青少年科学健身素养指数分值分布

单位：个，%

科学健身素养指数得分	样本数	占比
90分(含)以上	1100	1.0
80分(含)至90分	13277	12.2
70分(含)至80分	30482	28.0
60分(含)至70分	35813	32.9
60分以下	28221	25.9
总　计	108893	100

1. 华东板块为第一板块

华东板块平均的科学健身素养指数的合格率超过85%，呈现“3个

30%”的特点，即70～80分值段人数占比大，达到了30%及以上；高分值段（80分以上）的人数占比达到或接近30%；低分值段（60～70分）的人数占比远低于30%；频数分布呈现明显向高分区集中的偏态分布特点。

2. 西南板块、华北板块、华南板块、华中板块属于第二板块

第二板块的平均科学健身素养指数的合格率在80%左右，特点是70～80分值段人数占比大，达到了30%及以上，高分值段（80分以上）的人数占比达到或接近20%，低分值段（60～70分）的人数占比在30%左右，频数呈现向中间分数区集中的分布特点。

3. 除以上板块外的省（区、市）属于第三板块

第三板块平均科学健身素养指数的低分值段人数占比较高，表现在：科学健身素养指数的合格率在50%～75%的区间，得分主要集中在低分值段（60～70分），不合格的人数也较多，70～80分值段人数占比未超过低分值段，高分值段人数占比偏小，频数分布呈现向低分区集中的偏态分布特点。

（三）特征分析

1. 儿童青少年科学健身常识与科学健身概念得分均偏低

相对于小学组，中学组对科学健身概念的掌握更好，科学健身常识与科学健身概念得分差距也更小，表明不同年龄段儿童青少年的认知差异特点明显。总体来看，儿童青少年的科学健身常识与科学健身概念得分均偏低，因此，提高儿童青少年科学健身知识水平的措施仍有待加强（见图2）。

2. 对科学健身的价值判断以工具观为主

对科学健身态度的调查分为认知、情感和行为倾向3个方面，行为倾向得分仍然是3个方面中最低的（见图3）。儿童青少年在价值取向上更多地将科学健身看作实用性的手段或工具，增强体质、减肥、提升心理素质的得分排名靠前，而科学健身自觉、主观的价值取向仍有待强化，保持良好的人际关系、增加自信的得分排名靠后。此外，随着年龄的增加，认知和情感的得分有所提高，但行为倾向的得分却在下降。

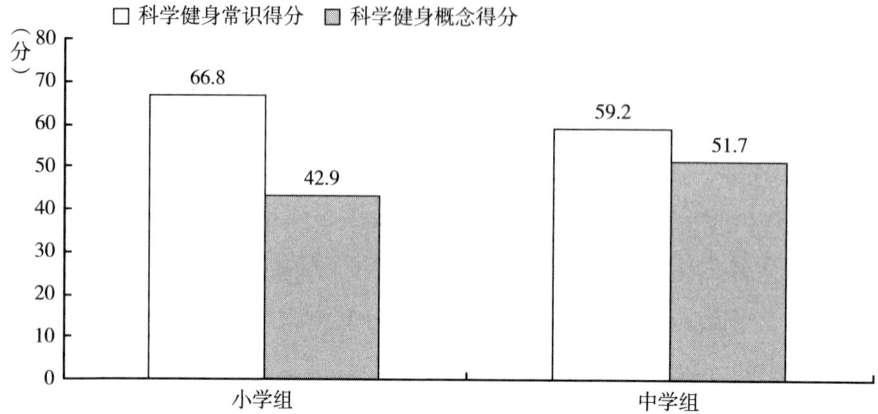

图 2　2018 年我国儿童青少年分学龄段科学健身常识和概念得分对比

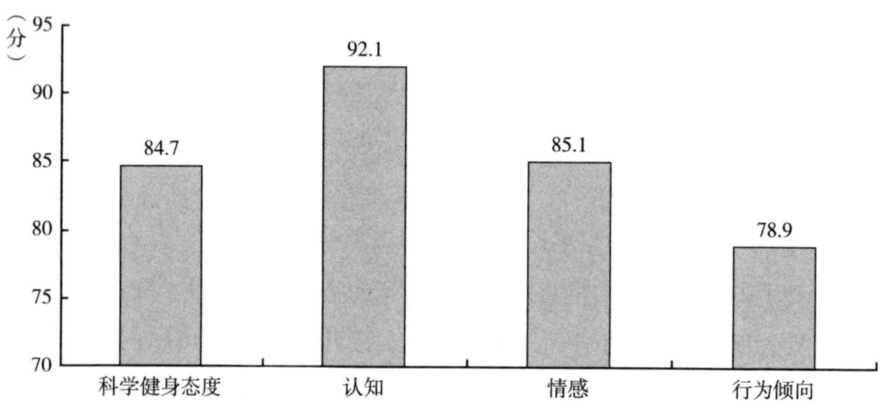

图 3　2018 年我国儿童青少年科学健身态度总分及分项得分

3. 运动技能掌握的自主性和主动性有所提高

儿童青少年能依据自身喜好选择运动项目的人数占比达 67.5%，在运动项目选择的自主性、主动性方面有所提高。总体来看，运动项目参与和技能掌握得分仍然偏低，项目的选择面和丰富度仍显不足，儿童青少年参与度和熟练掌握程度最高的 3 项运动依次是跑步、跳绳、羽毛球，只参与过 8 项及以下运动的人数占比为 58.8%，只能熟练掌握 4 项及以下运动技能的人数占比达 56.8%。

二　影响儿童青少年科学健身素养的因素

儿童青少年科学健身素养既受外部环境（如家庭环境、社会环境、学校环境等）的影响，也和个体本身与环境交互过程中的个体接收、筛选、内化、整合程度有关，如个体社会化、生活方式等。2018 年的调查结果表明，反映兴趣、动机、社会归属感的个体社会化指标对儿童青少年科学健身素养的影响最大，指数得分为 0.391；社会环境指标的影响最小，指数得分为 0.074；其余指标按影响由大到小依次是学校环境（0.171）、生活方式（0.142）、家庭环境（0.137）（见图 7）。具体分析来看，在儿童青少年的成长过程中，社会各方面应该采取更多的措施满足和提升其在健身方面的自主感、胜任感和社会归属感。

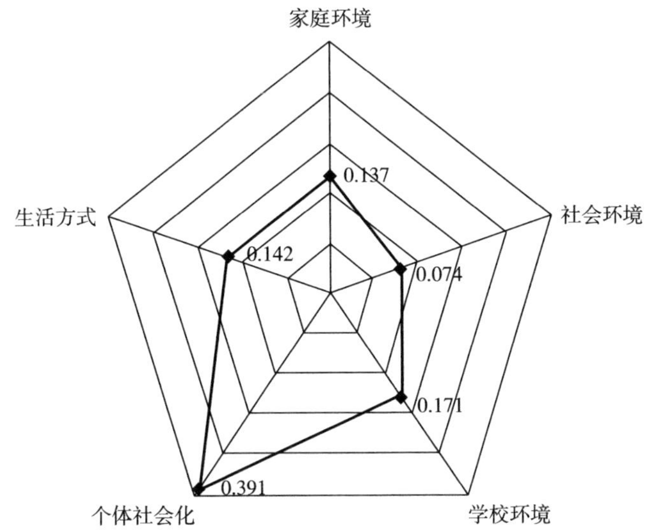

图 4　2018 年我国儿童青少年科学健身素养影响因素贡献

（一）区域维度

通过对比 3 个板块儿童青少年科学健身素养的影响因素，笔者发现影响最大的指标均为个体社会化，华东板块（第一板块）个体社会化指数为

0.408，西南、华南、华北和华中板块（第二板块）为0.410，第三板块为0.393；影响最小的指标均为社会环境，华东板块社会环境指数为0.039，西南、华南、华北和华中板块为0.080，第三板块为0.070。对于第一板块而言，生活方式已经成为仅次于个体社会化的第二影响因素，而对于第二、第三板块来讲，生活方式、学校环境与家庭环境的影响差异较小（见图5）。

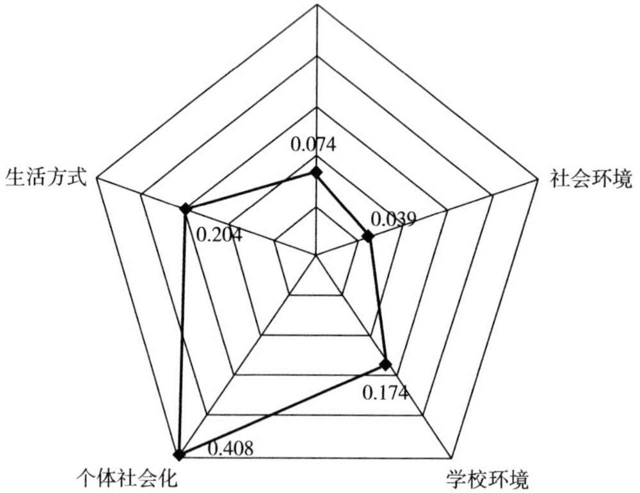

家庭环境
0.074
生活方式
社会环境
0.039
0.204
0.174
0.408
个体社会化
学校环境

第一板块

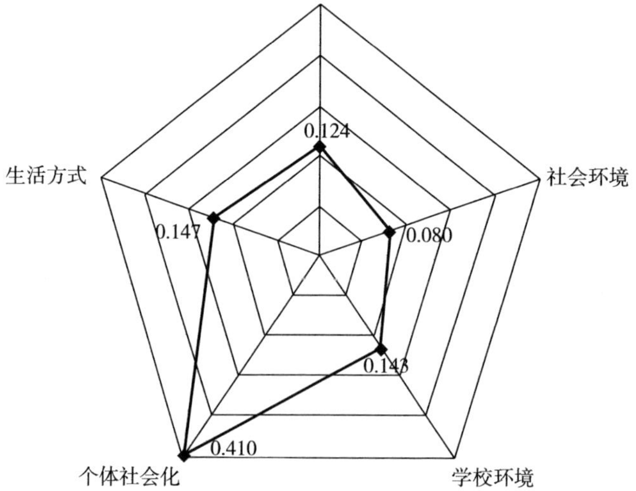

家庭环境
0.124
生活方式
社会环境
0.147
0.080
0.143
0.410
个体社会化
学校环境

第二板块

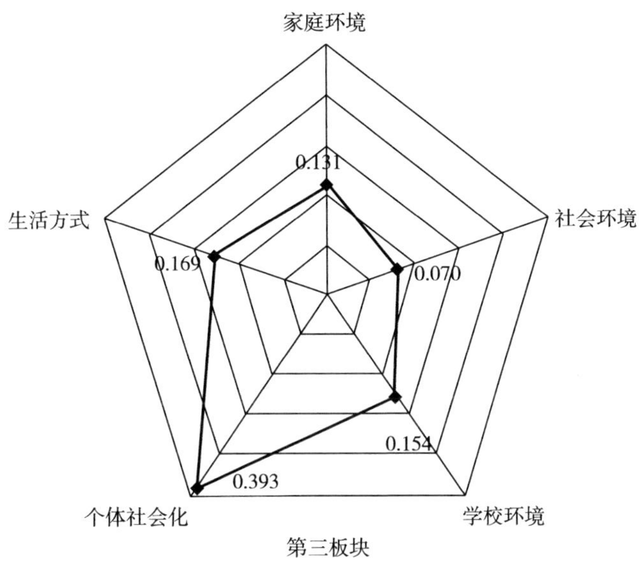

图5　2018 年我国分板块儿童青少年科学健身素养影响因素贡献

（二）年级维度

图6 显示了小学、初中、高中 3 个阶段各项影响因素的贡献。随着年级

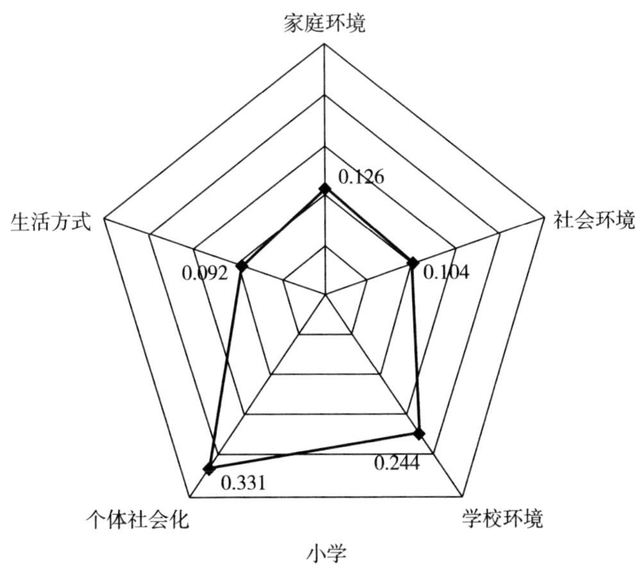

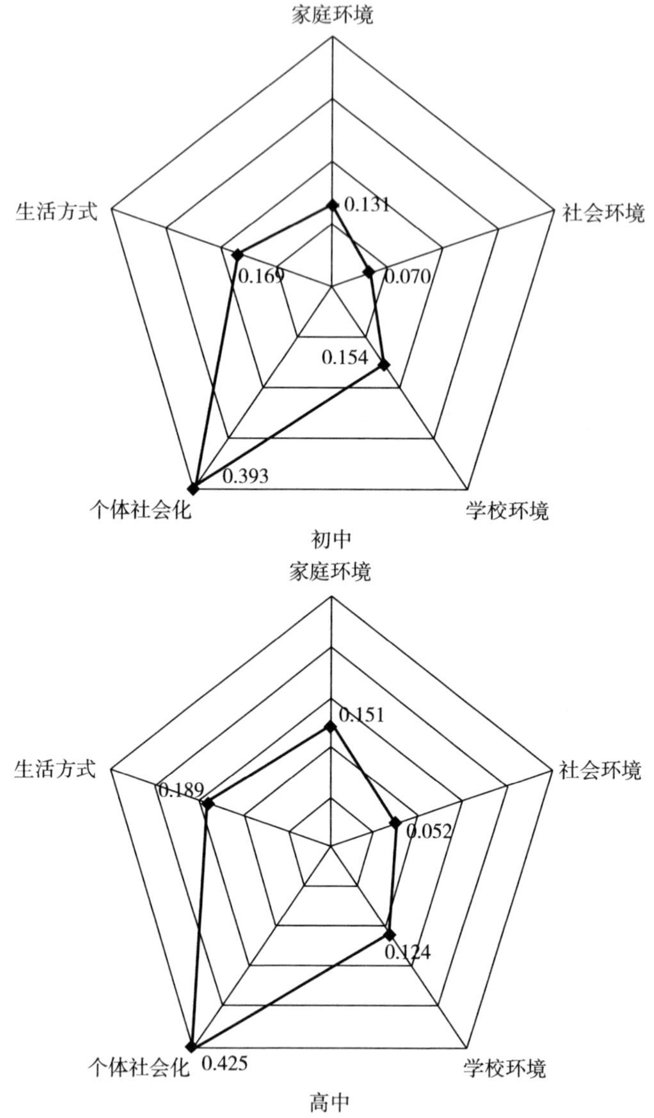

图6　2018 年我国分学段儿童青少年科学健身素养影响因素贡献

的上升，个人内在因素的影响力在不断强化，除家庭环境在整个孩子成长阶段影响作用比较稳定外，其他外界环境因素的影响力在不断降低。小学阶段学校环境、社会环境的影响力较大，随着年级的上升，这两者的影响力呈现下降态势，而个体社会化、生活方式的影响力则正好与之相反，即随着年级的上升，其影响力在不断增大。此外，家庭环境与学校环境的影响大小也值得关注。随着年级的增长，家庭环境的影响力逐渐超越了学校环境，学校环境的影响力出现下降态势；随着儿童青少年年龄的不断增长，其行为模式逐渐确立，兴趣和习惯成为引领他们科学健身的主导因素，学校提供的统一的、缺乏个体针对性的教学模式，已较难调动儿童青少年的健身积极性，学校环境这一影响因素呈现出了边际效用递减的特征。

三　科学健身素养年度对比

（一）总体

从与2017年儿童青少年科学健身素养指数得分的对比分析来看，2018年儿童青少年的科学健身素养指数整体有所提升，上升2.3%；除科学健身知识较2017年下降了2.53%外，科学健身态度、技能、习惯均有了一定的提高，分别上升了2.92%、1.55%、6.98%，其中科学健身习惯上升最为显著。这表明儿童青少年在日常能够持续投入更多的时间开展健身活动，但对科学健身知识和科学健身技能的学习还需要进一步加强，儿童青少年的健身行为习惯培养需要得到更多的科学性指引（见图7）。

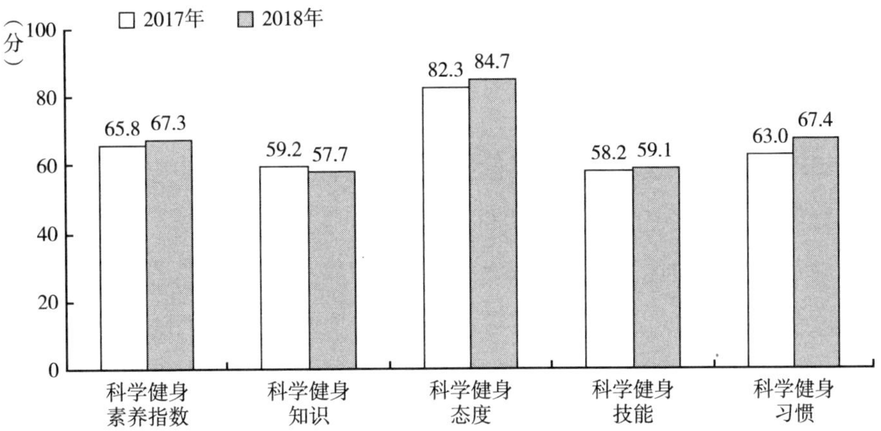

图7　2017年与2018年我国儿童青少年科学健身素养指数及分项指数得分对比

（二）分项

1. 科学健身知识

2017 年、2018 年我国儿童青少年科学健身知识指数得分均较低。为进一步提高调查的准确性和合理性，调研组 2018 年分类设计了小学组和中学组的调查问卷，依据小学生和中学生的不同学习进度设置了不同难度的题目。从测试结果来看，2018 年儿童青少年科学健身知识指数得分降低的主要原因是中学组得分下降较多，降幅达 2.9 分。从这两年的监测结果来看，小学组和中学组的健身知识均有待进一步增强（见图 8）。

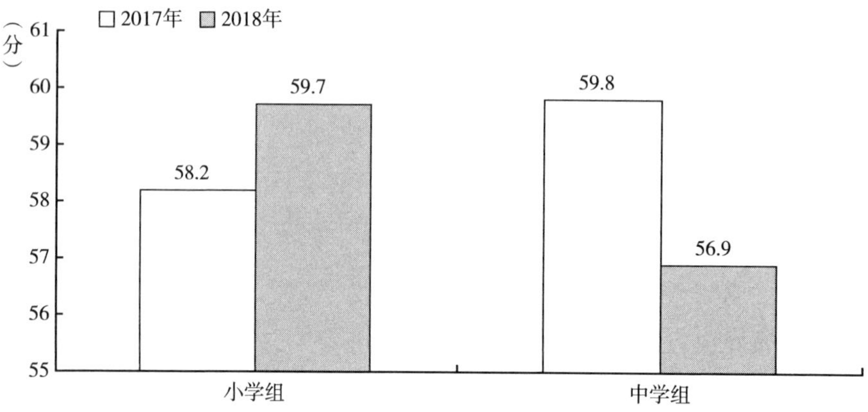

图 8　2017 年与 2018 年我国儿童青少年科学健身知识指数得分对比

2. 科学健身态度

2018 年我国儿童青少年科学健身态度指数得分略高于 2017 年。2018 年科学健身态度指数中的 3 个子项得分较 2017 年均有所提高，认知、情感、行为倾向得分分别提高了 2.79%、2.41%、3.27%。尽管 3 个子项的得分排序没有发生变化，但行为倾向与其他两个子项的得分差距在缩小，由于行为倾向在科学健身态度的 3 个子项中对健身行为和习惯的影响是最显著的，因此，行为倾向得分的提高推动了儿童青少年科学健身行为的养成（见图 9）。

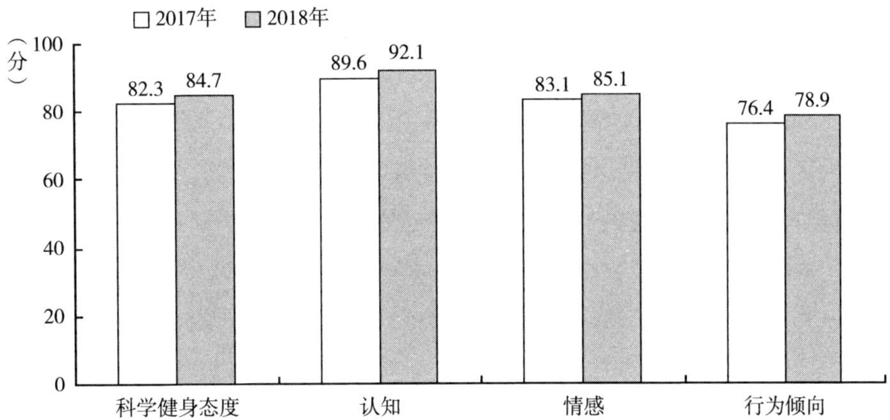

图 9　2017 年与 2018 年我国儿童青少年科学健身态度指数及三个子项得分对比

3. 科学健身技能

2018 年我国儿童青少年科学健身技能指数得分与 2017 年基本持平。2018 年科学健身技能指数的两个子项中，动作技能得分与 2017 年基本持平，且儿童青少年参与和擅长的运动项目排序也保持了一致，前几位依然是跑步、跳绳和羽毛球等受场地限制较小、简便且易于开展的项目；心智技能则提高了 3.99%（见图 10）。

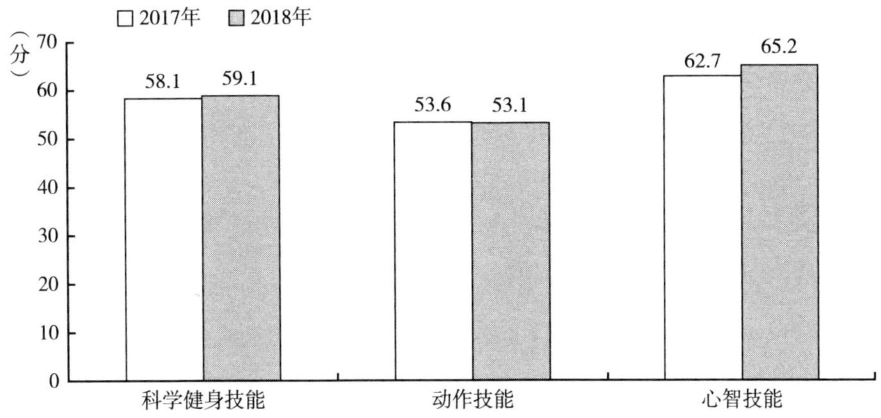

图 10　2017 年与 2018 年我国儿童青少年科学健身技能指数及两个子项得分对比

4. 科学健身习惯

2018 年我国儿童青少年科学健身习惯指数得分较 2017 年显著提高。2018 年的科学健身习惯指数得分的提高主要受健身行为习惯得分提升幅度较大的影响。2018 年我国儿童青少年健身行为习惯的得分提高了 12.6%，儿童青少年在健身的时长、强度、频率、持续时间上都有了不同程度的提高，与科学健身态度指数中的行为倾向得分的提升相呼应，也充分体现了我国儿童青少年体育政策作用显著（见图 11）。

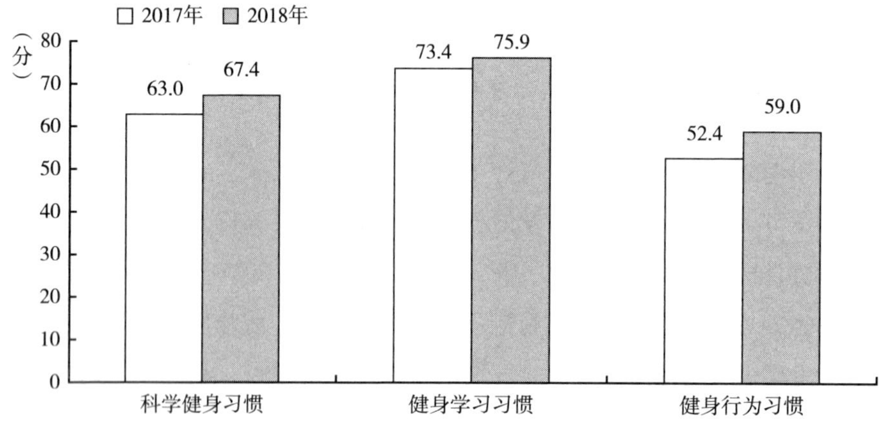

图 11　2017 年与 2018 年我国儿童青少年科学健身习惯指数及两个子项得分对比

四　2018年儿童青少年科学健身素养特点

通过对比分析 2017 年和 2018 年我国儿童青少年科学健身素养指数得分及其影响因素，总结出以下特点。

（一）科学健身素养的聚集效应较为显著，且各板块呈现不同特点

通过分析我国儿童青少年科学健身素养的地区分布特点发现，2017 年上海市、浙江省、北京市位列儿童青少年科学健身素养指数得分排行榜的前 3 名，天津市、四川省、江苏省等省（市）也排名靠前；2018 年，空间分

布的聚集效应更为显著，呈现出以长三角地区为代表的板块，以西南、华北、华南、华中地区为代表的板块等聚集发展态势。这说明我国儿童青少年的科学健身素养在区域之间的发展差距较为明显，呈现出块状分布的特征，分区域的差异化政策需求显现。

（二）科学健身素养中的“健身”素养在提升，而“科学”素养略显不足

2018 年，无论是行为倾向指标，还是科学健身习惯指标均有了不同程度的积极变化，健身行为习惯得分也有了明显提升，这表明促进儿童青少年“动起来”的工作已经初见成效，但在“科学性”上还相对落后。儿童青少年对科学健身专业知识的学习还不够深入、对科学健身技能的接触面还较窄，擅长的技能较为单一。对比全国平均水平和苏浙沪得分来看，在科学健身的接触面得分方面，全国平均水平比苏浙沪地区低 22.5%，擅长技能数量低 8.4%，基本常识与专业知识得分分别低 15.1%、22.9%，全国大部分地区儿童青少年科学健身素养与科学健身的目标仍有较大差距。

（三）无论是在不同的区域还是在不同的学龄阶段，个体社会化都是儿童青少年科学健身素养最主要的影响因素

个体社会化是儿童青少年阶段的显著特征，儿童在与外界交流的过程中会不断地进行内化和整合，同时伴随兴趣、规则、习惯的形成，而儿童阶段的这些心理价值理念的建立，往往会在其成年及以后阶段发挥至关重要的作用。通过对不同学龄段（小学、初中、高中）的比较分析，笔者发现个体社会化的影响力在不断地提高，而家庭、学校和社会因素的影响力在下降，这也充分证明，对于科学健身素养，越早介入和培养，效果越好。

（四）生活方式的转变使得人们对科学健身理念的认识发生改变

通过对区域板块的对比发现，在华东板块，生活方式已经成为影响儿童青少年科学健身素养的第二重要的因素，这意味着随着人民生活水平的提

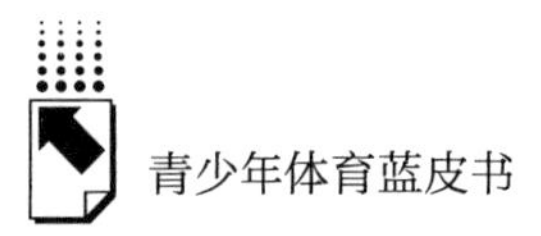

高，体育健身被赋予更多的价值，而不再仅被作为一种强身健体的工具，将逐渐成为日常生活的一部分，即生活体育化或体育生活化，体育健身将作为一种生活方式存在于各个生活场景中。

五　提升我国儿童青少年科学健身素养的措施

（一）重点支持高聚集度省（区、市），充分发挥其扩散带动效应

儿童青少年科学健身素养的地区分布呈现出显著的高聚集度特征，即核心省（区、市）的邻近区域呈现出与核心省（区、市）相似的特征，这说明拥有高聚集度的核心省（区、市）对周边省（区、市）存在扩散效应。基于这种特性，一方面，我们应该以“点”的形式发展更多的核心省（区、市），通过对各核心省（区、市）资源的投入，实现对周边省（区、市）的辐射（取“点”的标准除了遵循体育健身特点外，还应遵循人口分布的客观规律）；另一方面，应该为省（区、市）间的资源流动提供保障，以促进省（区、市）之间的人、财、物的联通，加快扩大核心省（区、市）人、财、物向周边扩散的效应。

（二）既关注“量”的指标，也兼顾“质”的科学性

科学健身既可以有效降低运动损伤，又可以提升运动健身的效能，使单位投入的健身效果（包括生理、心理等多方面）最大化。当前，儿童青少年健身锻炼的“科学性”主要依靠学校教育，但由于学校的体育教育受到教学任务、拥有场地情况的限制，学生科学健身素养的提升受到了较大影响。此外，学校这种有限范围的专业性也无法对家庭、社区实现完全有效的衔接和传导，学生健身的三种场景在“科学性”上有所脱节，家庭和社会较少为儿童青少年健身提供学校以外的专业补充。因此，家庭、学校和社会应该协同推进，共同提升儿童青少年科学健身素养，学校也需要以更广义的科学健身素养概念作为指导思想（或总原则）制定教学内容、配置教学资源。

（三）推进支持性、选择多样化的科学健身环境建设

个体社会化是一个跨学科的概念，为了使儿童青少年在其成长阶段形成正确的价值理念与习惯，应该提高他们在体育健身方面的自主感、胜任感与归属感，从而使他们形成动机、兴趣、意图、行动等一系列反应与行为，促进他们在个体社会化中形成正确的价值理念与习惯。对于外部环境来讲，高度自主的学习环境（不是命令式的教学，而是尽量提供选择，使他们感觉到学习是由自我主导的）、具有挑战性且可达到的目标（使自我胜任感达到最佳）、个体的参与（提高社会归属感）三个方面是关键。

（四）改变基于健身的健康促进模式，赋予科学健身更广阔的生活体验空间

科学健身常常被看作是强身健体的一种工具，人们关注更多的是其促进健康的实际效用，这致使人们的健身活动显得被动和难以持续。在生活中融入科学健身，使体育健身生活化，是突出体育、健身的体验，通过体育健身使生活变得更有意义。因此，引导儿童青少年用科学健身的主体观取代工具观，将使他们科学健身的行为更加自觉自愿，更具可持续性。儿童青少年处在可塑性强和价值观念形成的关键时期，从这个时期入手改变传统的体育健身观念，可能能够取得事半功倍的效果。

B.12
校园足球特色学校的建设

刘海元　冯爱民*

摘　要： 建设校园足球特色学校是教育部牵头管理全国青少年校园足球以来的一项重要举措。校园足球特色学校是普及发展校园足球的主体力量，是示范和引领的典型，是学校体育改革的突破口。校园足球特色学校的主要任务是不仅要在本校普及发展足球运动，还要在当地带动别的学校普及发展足球运动；不仅要做好校园足球内涵建设，更要创造和积累成功经验，为其他地方、为国家校园足球事业发展提供有效方式方法。为提高校园足球特色学校建设质量，守住校园足球的生命线，必须加强对校园足球特色学校的管理，遵照《全国青少年校园足球特色学校基本标准（试行)》的要求，做好相关建设工作。

关键词： 青少年　校园足球特色学校　足球改革

自2014年9月教育部牵头管理全国青少年校园足球（以下简称“校园足球”）以来，全国各地各校积极贯彻落实党中央国务院的决策部署，在有关部委的通力合作下，校园足球改革发展在组织领导、政策体系、教学改革、特色示范、竞赛联赛、师资队伍、经费投入等方面积极探索，不断创新，校园足球工作取得了重要阶段性成果，为今后的发展打下了良好的基

* 刘海元，首都体育学院教授；冯爱民，大连大学体育学院教授。

础。当前校园足球普及发展体系基本形成，校园足球建设主体内容逐步明确，校园足球保障体制机制不断健全，校园足球基础条件建设力度不断加大，足球在校园的普及程度大大提升，在学生中的综合教育影响力越来越强，为校园足球中长期改革发展开好了头、起好了步，为中国足球改革发展奠定了一定的基础。但是，总体来看，校园足球还处于起步阶段，基础还很薄弱。在校园足球工作取得阶段性成果过程中，作为发展主体力量的校园足球特色学校发挥了重要作用，尤其是在普及足球运动、开展足球教学训练、组织足球竞赛、培养足球苗子、加强足球条件建设、探索学校体育改革等方面校园足球特色学校做了大量工作。可以说，没有校园足球特色学校的努力工作，就没有现在校园足球发展的良好局面。

一　校园足球特色学校名称的来源

“校园足球特色学校”这一词语最早是2014年11月26日在由国家教育体制改革领导小组召开的“全国青少年校园足球工作电视电话会议”上出现的。会上，时任教育部部长袁贵仁提出“在广泛开展校园足球的基础上，重点扶持各地涌现出的足球特色学校，以点带面推动校园足球的普及”。继而时任国务院副总理刘延东再次提及校园足球特色学校，她强调“以特色示范引领普及。在现有5000多所定点学校的基础上支持建设20000所校园足球特色学校，建设200个高效、高水平的足球运动队，示范带动校园足球的普及和推广”。

这是中央最早通过会议讲话向社会传递要开展校园足球特色学校建设工作的任务。在国家有关的正式文件中，校园足球特色学校首次在2014年12月26日发布的《教育部办公厅关于做好全国青少年校园足球特色学校及试点县（区）遴选工作的通知》（教体艺厅函〔2014〕46号）中出现，而后在2015年3月8日《国务院办公厅关于印发〈中国足球改革发展总体方案〉的通知》（国办发〔2015〕11号）、2015年7月22日《教育部等6部门关于加快发展青少年校园足球的实施意见》、2016年4月6日《国家发展改革委、国务院足球改革发展部际联席会议办公室（中国足球协会）、体育总局、教育部关于印发〈中国足球中长期发展规划 2016～2050 年〉的通知》（发改社会〔2016〕780 号）、2017 年 5 月 15 日《教育部办公厅关于做好全国青少年校园足球特色学校复核的通知》（教体艺厅函〔2017〕27 号）、2018 年 3 月 12 日《教育部办公厅关于加强全国青少年校园足球特色学校建设质量管理与考核的通知》（教体艺厅函〔2018〕18 号）等一系列文件中，校园足球特色学校内涵和要求逐渐丰富。当时教育部在牵头管理校园足球时，为什么要提出特色学校呢？这与国家体育总局牵头管理校园足球时的“定点学校”有关。2009 年 4 月 14 日，国家体育总局和教育部联合下发了《关于开展全国青少年校园足球活动的通知》（体群字〔2009〕54 号），该通知的实施方案提出要在全国一些足球基础较好的城市进行布局，这些城市被称为“布局城市”，比如北京、天津、太原、石家庄、沈阳、大连、延边、南京、武汉、青岛、广州、上海、梅州等，且由 2009 年的全国 44 个城市发展到 2013 年底的 134 个城市，在这些城市里为推广普及校园足球选择一些条件较好的学校作为足球重点学校，这些学校被称为“定点学校”，定点学校由最初 2009 年的 2023 所扩展至 2014 年的 6326 所，而实际开展校园足球工作的有 5000 多所。2014 年 2 月，教育部开始准备接手牵头管理校园足球时，对 2009 年至 2014 年初由国家体育总局管理的校园足球进行了调研、总结和梳理，在盘点校园足球定点学校时，部分专家对是否延用“定点学校”这个名称有些看法，主要观点有：一是给予肯定，要充分借鉴国家体育总局采用定点学校推广普及校园足球的思路，对条件好、意愿强、有能力的学校应重点支持；二是根据教育系统的习惯给新的受支持的足球重点学校重新命名；三是原“定点学校”从名称来看，有固定不变的意思，而将来对受支持的足球重点学校应该予以动态调整，办得好的将得到支持，办得不好的将不再支持。但是，在 2014 年 2～8 月教育部体育卫生与艺术教育司组织专家起草的《国家青少年校园足球发展规划纲要（2015～2025 年）（初稿）》中，还是沿用了“校园足球定点学校”的名称，而在 2014 年 9 月初对该文件再次修改时，则将“校园足球定点学校”改为“校园足球示范学校”，意欲从全国的优质学校中着手布局和推广足球运动。2014 年 9 月 4 日教育部领导向国务院汇报工作时，将文件中的“校园足球示范学校”改为“校园足球特色学校”。采用“校园足球特色学校”这一名称，主要基于以下考虑：一是体现自主性，即校园足球特色学校不是政府硬性规定的，是学校自己创造出来的，是地方对有足球基础的学校给予支持并推荐出来的。二是体现动态性，即特色学校是可以命名挂牌的，如果地方和学校干得很好，可以挂牌，而如果成为特色学校后不努力，水平上不来，也是可以摘牌的。三是体现推广性，即校园足球特色学校建设成功了，有了经验，将来可以将这种经验做法予以推广，创建校园篮球特色学校、校园排球特色学校等。四是体现教育性。“校园足球定点学校”是国家体育总局管理下对校园足球学校的称谓，体育特点突出，教育性不够；“校园足球示范学校”具有教育特点，但是与当前基础教育均衡发展形势不一致，采用示范学校的名称容易在社会上引起误解，引发对教育不公平和不均衡的猜想；而采用“特色学校”的名称则比较中性，既具有教育特点，又比较新颖。自此，无论是文件还是讲话，都统一称之为“校园足球特色学校”，这就是特色学校名称的由来。

二　校园足球特色学校的目标任务

当前有不少特色学校对自己的任务不清楚，对遴选特色学校的目标不清楚，所以就抓不住重点，不知道方向，找不准定位。其实，建设特色学校的目标从每年遴选特色学校和公布特色学校名单的通知中已经有所体现。

首先，特色学校不是就“足球”论“足球”，而是通过足球推动学校体育发展。特色学校的主要任务不是仅仅发展足球运动，还可发展篮球、排球、武术、田径等运动，发展足球与发展其他项目不矛盾、不排斥，既要发展足球，也要加强学校体育工作，这在 2014 ~ 2018 年的特色学校遴选工作目标中能反映出来。其目标有三方面：一是遴选特色学校是要树立一批校园足球教育教学工作先进典型，形成示范引领作用，推动广大中小学全面普及校园足球，也就是说，特色学校要主动成为当地校园足球发展的先进典型，要真正起到示范带动作用，带动更多的学校普及发展足球。二是遴选特色学校，使中小学校园足球特色学校布局更加合理，实现高中、初中、小学 1∶3∶6 的结构比例设计。三是通过遴选特色学校，推动当地学校体育工作整体发展，提升质量。比如，通过特色学校的建设，推动当地学校“不断丰富体育教学活动内容，进一步强化体育课和课外锻炼，推动学校加强体育师资和场地设施建设，确保学生每天 1 小时校园体育活动时间，切实提高学生体质健康水平，满足学生足球学习的需求”，这个方面的要求从足球引向了全面的学校体育工作，即这不仅是对足球的要求，而且是对学校体育教学、课外活动、场地师资、1 小时体育活动时间保证和学生体质健康水平提升的工作总要求。因此，特色学校的工作任务不单纯是发展足球，还要注重全面的学校体育工作，通过足球带动体育发展，带动学生体质健康水平提升。

其次，特色学校的定位是普及发展校园足球的主体力量，是示范和引领的典型，是学校体育改革的突破口。当前校园足球特色学校基数较大，占中小学校数的 10.21%，有 2000 多万学生，是全国校园足球发展的依托，也是我国足球事业发展的基础，因此，应把特色学校定位成普及发展校园足球的主体力量。《教育部等 6 部门关于加快发展青少年校园足球的实施意见》提出：“加快发展青少年校园足球是贯彻党的教育方针、促进青少年身心健康的重要举措，是夯实足球人才根基、提高足球发展水平和成就中国足球梦想的基础工程。”“把发展青少年校园足球作为落实立德树人根本任务、培育和践行社会主义核心价值观的重要举措，作为推进素质教育、引领学校体育改革创新的重要突破口，充分发挥足球育人功能，大力普及足球运动，培育健康足球文化，弘扬阳光向上的体育精神，促进青少年身心健康、休魄强健、全面发展，为提升人口素质、推动足球事业发展、振奋民族精神提供有力支撑。”这是特色学校的使命，正如陈宝生部长在 2018 年 12 月 10 日全国青少年校园足球工作领导小组第四次会议讲话中提到的，“特色学校要在体育改革、素质教育、学生成才三方面发挥示范作用”。在 2014 年以来遴选特色学校名单公布的通知里，都有提到“夯实工作基础，加快改革发展”，并进一步明确“特色学校是引领校园足球改革发展的排头兵，是改革发展经验积累生成的试验田，是加快普及发展的示范典型，要求特色学校进一步增强荣誉感、使命感和责任感”。在近几年对校园足球的认识发展中，笔者认为在特色学校定位上还应加入“特色学校是培养足球优秀苗子和传播足球文化的重要阵地”。

再次，特色学校的主要任务是普及发展足球，建好足球特色学校，保持鲜明特色，创造有效经验。在 2014 ~ 2018 年特色学校名单公布的通知中，都提到特色学校要“按照国家关于加快发展青少年校园足球的总体要求和《全国青少年校园足球特色学校基本标准（试行）》《全国青少年校园足球特色学校复核指标体系》及相关管理办法，加强组织领导，细化工作方案，大胆探索实践，创新体制机制，保持鲜明特色，在教育教学、训练竞赛、师资配备、场地建设、经费投入和安全管理等方面扎扎实实开展工作，为校园足球改革发展积累更多经验”。这就是对特色学校的任务总要求，即特色学校不仅要在本校普及发展足球，还要在当地带动别的学校普及发展足球；不仅要做好校园足球内涵建设，更要创造和积累成功经验，为其他地方、为国家校园足球事业发展提供有效方式方法。

三　校园足球特色学校加强建设的主要工作

校园足球特色学校建设是一项长期工作，不是一蹴而就的。目前有不少特色学校虽然被命名为国家级特色学校，但实际上，这些学校只是初步满足了特色学校的基本条件，具有建设特色学校的可能性，还没有完全达到国家的期望和要求。因此，为提高特色学校建设质量，守住校园足球的生命线，必须加强对特色学校的管理。特色学校要提高政治站位，积极贯彻落实党中央国务院的足球决策部署，进一步明确职责和任务，找准方法，找到薄弱点，加快建设，要有“命名只是开始，建设永远在路上”的意识，加强建设、持续建设。在建设过程中，要遵照《全国青少年校园足球特色学校基本标准（试行）》的要求，做好以下工作。

（一）加强理论学习，充分理解中国足球改革发展的顶层设计

发展校园足球是一项新事物，建设足球特色学校更是一个新探索。因此，建设特色学校要加强理论学习，要知道中国足球改革发展的大方向、总思路、关键点，不仅要知其然，还要知其所以然，在此基础上设计好本校的发展思路，做好本校的顶层设计。要把特色学校放在加强体育强国建设、加强教育强国建设、实施健康中国战略、强化学校体育工作、振兴中国足球、加快发展校园足球等大背景下来建设，要坚持以习近平新时代中国特色社会主义思想为指导，全面贯彻党的十九大精神、全国教育大会精神和党的教育方针，充分发挥足球育人功能，深化学校体育改革，培养全面发展的人才，把校园足球特色学校建设作为扩大足球人口规模、夯实足球人才根基、提高学生综合素质、促进青少年健康成长的基础性工程，增强家长、社会的认同和支持，让更多青少年学生热爱足球、享受足球，使参与足球运动成为体验、适应社会规则和道德规范的有效途径。

（二）加强特色建设，务必做到特色学校有特色

从一般意义来说，校园足球特色学校应该具有三个方面的特征：一是特色学校具有独特的整体办学风格，能将足球融入办学理念和指导思想中；二是特色学校是特色成功化的学校，在足球方面已积累成功经验，是行得通的“特色”，而不是试着办的“特色”；三是特色学校能创造性地实现教育目标，能发挥足球育人的功能。校园足球特色学校的创建是多样化的，每所学校的具体情况及办学各方面因素的差异性，决定了每所学校的办学各具特色。即便是同一主题的特色建设，也可能因为每所学校的具体特点和实施方式的不同而不同。在校园足球特色学校建设过程中，一定要注意两个方面的“特”：一是区别于非特色学校的“特”，也就是一所被教育部命名的全国校园足球特色学校与周边没有被命名的也开展足球活动的学校要有所区别，要在足球教育教学和培养人才方面有自己独特的做法；二是要把自己放在众多特色学校中，理清自己的“特”是什么“特”，要能区别于其他校园足球特

色学校，并有自身鲜明的特点。在调研过程中，有不少的学校说不出自己的“特”，更多的只是比没有全面开展足球工作的学校强一些，就认为自己是特色学校，这种认识比较片面；还有少部分学校对命名特色学校不以为然，甚至还出现了“领导检查有特色，检查过后没特色”的现象。这些功利化、形式化特色学校缺乏对校园足球特色学校正确的认识和内在的发展动力，使特色学校发展失去了其本质意义。所以，特色学校在建设过程中，一定要在“特”上下功夫，明确自己是理念特、教学特、训练特，在解决足球教师方面特、管理方面特、足球运动成绩特，还是在足球的家、校、社联合方面特，等等，每所特色学校都要认真思考，加强特色建设，创造成功经验，保持特色的长久性、有效性，从而带动其他学校发展足球或为国家普及发展足球做出贡献。

（三）加强组织领导，校长是特色学校质量建设的第一责任人

《教育部办公厅关于加强全国青少年校园足球特色学校建设质量管理与考核的通知》（教体艺厅函〔2018〕18 号）明确提出：“全国青少年校园足球特色学校的校长是强化校园足球特色学校质量建设的第一责任人，要根据全国校足办和省级校足办的部署，按照《全国青少年校园足球特色学校基本标准（试行）》的要求，切实从强化组织领导和条件保障、落实教育教学要求、完善训练和竞赛体系、培养优秀后备人才等方面抓好抓实全国青少年校园足球特色学校建设工作，夯实基础、打牢根基、提升质量，使全国青少年校园足球特色学校切实成为普及开展足球运动、深入开展足球教育的示范和标杆。”因此，校长首先要明确自己肩负着开展好本校足球工作的领导重任，要在加强本校足球组织领导工作方面下功夫，要将校园足球纳入学校发展规划和年度工作计划，并严格执行。要建立健全工作机制，建立在校长领导下，学校有关部门共同参加的校园足球工作领导小组，由小组具体指导本校校园足球工作的开展。要完善规章制度，制定校园足球工作组织实施、招生、教学管理、课余训练和竞赛、运动安全防范、师资培训、检查督导等方面的规章制度和工作制度，并且不断完善。

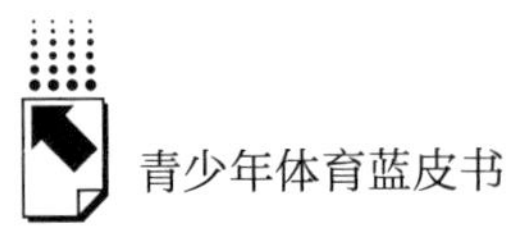

（四）以足球为先导，加强体育条件建设

一是特色学校要加强体育师资队伍建设。在核定编制总量内尽快配齐配强体育教师，并至少有1名足球专项体育教师，可按需求聘用足球教练员。每年能给每位体育教师提供至少1次培训机会，学校定期开展体育和足球教学研究，不断提高体育教师教学技能。要落实体育教师待遇，把开展体育教学、足球训练和活动计入教师工作量，为体育教师配备必要的教学装备。保障体育教师在职称（职务）评聘、福利待遇、评优表彰、晋级晋升等方面与其他学科教师同等待遇。二是特色学校要加强场地设施建设，积极推动场地设施、器械配备基本达到国家标准，推动校园足球人造草坪场地建设，逐步满足学生学练足球的场地设施需求。要进一步完善制度，推动学校体育场馆设施在课后和节假日对本校师生和公众有序开放。三是特色学校要加大体育经费投入，要将学校体育经费和校园足球经费按需求纳入年度预算，并逐步提高其在学校年度公用经费中的比例，确保足球经费满足需求。

保证全体学生体育活动时间，开展足球教学工作的特色学校要按照国家要求，开足开齐开好体育课，保证学生每天1小时校园体育活动；义务教育阶段学校要把足球作为体育课的必修内容，每周用1节体育课进行足球教学，有条件的学校应该为每班每周开设1节足球课；高中阶段学校要开设足球选修课；要把足球运动纳入大课间或课外体育锻炼，在课外时间组织学生进行足球活动，而不是简单地编一套足球操供大家练习。同时，特色学校要加快开发足球课程资源，根据国家校园足球教学指南要求，因地制宜，开发和编制本校足球教材和现代教育技术资源等，提高足球教学训练、竞赛和活动的针对性、适用性和科学性。

（五）积极营造足球文化，培育足球的魂和根

校园足球文化非常重要，在普及发展足球运动的过程中起着润物细无声的作用，也是培养学生自觉运动、自主锻炼、自我提高的重要影响因素。特色学校要建立健全足球组织，组织成立足球俱乐部、兴趣小组和各类足球社

团，吸纳有兴趣的学生参与足球活动。经常组织开展以足球为主题的校园文化活动（如摄影、绘画、征文、演讲等），为学生提供更多参与足球活动的机会，比如有的学生可以画足球、有的可以看足球、有的可以说足球、有的可以做志愿者、有的可以做裁判等，营造良好的校园足球文化，以足球文化来感化学生、引导学生、吸引学生，以此推动学生参与足球活动。另外，学校还要建立基于互联网的校园足球信息平台，动态报道足球活动、交流工作经验、展示特色成果。目前在大多数特色学校的网站上，看不到学校宣传交流足球的内容，更没有对其足球特色的介绍。

校园足球刚刚发展几年，在学校课余训练中积累的方法、成功的经验为数不多，必须在科学训练上下功夫，否则不仅不能起到培养足球人才的作用，还有可能再现拔苗助长现象或伤害事故。因此，特色学校要加强足球教练员队伍建设，教练员要强化自身运动训练方面的知识，了解各国各地科学训练的方法，更要注意自己所训练学生群体的身心特点和生长发育规律。同时，可采用引进、聘用、培训等多种途径，不断提高教练员执教水平。学校要根据实际情况，组织专家制订系统科学的训练计划。要充分利用节假日，为学生常年开展课余足球训练，合理安排运动负荷，注重体能，重视恢复，提高训练效益和水平，并配备安全防护、医疗等应急方案。要建立学生安全运动风险防范机制，实施保险制度，想办法解决学生和家长的后顾之忧。要加强足球代表队学生文化课教学管理，妥善解决学训矛盾，促进学生文化学习与足球技能共同发展。定期邀请校外专业教练员和专家提供技术指导，给学校足球课余训练问诊把脉。

（六）建立健全校内外足球竞赛制度，加强规则教育

特色学校的足球竞赛是本校学生参加最多的、最广的、最活跃的竞赛，因为能参加上一级的比赛或国家组织的比赛的学生毕竟只是少数，而大多数学生的参赛机会是由特色学校组织的足球竞赛的场次决定的。所以，特色学校要为本校学生提供更多的参赛机会，满足学生对足球竞赛的需求。每年要组织校内足球班级联赛、年级联赛、学校总决赛等赛事。要主动组织开展区域内校际比赛，加强校际足球交流。要多参加本级和上一级教育、体育等有

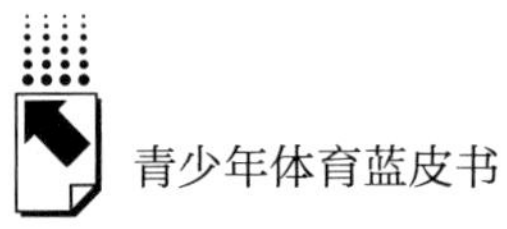

关部门组织的校园足球比赛。有条件的学校要主动承办本地校园足球比赛。另外，特色学校要加强足球竞赛规则和纪律教育，严格遵守各级关于学生体育竞赛管理的相关规定，严把资格年龄关，做到规范参赛，将体育精神和德育教育相结合，培养学生遵纪守法的意识和能力。对严重违反赛风赛纪，并造成严重不良影响的学校，要追究学校相关负责人和教练员（教师）的责任，对于违反规定的学生给予相应的教育或处分。此外，特色学校还要支持学生发展，鼓励有天赋、有潜力的学生参与校内外足球训练、培训和比赛，并积极向上级特色学校及各级各类足球优秀运动队输送人才，为学生提高足球竞技水平和运动能力创造条件。

综上所述，为进一步加强特色学校的建设，应该了解特色学校的缘起、概念、遴选、目标任务。各地和特色学校一定要提高认识，高度重视，明确职责任务，进一步增加使命感、责任感，把握住建设重点，加快发展校园足球，为学校体育改革探索出一条光明大道，为学生体质健康水平提升探索出一条有效路径，为中国足球运动培养出更多德技双馨的优秀足球人才，早日实现振兴中国足球的梦想。

参考文献

《陈宝生在第四次全国青少年校园足球工作领导小组会议上的讲话》，2018 年 12 月 10 日。

《加快普及校园足球为青少年健康成长和足球振兴奠定坚实基础：国务院副总理刘延东在全国青少年校园足球工作电视电话会议上的发言》，《中国学校体育》2015 年第 1 期。

袁贵仁：《采取有效措施推动校园足球取得实质性突破》，2014 年 11 月 26 日。

国家体育总局足球管理中心：《2014 年全国青少年校园足球工作总结》。

《国务院办公厅关于印发中国足球改革发展总体方案的通知》（国办发〔2015〕11 号），2015 年 3 月 8 日。

冰雪专题篇

Subject of Ice and Snow

B.13

我国青少年冰雪运动的推广现状分析与建议

叶茂盛　孟庆军　邱招义*

摘　要： 青少年冰雪运动是我国青少年体育的重要组成部分，也是"三亿人参与冰雪"战略实施的重要基础。在国家和各级地方政府的支持下，我国青少年冰雪运动取得突飞猛进的发展。在组织方面，冰雪运动进校园政策体系已基本健全，协同推进的校园冰雪运动格局已初步构建；冰雪运动社团数量持续增长。冰雪运动企业已经或正在形成产业链。冰雪运动网上服务平台正在引导青少年接触与参与冰雪运动。2018～2019年，青少年冰雪项目U系列赛事共举办12个项目的70余场

* 叶茂盛，清华大学博士后；孟庆军，北京体育大学国家级教练员；邱招义，北京体育大学教授。

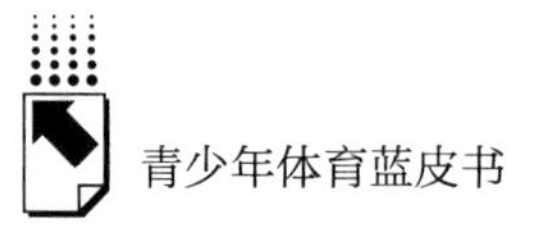

比赛，累计参赛运动员数量约为15000人次。东北、华北以及新疆等冰雪传统优势队伍成绩突出。冰雪活动在东北、华北等地最为活跃。截至2018年6月底，全国共有室内滑冰场334家，新建滑冰场馆多为商业休闲型。滑雪场共有869家，80%以上为旅游休闲型的小型滑雪场或者嬉雪乐园。同时，青少年冰雪运动也面临着场地设施、教师与技术人才、参与门槛和参与认识等方面的问题。国家和各级政府应尽快建立冰雪运动场地器材设施评价标准体系；明确冰雪运动教练与社会指导员培养认证体系；鼓励企业和社会组织参与青少年冰雪事业发展；办好2022年冬奥会，做好宣传推广工作，带动青少年冰雪运动发展。

关键词： 青少年体育　冰雪运动　冬奥会

进入21世纪后，冰雪运动在我国得到迅速发展。2015年我国申办冬奥会成功，为冰雪运动繁荣发展带来了重大机遇。2016年11月25日，国家体育总局等四部门联合印发了《冰雪运动发展规划（2016～2025年）》，提出“以青少年为重点，全力引导大众参与冰雪运动，推广冰雪健身休闲项目，丰富冰雪赛事活动，满足大众多层次、多样化的参与冰雪运动需求”。2018年9月5日，国家体育总局公布了《“带动三亿人参与冰雪运动”实施纲要（2018～2022年）》（以下简称《纲要》），《纲要》明确“青少年是‘带动三亿人参与冰雪运动’的重点人群”，提出2018～2019年的阶段性目标是“重点扶持一批群众性冰雪品牌项目”。为实现这一目标，《纲要》制定了三个方面的措施：一是推进冰雪运动进校园，研究制定《冰雪运动进校园活动指南》，支持“冰雪运动特色学校”建设；二是组织青少年冰雪赛事，推动赛事社会化，开展青少年俱乐部联赛，建立健全U系列赛事体系，组织全国冬夏两季青少年冰雪赛事；三是加强青少年冰雪运动后备人才培养，制订培养计划，引导学校、企业、社会体育组织共同参与，形成多元化培养模式。

近几年，青少年冰雪运动成为“三亿人参与冰雪”工作的重点。在政府的大力支持和引导下，冰雪运动特色学校、青少年冰雪运动社团、相关服务企业和网上服务平台都得到了快速的发展，青少年冰雪运动赛事和活动的数量及规模也日益增长，冰雪运动场地器材也取得了长足的进步。

一　我国青少年冰雪运动的组织发展状况

青少年是我国冰雪运动发展的关键群体。根据国家体育总局出台的《关于以2022年北京冬奥会为契机大力发展冰雪运动的意见》，我国青少年冰雪运动正在形成一套由政府、社会、学校和家庭等多方面共同推进的体系，其中的发展重点是青少年冰雪赛事和校园冰雪活动。举办青少年冰雪赛事方面，以政府主导企业协同的形式，着力于建立健全冰雪项目U系列赛事体系，组织全国青少年冰雪赛事。同时以学校为主体大力发展校园冰雪运动，推动全国中小学校将冰雪运动知识教育纳入学校体育课教学内容，制订并实施了冰雪运动教学计划。此外，学校也正在积极与企业合作开展以冰雪运动为主题的冬（夏）令营活动。

（一）冰雪运动特色学校（含冬季奥林匹克教育示范学校）

2018年12月25日，教育部发布了《教育部办公厅关于做好全国青少年校园冰雪运动特色学校及北京2022年冬奥会和冬残奥会奥林匹克教育示范学校遴选工作的通知》，面向各地中小学（含中等职业学校）进行遴选。第一阶段分三年（2018～2020年）完成，第二阶段分五年（2021～2025年）完成。重点是开展冬奥会及冬残奥会项目、传统民俗冰雪项目及其他群众喜闻乐见的冰雪项目的学校。到2020年，计划遴选出2000所特色学校，到2025年计划遴选出5000所特色学校和700余所示范学校。

到2019年7月，教育部发布了《全国青少年校园冰雪运动特色学校和北京2022年冬奥会和冬残奥会奥林匹克教育示范学校名单》，在有关单位自主申报、各级教育行政部门审核推荐的基础上，教育部组织专家对各地推荐的特色学校进行了综合认定，命名北京市东城区前门小学等627所中小学校为北京2022年冬奥会和冬残奥会奥林匹克教育示范学校，北京市广渠门中学等1036所中小学校为全国青少年校园冰雪运动特色学校。其中2022年冬奥会的举办地北京市有113所全国青少年校园冰雪运动特色学校，河北省有108所；北京市有107所北京2022年冬奥会和冬残奥会奥林匹克教育示范学校，河北省有193所。

目前，冰雪运动进校园政策体系已基本健全，“冰雪运动特色学校+冬季奥林匹克教育示范学校+高等学校高水平冰雪运动队+冰雪运动试点县（区）”协同推进的校园冰雪运动格局初步构建。

现有的冰雪运动特色学校通过引进冰雪教师、与冰雪场馆或冰雪运动俱乐部建立合作等方式将冰雪运动知识纳入体育课教学内容。特别是北方地区部分有条件的中小学将冰雪运动项目作为冬季体育课主要内容。一些特教学校则为残疾学生开设了冰蹴球、模拟冰壶等冰雪体育课程。以北京市为例，从2017年开始，冰雪运动特色学校的主要工作是开展队列滑进校园、旱地冰球进校园、冰壶进校园等系列活动。北京根据全市中小学生冰雪运动现状，全年将开展适合不同阶段中小学生参与的各类冰雪项目比赛。

除此之外，全国的高校也在努力建设冰雪运动队。到2018年，全国招收高水平冰雪运动队的高校已达到16所，主要包括北京大学、北京理工大学、北京舞蹈学院、呼伦贝尔学院、东北大学、北华大学、东北电力大学、长春师范大学、哈尔滨工业大学、哈尔滨工程大学、齐齐哈尔大学、哈尔滨理工大学、哈尔滨师范大学、上海海事大学、上海对外经贸大学、西北大学等。现在，这些高校的冰雪运动队已经成为大学生冰雪体育赛事中的佼佼者，在全国大学生冰球锦标赛、首都高校大学生滑雪比赛中摘金夺银。在第二届全国青年运动会高山滑雪项目中，来自北京海淀区的大学生滑雪高手获得3金2银2铜的佳绩，并为北京市代表团赢得首金。这些来自校园的冰雪爱好者已经成为我国青少年冰雪运动发展的重要有生力量。

（二）青少年冰雪运动社团

1. 冰雪运动社团的概念和类型

（1）冰雪运动社团的概念

根据冰雪运动的概念，可将冰雪运动社团的概念界定如下：冰雪运动社团是指基于对冰雪运动共同的兴趣爱好自发建立起来的相对稳定的组织。在这个组织中一般会有以下几种角色定位：管理者，负责统筹社团的活动和发展；教练，负责社团内部成员滑雪、滑冰等冬季项目运动技术的培训和提高；社团成员，社团内最广大的人群，自愿参加管理者组织策划的活动，在活动中提高自己的冰雪运动技能，拓展生活空间等。

（2）冰雪运动社团的类型

基于社团成员和组织形式以及其他方面的不同，冰雪运动社团主要分为两类，一类是学生冰雪运动社团，另一类是社会冰雪运动社团。

学生冰雪运动社团（下文简称“学生社团”），是指由对冰雪运动感兴趣的学生共同发起的、在学校老师与相关部门的支持下建立起来的组织。学生社团的成员主要为高校学生，社团面向所有学生和老师招新，社团不以营利为目的，是非营利性的组织。

社会冰雪运动社团（下文简称“社会社团”），是指由专业教练、冰雪运动场地负责人或其他人士投资建成的吸引滑雪、滑冰等冬季项目爱好者进行消费的组织。社会社团也称俱乐部，其成员主要为高校以外的社会人士及少部分青少年儿童，主要以会员制的方式进行经营管理，大部分是营利性的组织。

2. 冰雪运动社团现状概述

（1）社团的挂靠单位

学生社团多以高校名字加冰雪社团命名，这类社团在各高校的团委注册，由团委进行宏观管理。冰雪社团的成立、外出活动、参加比赛、拉赞助等都得经过团委的同意才能进行。团委对某些活动的支持与否对社团的发展有重大的影响。

社会社团多以俱乐部命名，这类社团以盈利为主要目的，在滑雪协会或滑冰协会注册，隶属于滑雪或滑冰协会。

（2）社团的分布和规模

学生社团主要分布在我国北方地区的高校中，主要因为：一是北方高校有良好的自然资源和场地资源，二是北方高校有较多有一定滑冰或滑雪基础的学生，三是北方高校有较为浓厚的冰雪运动氛围。而北方地区中，又以京津冀和东北地区的高校冰雪社团居多。其中，滑冰与滑雪还有着较大区别。滑雪是一项高消费的“贵族”运动，经济基础直接影响学生参加滑雪运动的热情，较多大规模的以雪场为主的休闲旅游度假基地也吸引着学生前来滑雪。学生社团的规模具体因各个高校在校人数的多少而异，如清华大学，其在校生人数较多，有近 5 万人，滑雪社团的人数也较多，有 3000 余人。

社会社团在北方地区中数量较多。依托优越的自然资源和良好的冰雪运动传统，很多面向上班族和儿童少年的滑冰或滑雪俱乐部应运而生，其中又以北京、河北、东北三省的俱乐部数量居多。当然，少部分经济较为发达的南方省市也有滑冰或滑雪俱乐部，例如：上海和江苏等省市，有的俱乐部会员人数高达 2000 人。据央广网报道，截至 2018 年 1 月 10 日，国内目前已有滑雪俱乐部 481 家，会员 38021 人。

（3）社团的发展目标

如前文所述，冰雪运动社团是由对冰雪运动有共同兴趣爱好的人自发建立起来的相对稳定的组织。加入社团的人不仅希望通过社团日常的训练和其他活动提高自己的滑冰或滑雪等运动技术，更好地享受冬季运动体验，还希望通过冰雪运动为自己建立起新的社交圈。从 2015 年 7 月 31 日我国申办冬奥会成功，到 2018 年 2 月 25 日平昌冬奥会闭幕式上的“北京八分钟”，第二十四届冬奥会正式进入北京时间。在筹办 2022 年冬奥会这个社会大环境下，在跨界跨项选材进行得如火如荼的背景下，部分高校冰雪运动社团负责人也希望通过这个契机，从培养学生对冰雪运动的热情做起，建立属于他们自己的专业滑冰（滑雪）队，参加高校的比赛，助力冬奥会。

社会社团是具有营利性的，俱乐部通过会员缴纳会费、活动费赢利，会员通过俱乐部提供的滑冰或滑雪社交平台提高运动技术、满足自身的冬季运动需求。自 2014 年《关于加快发展体育产业促进体育消费的若干意见》（国发〔2014〕46 号）出台至今，一系列关于促进体育产业发展的政策措施相继公布，而这段时期恰逢我国进入 2022 年冬奥会的筹备期，人们对冰雪运动逐渐从认识到接触再到参与，滑冰或滑雪俱乐部如雨后春笋般涌现。滑冰或滑雪俱乐部的发展目标是在维持现有的会员的基础上，吸引和发展更多的人参与冰雪运动，加入俱乐部，实现俱乐部和会员的双赢。

（4）社团的组织形式

组织形式是指为了实现组织的目标而有计划地开展的各种活动。

学生社团的组织形式主要有日常体能训练和周末外出滑冰滑雪。学生社团在每年的开学季会进行招新，新招收进来的成员一半是第一次接触滑冰滑雪，基础不太好，所以社团在组织日常体能训练时会从基础做起，包括平衡能力训练、力量训练，特别是下肢力量训练、摔倒训练等，这些训练都是面向广大的社团成员发起的，社团成员自愿选择是否参加。在周末，社团会根据成员的运动技术水平和经济水平组织成员到旱冰旱雪场或室内滑冰滑雪场或室外滑雪场进行运动训练。社团负责人介绍，经过三到四次的日常体能训练和周末的外出训练，成员便可以根据需求去规模较大、设施比较完善的冰雪场地，以获得较好的运动体验，进而加深对冰雪运动的兴趣。

除了日常的体能训练和周末的训练，社团也会参加高校冰（雪）联举办的各种活动和比赛。比如：万龙雪场通过高校雪联邀请大学生滑雪社团的成员免费（雪票免费）去滑雪或举办滑雪论坛，冰雪运动场地经营企业也会通过高校冰（雪）联举办各种赛事。冰雪社团一般都有自己专属的冰雪运动队，他们由社团内技术高超、具备参加赛事资格的社团成员组成。

不同于学生社团面向的是有时间有精力但经济条件不足的学生人群，社会社团面向的是有钱但精力相对不足的上班族。这部分人群负担得起冰雪运动所需的经济消费支出，也有周末休息时间可供利用，但是没有相对充足的资源去结交一群兴趣相投的好友，也没有过多的精力去组织相关活动，而冰雪运动俱乐部就充当了很好的中介。

部分滑雪俱乐部会在夏季定期组织会员在室内滑雪场开展练习，普及滑雪装备、设备使用知识，还会开发诸多户外活动，包括单车骑行、户外拓展、全地形车培训、冲浪等；在雪季来临时，推出一系列滑雪套餐供会员选择，不同的套餐涉及的交通、住宿、雪票、装备、服装、教练等费用不同，还会根据会员滑雪技术需求推出各种滑雪培训课程和私人教练，这些活动、课程和教练都是另收费用，俱乐部从中赢利。一些滑雪俱乐部并不是单纯地组织会员滑雪，而是发展成了拥有多个经营项目的滑雪事业综合品牌。

（5）学生社团的发展问题和发展愿景

①学生社团的经济问题

冰雪运动一般需要专业装备。滑雪更是一项高消费的“贵族运动”，从交通、服装、装备到雪票、教练、餐饮和住宿，都是一项不小的开支。特别是对于学生来说，他们没有直接的经济收入，经济来源主要是父母，所以一身装备少则一千元的滑雪运动对于学生来说，压力较大，很多可能对滑雪有兴趣、有爱好、有潜力的学生迫于经济压力，放弃了参与滑雪运动。

比如，清华大学滑雪队虽然已经得到一些厂商为他们提供服装、装备方面的赞助和学校的资助，但他们仍然面临着经济问题。主要表现在：在每年的开学季招新中，社团会收取会员会费，但是把招新的成本、宣传的成本、请教练的成本减去，剩下的钱就不多了，并不能满足成员外出滑雪的需求，甚至仍未能实现拥有一套属于滑雪队的队服的愿望。

②学生社团的人员流失问题

经济的压力可能会使那些原本运动潜力很大的学生离开社团，从而造成人员的流失。同时，学生学校教育的周期性也会使一些骨干成员因为毕业而离开运动社团，造成人员的流失。

③学生社团的安全保障问题

冰雪运动是具有较高风险的运动，它不仅受运动员自身身体素质、运动技术的影响，还受天气的影响。在高速滑行中，发生危险的概率很大。特别是在高山滑雪、越野滑雪这种需要穿越障碍物的滑雪项目中，发生危险的概率更大。几年前，某知名大学滑雪社团的一名学生在室外滑雪时发生意外，给滑雪爱好者敲响了警钟。也是因为此事件，高校负责人对滑雪社团的支持力度并不是很大。

④学生社团的发展愿景

面对这些问题，各学生社团负责人希望一方面在经济上能得到更多的赞助，最大限度地降低经济问题所带来的困扰；另一方面希望学校相关负责人能够给予最大限度的支持，主要是资金和技术方面的支持。有了经济的支撑，教练就有了保障，运动技术可以提高，意外事故发生概率也可以在一定程度上降低。

（6）社会社团的发展问题和发展愿景

①社会社团的安全保障问题

尽管冰雪运动的高危险性被反复强调，但是在各滑冰滑雪俱乐部微信公众号发布的活动中，只有少数几个俱乐部以大量的文字提到了关于运动安全的注意事项，而其他大部分俱乐部没有涉及安全事项的内容。俱乐部作为组织会员参与冰雪运动的中介，有义务加强会员对这方面的认识。

②社会社团的教练资格认证混乱问题

目前俱乐部推出的各类滑冰滑雪技巧培训课程，并没有表明教练是否取得了相应的教练资格认证，有些教练是自己熟练掌握某一技能后并没有考证就开始执教，教练专业素养参差不齐。

③社会社团的发展愿景

冰雪运动俱乐部的发展愿景是运用更为专业的培训手段、更高资历的培训专家，有效地激发并保持会员的热情，将大众冰雪运动的普及和推广完美融合，并从中获得盈利，促进体育产业发展。

（三）青少年冰雪运动服务企业

1. 冰雪运动服务企业的定义与分类

冰雪运动服务企业，即提供冰雪运动产品和服务的集合体，亦即参与冰雪运动产业的企业，不仅包括体育行业内的企业，也包括涉足体育产业的其他行业企业。

冰雪运动企业分为两个大类：单一型冰雪运动企业和综合型冰雪运动企

业。单一型冰雪运动企业是指主营业务不超过两项的冰雪运动企业，综合型冰雪运动企业是指冰雪相关的主营业务超过了两项，或者形成了产业链或者产业一体化的冰雪运动企业。其中，单一型冰雪运动企业又分为冰雪运动装备设备生产商、冰雪科技公司、冰雪运动装备销售电商平台、冰雪运动场馆建设与运营商、冰雪运动培训服务商、冰雪运动赛事公司、冰雪旅游公司和冰雪投资商8类。

2. 冰雪运动装备设备生产商的发展

冰雪运动装备可分为服装、器械和配件三类。以往做户外运动服装的企业也开始将目标转向冰雪行业。此外，冰雪运动装备与设备也开始趋于智能化、科技化。

3. 冰雪科技公司的兴起

自2014年我国申办冬奥会开始，很多公司便抓住这个机遇，进行冰雪项目设备的研发。冰雪企业，特别是生产智能化的滑雪产品的冰雪企业，相继成立。它们主要致力于软件（运动App）和硬件（智能滑雪机、智能雪板、可穿戴设备）的开发。

4. 冰雪运动装备销售电商平台

现在销售冰雪运动装备的主要电商平台是天猫和亚马逊。在亚马逊中国网上，冰雪运动相关商品超过12800种，其中滑雪头盔在户外休闲用品的销量中排名第54位。在天猫上，冰雪运动相关商品超过5000种，由此可见，冰雪运动装备的需求量很大。同时冰雪运动爱好者对装备的需求在细化。

5. 冰雪运动场馆建设与运营商

申办2022年冬奥会后，冰雪运动受到了更多的重视，国内冰雪运动产业迅猛发展，冰雪运动爱好者也越来越多。爱好者的需求不再限于我国北方冬季室外冰雪场地，室内滑冰滑雪场也成为冰雪运动爱好者的重要的滑冰滑雪场所。现在冰雪运动场馆建设与运营商不再只把目标聚集在室外场地，也在进行室内的场馆建设。室内滑雪场逐渐成为滑雪场地的首选。

6. 冰雪运动培训服务商

2015年7月，北京联合张家口申办2022年冬奥会成功，并确立了“三亿人参与冰雪运动”的目标，推进了“冰雪进校园”的活动，大力开展针对学生的冰雪运动培训。与此同时，滑雪培训行业也进入井喷式发展阶段，许多滑雪培训公司相继成立，滑雪培训项目也相继开展。

7. 冰雪运动赛事公司

在我国专门运营冰雪赛事的公司还处于发展的初始阶段，冰雪赛事更多的只是体育类公司的一个业务，很少有专门做冰雪赛事的公司。滑雪赛事因为投入大，所以大多由资金雄厚的企业举办。除此之外，很多非体育赛事公司开始跨界进入滑雪赛事行业。这说明，滑雪赛事前景乐观，如果滑雪赛事能够被打造成一个体育 IP 的话，将会持续吸引大量的受众，产生可观的社会效益和经济效益。

8. 冰雪旅游公司

近年来，体育产业与旅游产业的耦合日益加深，尤其是在 2022 年冬奥会的筹办背景下，冰雪旅游产业的发展日益旺盛。房地产行业、金融行业也逐渐涉足冰雪旅游产业。这表明，许多资本雄厚的企业都纷纷进入冰雪旅游产业以获红利。

（四）青少年冰雪运动网上服务平台

1. 青少年冰雪运动网上服务平台的现状

我国获得 2022 年冬奥会主办权，使本已热闹的滑雪行业再次升温，越来越多的创业者纷纷涌入这个产业，除了线下的产品之外，亦有公司开始推出冰雪类运动的手机应用。由于手机应用数量众多，以下仅针对在 App Store，使用关键词“滑雪”“滑冰”所搜寻到的专为冰雪运动所开发、有持续更新版本且为非游戏的应用程序进行了研究。现有网上服务平台可以分为滑雪旅游服务类、滑冰（雪）运动服务类、冰雪运动社交类三类。

滑雪旅游服务类主要为滑雪旅游人群的吃、住、行、游、购、娱等方面的需求提供咨询，致力于打造成为滑雪旅行者的“免费导游”，以提供一站式滑雪服务为产品特色。同时这些网上服务平台还以丰富的线上活动和线下大众娱乐赛事 IP 与客户进行互动。

滑冰（雪）运动服务类则强调为用户提供专业有品质的冰雪运动咨询与服务。主要提供冰雪运动项目发展历史、世界冰雪运动项目动态、竞技赛事、技术动作、冰（雪）场介绍、金牌教练等冰雪运动爱好者需要的信息。未来的发展目标是实现对先进的教学体系、优秀师资力量以及冰雪场地、赛事等资源的线上整合。

冰雪运动社交类是从冰雪运动爱好者的社交需求切入，提供场地门票、在线视频教程、训练营、场地情况以及爱好者的运动表现数据等服务。用户可以将自己的动态分享到微博、微信等各大社交网络，也可以为好友的照片和帖子点赞与评论，添加好友，通过私信和雪友交流滑雪体验。还可与其他冰雪运动者比拼能力数据，换取荣誉，留下珍贵的档案。同时，用户还可预约图像服务，由专业图像摄制团队为其拍摄精彩瞬间。这些服务较好地提升了冰雪运动者的运动体验，增强了冰雪运动爱好者的运动兴趣。

2. 冰雪运动网上服务平台的发展环境分析

从战略管理的观点来看，要讨论一组织或是产业，首先需对其整体环境进行了解，以帮助我们理清问题，而环境分析包括对企业所处的竞争环境和市场环境进行分析，进而为企业的战略调整决策、市场营销等方面提供决策依据。因此，以下将尝试使用 SWOT 分析工具，为冰雪运动 App 相关营利性单位提供新的观点。

SWOT 分析主要通过评价企业自身的优势（Strengths）、劣势（Weaknesses）、外部竞争上的机会（Opportunities）和威胁（Threats），在制定发展战略前对企业进行深入全面的分析以及竞争优势的定位。以下将针对冰雪运动 App 相关营利性单位组织进行分析。

表 1　我国冰雪运动网上服务平台发展的 SWOT 分析

优势	1. 滑雪运动的趣味性和普及性 2. 东北三省、北京等地气候适宜	机会	1. 2022 年冬奥会申办成功 2. 政府大力推动相关产业发展 3. 城市经济稳步发展
劣势	1. 无法触及各年龄层 2. 若无网络与行动装置无法使用 3. 冰雪活动消费较高	威胁	1. 全球变暖 2. 国外企业竞争 3. 用户安全问题

在内部环境方面，首先，滑雪运动深受青少年和富有挑战精神的运动爱好者的喜爱，它自身的趣味性和娱乐性使置身其中的参与者备感愉悦，也吸引着那些从未尝试过滑雪的人们。由中投顾问发布的《2017～2021年中国滑雪产业投资分析及前景预测报告》显示，我国的滑雪旅游主要集中在东北三省和北京等地，这些地区雪期相对较长，气候适宜，具有优美的自然风景和丰富的民俗文化，因而具有开展滑雪活动的先天优势。其次，冰雪运动网上服务平台需要用户借助网络与智能手机才可使用，无法触及落后的乡村，以及年龄较小的群体，且目前滑雪旅游项目的消费水平相对于国内的人均收入较高，阻碍了滑雪旅游项目的发展，也限制了相关产业的发展。

而外部环境方面，我们拥有的机会与威胁又有哪些呢？从机会来看，根据中投顾问发布的上述报告，中国的综合国力正在逐步增强，随着经济的发展、国民收入的增加，人民群众已不再满足于衣、食、住、行等物质需求，而追求更高层次的精神享受；再加上2022年冬奥会申办成功、《冰雪运动发展规划（2016～2025年）》颁布，为我国冰雪产业发展提供了强劲动力，众多企业开始布局冰雪市场，加大对冰雪产业的投资，使得我国冰雪产业发展前景广阔。最后，在潜在威胁部分，中国冰雪市场的前景良好，可能会吸引更多的外来公司加入，市场竞争将更为激烈；在自然环境层面，温室效应造成全球暖化，使得滑雪场营业时间缩水，让雪场营业成本大幅上升，可能连带影响整体产业发展；处于信息科技快速变化的今天，各种信息系统应运而生，而信息化社会的来临，改变了人们处理数据的习惯，但同时也带来相关的信息安全问题，如何保障用户的权益，也是冰雪运动网上服务平台相关运营组织所需解决的问题。

二　我国青少年冰雪运动赛事活动的发展状况

国家体育总局、国家发展改革委、教育部、国家旅游局于2016年11月联合印发了《冰雪运动发展规划（2016～2025年）》，明确指出推行“百万青少年上冰雪”和“校园冰雪计划”，促进青少年冰雪运动普及和发展；同时为提高冰雪运动竞技水平，要求完善冰雪运动竞技人才后备培养体系。[①] 2016 年国务院办公厅发布《国务院办公厅关于强化学校体育促进学生身心健康全面发展的意见》（国办发〔2016〕27 号），指出要强化体育课和课外锻炼，注重体教结合、完善训练和竞赛体系。[②] 同年国家体育总局印发《青少年体育“十三五”规划》，也指出青少年体育在全民健身和奥运会为国争光中的基础性作用，直接指出要以 2022 年冬奥会为契机发展青少年冰雪运动。[③]

青少年参与冰雪运动，既丰富了校园文化活动、提高了青少年身体素质水平，同时又符合我国 2022 年冬奥会背景下推动“三亿人参与冰雪运动”、发展冰雪人口、构建冰雪文化、促进冰雪运动的普及和发展的目标要求。青少年冰雪运动发展近年来持续受到各方关注，2019 年，《教育部等四部门关于加快推进全国青少年冰雪运动进校园的指导意见》发布[④]，再次强调要推动冰雪运动在校园内普及、加强冰雪人才培养、举办赛事活动等任务要求。

下文通过研究 2018 ~ 2019 年青少年冰雪项目 U 系列赛事、业余（校园）冰雪赛事、青少年冰雪运动相关活动情况，讨论青少年冰雪运动赛事及活动发展情况，总结赛事特点及发展情况、主要问题，并提出应对策略。

（一）青少年冰雪运动赛事发展情况

为展现青少年冰雪运动赛事的发展情况，本文主要研究了冰雪项目 U 系列赛事、业余（校园）冰雪赛事两种类型的比赛。首先，分析了冰雪项目 U 系列赛事项目类型、各地举办情况、资金投入情况、各项目参赛情况，研究了赛事的发展特点和趋势；其次，分析了业余（校园）冰雪赛事的类

---

① 《冰雪运动发展规划（2016 ~ 2025）》，http：//www. sport. gov. cn/n316/n340/c773663/content. html，2016 年 11 月 2 日。

② 国务院办公厅：《国务院办公厅关于强化学校体育促进学生身心健康全面发展的意见》，http：//www. gov. cn/zhengce/content/2016 -05/06/content_ 5070778. htm，2016 年 4 月 21 日。

③ 国家体育总局：《青少年体育“十三五”规划》，http：//www. sport. gov. cn/qss/n5013/c749721/content. html，2016 年 9 月 6 日。

④ 《教育部等四部门关于加快推进全国青少年冰雪运动进校园的指导意见》，http：//www. moe. gov. cn/srcsite/A17/moe_ 938/s3276/201906/t20190613_ 385735. html，2019 年 6 月 4 日。

型、特点及发展趋势。

1. 冰雪项目 U 系列赛事

2018 年，青少年冰雪项目 U 系列赛事包括冰壶、冰球、滑冰（速滑、短滑）、花样滑冰、跳台滑雪、北欧两项、雪橇、高山滑雪、单板滑雪、自由式滑雪空中技巧、速滑马拉松、越野滑雪 12 个项目的 50 余场比赛。2019 年截至 7 月 31 日共举办冰壶、跳台滑雪、北欧两项、雪橇、高山滑雪、单板滑雪、自由式滑雪空中技巧、越野滑雪 8 个项目的十余场比赛。2018 ~ 2019 年青少年冰雪项目 U 系列赛事国家体育总局共投入资金约 1500 万元，累计参赛运动员数量约为 15000 人次。

总体上看青少年冰雪项目 U 系列赛事举办次数较以往有增长，投入力度加大，其中河北省、黑龙江省举办次数较多，东北地区、华北地区、西北地区作为传统的冰雪项目优势地区办赛情况良好，值得注意的是，上海市、广东省、贵州省、江苏省、浙江省等南方地区也相继举办了青少年冰雪项目 U 系列赛事。2018 年部分省区市举办青少年冰雪项目 U 系列赛事情况见表 2。

表 2　2018 年部分省区市承办青少年冰雪项目 U 系列赛事次数统计

举办地	北京	上海	吉林	黑龙江	陕西	广东	河北	新疆	山东	江苏	贵州	浙江
举办次数（次）	5	4	7	16	6	6	19	1	4	2	2	1

2018 ~ 2019 年，绝大部分青少年冰雪项目 U 系列赛事在比赛流程、人员安排、场地器械、后勤保障、难度设置等方面都以高标准对待，与国际接轨，按照国际比赛要求进行。U 系列赛事国家体育总局共投入资金约 1500 万元，各个项目资金投入详见表 3（表 3 中数据包括部分地方政府配套经费），投入经费主要用于场地器材、人工成本、人员食宿、赛事宣传、管理等方面。以 2018 ~ 2019 年度全国 U18 越野滑雪精英赛为例，赛事经费主要由国家体育总局青少年体育司资助 55 万元、地方政府资助 15 万元、陕西省冬季运动管理中心资助 0.5 万元，共计 70.5 万元，主要花费有物资消耗 23.63 万元，占

33.52%；人工成本 9.49 万元，占 13.46%；接待费用 24.38 万元，占 34.58%；宣传费用 8 万元，占 11.35%；赛事运作管理费 5 万元，占 7.09%。

表 3　2018 ~ 2019 年青少年冰雪项目 U 系列赛事各项目资金投入统计

项目	冰壶	跳台滑雪	北欧两项	雪橇	高山滑雪	单板滑雪	自由式滑雪空中技巧	越野滑雪	冰球	滑冰（速滑、短滑）	花样滑冰	速滑马拉松
资金（万元）	84	32	16	60	40	102	319	623	125	426	171	15

2018 ~ 2019 年青少年冰雪项目 U 系列赛事参赛人数有所增加，各个项目参赛人数统计详情见表 4。

表 4　2018 ~ 2019 年青少年冰雪项目 U 系列赛事参赛人数统计

项目	冰壶	跳台滑雪	北欧两项	雪橇	高山滑雪	单板滑雪	自由式滑雪空中技巧	越野滑雪	冰球	滑冰（速滑、短滑）	花样滑冰	速滑马拉松
人数（人）	900	120	60	100	600	640	920	4280	2720	3520	630	400

在各项比赛中取得名次的运动员主要来自东北、华北地区以及新疆等主要冰雪传统优势队伍。以 2018 ~ 2019 赛季全国单板滑雪 U 型场地 U18 青少年锦标赛为例，取得前 19 名的运动员中，除三名来自新疆冬季运动管理中心的运动员以外，其他 16 人均来自东北、华北地区。

U 系列赛事的举办，能保证运动员在比赛中得到充分的锻炼，为我国 2022 年冬奥会培养冰雪后备人才，提高青少年体质，为发展冰雪文化等做出巨大贡献。

2. 业余（校园）冰雪赛事

业余（校园）冰雪赛事主要指由地方、学校、俱乐部等组织机构举办的，成绩不纳入运动员积分体系、以休闲娱乐等为目的的冰雪运动赛事。2016 年《冰雪运动发展规划（2016 ~ 2025 年）》印发后，“百万青少年上冰雪”和“校园冰雪计划”的推进都极大地刺激了各地举办青少年业余（校园）冰雪赛事的积极性，推动了各地积极开展冰雪相关活动。

业余（校园）冰雪赛事主要有青少年冰雪运动联赛、校园冰雪赛事以及地方性冰雪赛事。青少年冰雪运动联赛，一般指由企业赞助，俱乐部、协会等筹办的青少年冰雪运动赛事，水平相对较高，职业化、业余化、专门化程度也相对较高。校园冰雪赛事，一般为校园冰雪文化节的组成部分，多开展趣味比赛，以调动青少年参与冰雪运动为主要目的，竞争性、专门化程度低。地方性冰雪赛事，是指地方政府举办的冰雪赛事活动，其中包括青少年部分，一般以行政区为划分，由各地自发举办，有一定的竞争性，但总体来说以业余比赛为主，以调动大众参与冰雪运动为主要目的。

为响应我国冰雪运动“北冰南展，西扩东进”的规划布局，不仅东北、华北、西北等地青少年业余（校园）冰雪赛事开展得较为积极，南方各地也在积极举办各类青少年冰雪活动，尤其是冰上活动，许多有条件的地区建造了室内冰场，积极开展冰上运动。冰雪运动本身对自然环境要求较高，许多地区囿于环境条件难以开展活动，但是室内雪场、旱雪技术、轮滑等的发展，都有助于在没有雪地的情况下开展冰雪活动，这为南方自然条件达不到的地区开辟了道路。

3. 青少年赛事发展存在的问题

缺乏顶层设计，职权混乱不清。青少年冰雪赛事不论是专业化的 U 系列赛事，还是业余（校园）冰雪赛事，在举办过程中，都存在职权划分不明的问题，各组织，如协会与体育局之间、协会与协会之间、协会与俱乐部之间等关系复杂，经常出现“一赛多名”的现象。这样的现象让后续比赛的管理、统计等工作都出现极大困难。

管理规范不严，制度混乱不堪。由于顶层设计缺失，管理规范和制度同时也受到了打击，比赛举办缺乏统一的规章制度、流程设计，业余比赛基本没有严格程序可以依据，比赛信息公开也没有程式化，严重影响赛事的继承性，而缺乏继承性也是赛事品牌、文化难以形成的一个重要原因。

盲目办赛，缺乏理性选择。许多地方以提升政绩为目的，举办了各类冰

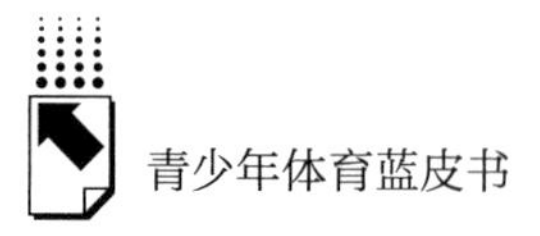

雪运动赛事，青少年赛事也包括在其中，但这些赛事缺乏对当地自然社会环境的考察，属于盲目办赛。由于冰雪运动对环境要求较为严格，这样的盲目办赛不仅造成资源浪费，而且社会反响不佳，缺乏群众基础，造成许多没有根基的冰雪赛事活动“雷声大，雨点小”，不能持续举办。

“北冰南展，东进西扩”还需进一步落实。冰雪运动作为对自然条件要求较高的运动项目，在我国一些地区无法举办赛事。但是在有条件的地区应该因地制宜举办相关赛事，吸引青少年参与冰雪运动，给有条件的青少年提供更多比赛机会。

4. 青少年冰雪赛事发展对策

明确职权划分。落实协会实体化改革，整合相关组织机构，消除不必要的壁垒，规范各机构的职责和权限。杜绝“一赛多名”这类现象的继续发展，真正举办更多、更好的青少年冰雪运动比赛，为热爱冰雪运动的青少年提供条件。

制定明确规章制度。向国际水平看齐，制定明确的规章制度并监督规章制度实施，保证办赛过程中的任何一事项都有依据可循。明确的制度不仅能规范办赛流程，而且能为赛事活动宣传、统计、备案等工作奠定良好的基础，为赛事持续发展提供保障。

信息公开，透明管理。信息向公众开放，保存详细的赛事记录，让赛事文化能够传承和发展，形成赛事品牌。一项赛事能够持续发展，必然有其自身独特的文化核心，青少年冰雪赛事也应该有自己的赛事品牌，并着重打造品牌，保证青少年冰雪赛事持续发展。

依据不同地区的不同自然环境、社会背景发展适合当地的赛事，因地制宜，因人而异，保证赛事可持续发展。

（二）青少年冰雪活动开展情况

根据《冰雪运动发展规划（2016～2025 年）》及《青少年体育“十三五”规划》等相关政策，应借助 2022 年我国举办冬奥会的契机，推动青少年参与冰雪运动，最终落实“百万青少年上冰雪”和“校园冰雪计划”，实现“三亿人参与冰雪运动”，实现体育强国目标。全国各地都积极开展了青少年冰雪活动，主要活动有冰雪冬（夏）令营、冬季阳光体育大会、世界雪日、冰雪文化进校园等。

1. 青少年冰雪活动发展情况

（1）冰雪冬（夏）令营

冰雪冬（夏）令营主要由俱乐部、滑雪场等组织机构举办，为青少年儿童提供一段时间内的滑雪、滑冰沉浸式体验教学活动，举办单位以营利为目的，同时促进青少年接触冰雪运动，促进冰雪运动发展。一般冬（夏）令营活动根据学员的不同年龄段分班，涉及不同类型冰雪运动，如滑雪冬（夏）令营、花样滑冰冬（夏）令营、冰球冬（夏）令营等。在冰雪冬（夏）令营活动期间，对于参与活动的青少年一般在活动举办地统一安排食宿，由教练等人员看管，学习冰雪运动知识，体验冰雪运动的乐趣，甚至有条件的活动会配备外教团队或派学员出国学习，提供优质的教学服务。

各地举办冰雪冬（夏）令营活动情况不一，总体上看京津冀地区、东北地区等举办冰雪冬（夏）令营的热情最为高涨，尤其是北京地区各大滑雪场、培训机构、俱乐部都长期举办冰雪冬（夏）令营的活动。

（2）冬季阳光体育大会

冬季阳光体育大会是国家体育总局联合教育部、团中央主办的青少年冬季大型综合类体育活动，自 2015 年开始举办。每年设立不同主题，活动内容包括体育比赛、阳光体育活动展示、青少年科学健身普及、冬季奥林匹克文化交流、青少年爱国主义教育和其他文娱活动。冬季阳光体育大会在促进青少年冰雪运动文化交流的同时还发展了青少年冰雪运动赛事，是积极推动“三亿人参与冰雪运动”、以实际行动助力 2022 年冬季奥运会、落实体育强国和健康中国战略的重要举措。[①] 目前已在北京市、牡丹江市、哈尔滨市等地举办过四届活动。

---

① 国家体育总局青少年体育司：《2018 年全国青少年“未来之星”冬季阳光体育大会新闻发布会在黑龙江哈尔滨举行》，http://www.sport.gov.cn/qss/n5014/c843281/content.html，2018 年 1 月 12 日。

第四届全国青少年“未来之星”冬季阳光体育大会（以下简称“冬季阳光体育大会”）由国家体育总局、教育部、共青团中央、黑龙江省人民政府主办，黑龙江省体育局、哈尔滨市人民政府、国家体育总局冬季运动管理中心、全国体育运动学校联合会共同承办，于2018年2月6日晚在哈尔滨市冰球馆举行启动仪式。大会主题为“普及冰雪运动　培养冬奥之星”，共有来自全国31个省（区、市）、新疆生产建设兵团和澳门特别行政区的33个代表团参加。大会还在河北省沽源、吉林省长春、重庆市、贵州省六盘水等8个地方设立了分会场。大会包含青少年体育竞赛、阳光体育活动展示、青少年科学健身普及和冬季奥林匹克文化交流四大板块。其中体育竞赛包括速度滑冰、短道速滑、冰球、花样滑冰、高山滑雪、越野滑雪、单板滑雪、蹦床8个竞技类项目和雪地足球、冰上龙舟、雪地定向越野、雪地障碍4个群体类项目。运动员参赛年龄放宽至18岁以下，参赛规模达到1948人。大会也是首次允许各地级市体育部门和青少年体育社会组织组队参加，通过鼓励社会力量建立的青少年体育机构参与竞技类比赛，以吸引更多青少年参与进来，发现和培养更多人才。①

（3）世界雪日

世界雪日暨国际儿童滑雪节是由国际滑雪联合会设立的一个项目，主旨是向全世界的青少年推广普及滑雪运动。该项目始于2009年国际雪联成员组织内部的“Snow Kidz”活动。2012年为拓展世界范围内的滑雪人口，国际雪联成员组织又推出了“World Snow Day”世界雪日活动，参与群体是4～14岁的青少年。每年的世界雪日，国际雪联成员组织都要开展相应的活动，让青少年和家长们积极参与，感受滑雪运动的快乐。②

2019年1月20日，世界雪日暨国际儿童滑雪节在河北张家口的太舞滑

① 国家体育总局青少年体育司：《2018年全国青少年“未来之星”冬季阳光体育大会新闻发布会在黑龙江哈尔滨举行》，http://www.sport.gov.cn/qss/n5014/c843281/content.html，2018年1月12日。

② 《2017世界雪日暨国际儿童滑雪节将于1月15日举行》，http://sports.people.com.cn/n1/2017/0105/c407727-29001563.html，2017年1月5日。

雪小镇和全国其他近百家滑雪场同步举行。2019 年度世界雪日暨国际儿童滑雪节活动在雪场规模、参与人数、推广力度方面进一步提升，参与雪场扩展到93 家，参与人数更多、覆盖地域更广、活动更加丰富。①

（4）冰雪文化进校园活动

冰雪文化进校园活动是各地为实现冬奥会申办报告中提出的“三亿人参与冰雪运动”的目标，促进青少年体质健康水平不断提升，向青少年普及冰雪运动而开展的一系列文化活动，主要是普及冰雪运动知识，激发青少年了解冰雪运动、参与冰雪运动的热情从而使其爱上冰雪运动。全国各地方均开展了多项活动，同时也有冰雪运动企业持续开展此类活动。这样的冰雪文化活动也受到了各地学生的喜爱，得到持续发展。

2. 青少年冰雪活动发展存在的问题

虽然我国青少年冰雪运动相关活动在逐年发展，冰雪文化普及工作正在有序进行，但仍然存在一些问题，主要集中在两方面：规划管理和文化培养。规划管理方面，体育管理机构本身发展不到位、制度不完善，造成管理混乱，青少年冰雪活动在开展时缺乏管理规范支撑。文化培养方面，主要由于我国冰雪文化相对夏季运动文化来说基础更为薄弱，冰雪运动项目文化根基弱，发展需要一个循序渐进的过程。目前，我国要借鉴国际上的一些先进做法，推广冰雪运动。以国际雪联“世界雪日”活动为例，该活动一开始只是国际雪联内部的一个面向儿童的小活动，但是由于其主题、特色鲜明，通过与当前现实紧密结合，被推广到了全世界。其成功之处在于，首先，国际雪联内部有严谨的规定，对活动记录保存完好，便于后续发展。其次，文化主题鲜明是活动能够发展的重要原因。最后，活动能够持续举办是因为它和现实紧密联系。相较之下，我国举办的青少年冰雪活动多数没有足够的动力传承下去。具体原因如下。

缺乏统一设计，活动传承性差。由于管理机构举办有关青少年冰雪活动

① 《2019 年世界雪日暨儿童滑雪节隆重举行》，新华网，http：//www. xinhuanet. com/expo/2019 -01/21/c_ 1210043186. htm，2019 年1 月21 日。

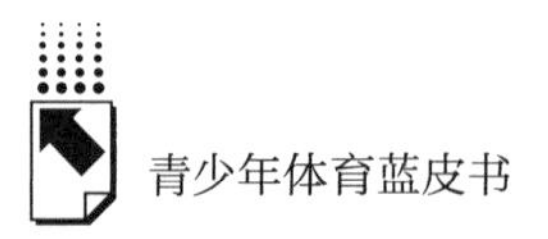

时缺乏规划，权责不明晰，活动在传承过程中会遇到困难。相比于国外的青少年冰雪活动，我们的活动显得较为零散，不严谨。

活动举办不切实际，难以持续发展。文化活动在举办时就需要一定的人文情怀，同时要为受众所接受。现在许多青少年冰雪活动的举办只是为了政绩或者营利，并没有考虑到人文情怀的发挥，或者生搬硬套一些文化符号，这样的活动只会被大众所抛弃。更有甚者，任何与“冰”或“雪”相关的活动都被当作青少年冰雪活动，例如雪地上踢毽子、踢足球也被列为“开展青少年冰雪活动”。

文化宣传不足，活动影响力不足。在青少年冰雪活动发展过程中确实有一些组织机构开展了一些品质优良的活动，但是宣传、营销等能力的欠缺，导致这些活动鲜为人知，影响效果达不到预期，甚至影响活动持续性。

3. 青少年冰雪活动发展对策

加强规范化管理。明确规范政府机构和社会组织的职责范围，制定活动开展的范式流程，做好活动备案保存工作，同时做到活动信息及时发布。

结合冰雪主题和现实开展青少年冰雪活动。活动审批时应对活动内容、实情进行详细的调查，确保开展活动真正有益于青少年发展，激发其对冰雪运动的喜爱、增强身体素质、实现发展目标。

加强青少年冰雪活动宣传力度。对于结合地方特色与冰雪运动文化的优秀青少年冰雪活动，都应该予以鼓励和宣传，这样才能促进冰雪文化的发展，实现冰雪运动文化真正植根于我国。

三 我国青少年冰雪场地器材的发展状况

（一）冰雪场地器材相关政策

2022 年冬奥会的成功申办，极大地激发了人民群众参与冰雪运动的热情，为我国冰雪运动发展创造了难得的机遇。但是目前我国冰雪场地设施数量少，规模小、服务水平不高，与我国冰雪运动发展的需要不相适应，与冰雪运动发达国家存在较大差距。加快规划建设冰雪场地设施是办好2022年冬奥会、提高我国冰雪运动竞技水平的重要基础，也是普及冰雪运动，发展冰雪产业、实现“三亿人参与冰雪运动”的基本保障。

2016年11月2日，国家体育总局、国家发改委、教育部和国家旅游局联合印发了《冰雪运动发展规划（2016～2025）》。根据该规划，到2025年，我国将大幅普及冰雪运动，让直接参与冰雪运动的人数超过5000万，并带动“三亿人参与冰雪运动”。同时，国家体育总局还联合多部委下发《全国冰雪场地设施建设规划（2016～2022）》，要求到2022年，全国新建滑冰馆不少于500座，使全国滑冰馆数量达到650座。新建滑雪场不少于240座，使全国滑雪场数量达到800座，雪道长度达到3500千米，形成基本满足冰雪场地需求的设施网络。

2019年3月31日，中共中央办公厅、国务院办公厅印发《关于以2022年北京冬奥会为契机大力发展冰雪运动的意见》，提出大力普及群众性冰雪运动，建设群众冰雪运动设施。一系列利好政策为我国滑雪基础设施的发展提供了强有力的支撑。

冰雪装备器材产业是冰雪产业的重要组成部分，其发展繁荣对提升我国冰雪项目竞技水平、推动冰雪运动广泛开展意义重大。随着冬奥会进入“北京周期”，“三亿人参与冰雪运动”正向纵深推进，冰雪装备器材产业发展不断提速，有望成为新的经济增长点。但目前我国冰雪装备器材产业尚处于起步发展阶段，还面临研发攻坚难度大、技术标准体系不完善、产业体系亟待优化等问题。

2019年6月4日，国家体育总局等九部门联合印发《冰雪装备器材产业发展行动计划》，提出到2022年，我国冰雪装备器材产业年销售收入超过200亿元，年均增速在20%以上。该计划实施重点在于开发大众冰雪装备器材、实施精品示范应用工程、完善产业支撑体系和加强企业品牌培育，给我国冰雪装备器材产业带来新的政策利好。

（二）我国冰雪场馆概况

在冰雪运动“南展、西扩、东进”与各方利好政策的深入推进下，国

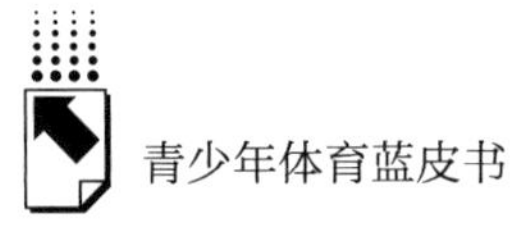

内冰雪场馆近年来建设步伐加快，进一步夯实了冰雪运动发展的基础。

1. 室内滑冰场概况

截至2018年6月底，全国共有室内滑冰场334家，其中商业滑冰场288家。各区域室内滑冰场数量对比见图1。

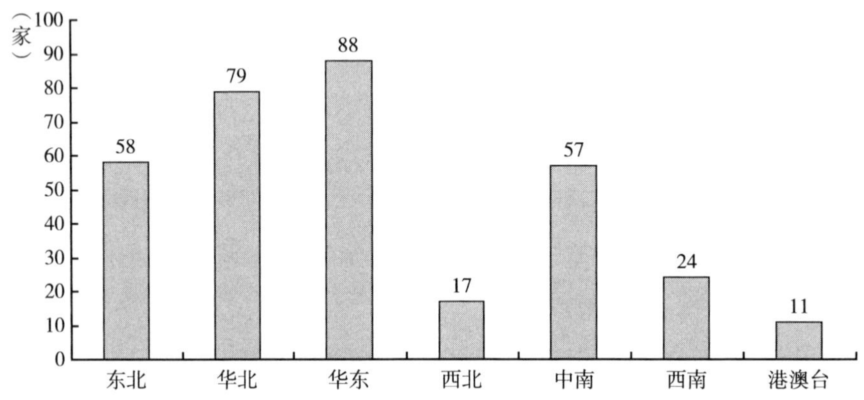

图1　截至2018年6月底全国各区域室内滑冰场数量对比

资料来源：国际数据集团（IDG）、华腾冰雪产业机构：《中国冰雪产业发展研究报告（2018）》。

滑冰场地设施是发展冰上运动的基础，目前我国滑冰场主要分为体育运动型和商业休闲型两类，体育运动型滑冰场馆主要由政府体育管理部门建设运营，在形式上多为独立建筑场馆；商业休闲型滑冰场馆主要由商业机构建设运营，在形式上多依托商业综合体建设。近年来滑冰场馆增势迅猛，新建的滑冰场馆多为商业休闲型，依附于购物中心、商业区，为大众提供日常休闲、娱乐和体育培训等服务，促进了我国冰上运动的发展。

2. 滑雪场概况

截至2018年6月底，全国共有滑雪场869家，其中大型滑雪场11家、中型滑雪场113家、小型滑雪场583家、室内滑雪场19家、嬉雪乐园138家、旱雪场5家。图3显示了不同类型滑雪场所占比例。图4、图5分别显示了我国各区域滑雪场数量对比和国内各区域滑雪场数量所占比例。

成功申办冬奥会之后经过快速建设，我国滑雪场数量持续稳定增长，截至2018年6月底，全国滑雪场总数达869家，其中东北、华北地区滑雪场

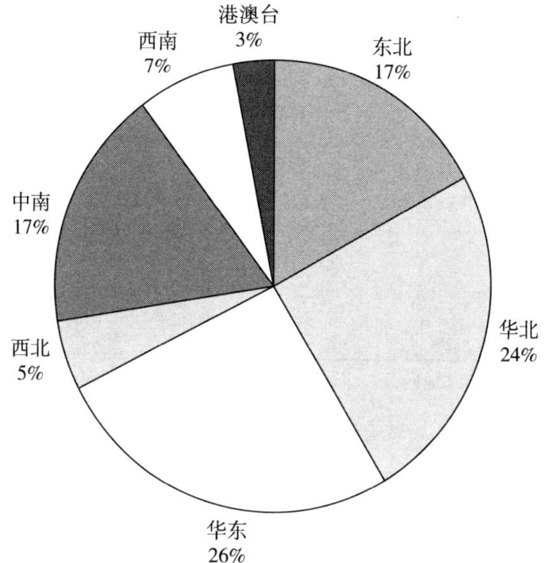

图 2　截至 2018 年 6 月底全国各区域室内滑冰场数量所占比例

资料来源：国际数据集团（IDG）、华腾冰雪产业机构：《中国冰雪产业发展研究报告（2018）》。

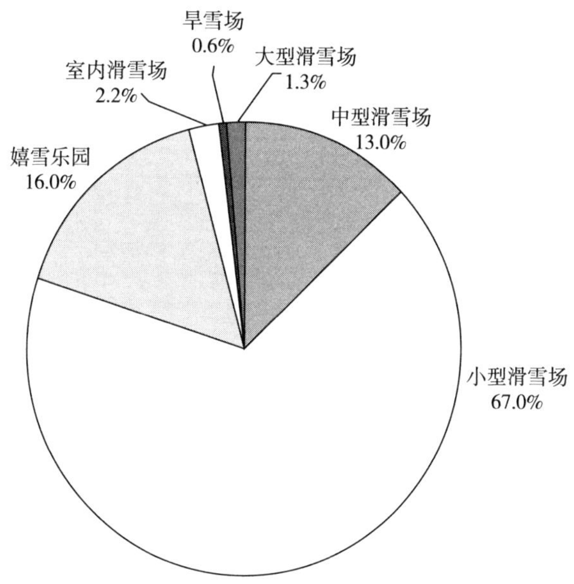

图 3　截至 2018 年 6 月底全国不同类型滑雪场数量占比

资料来源：国家体育总局冬季运动管理中心：《中国滑雪场分布 2018》。

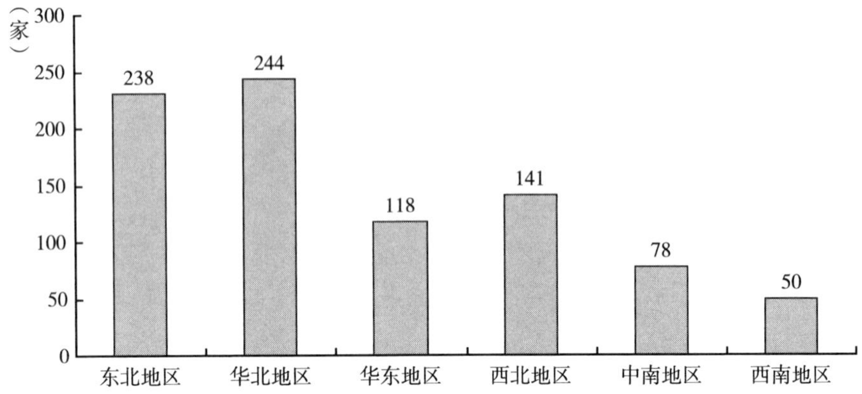

图4　截至2018年6月底全国各区域滑雪场数量对比

资料来源：国家体育总局冬季运动管理中心：《中国滑雪场分布2018》。

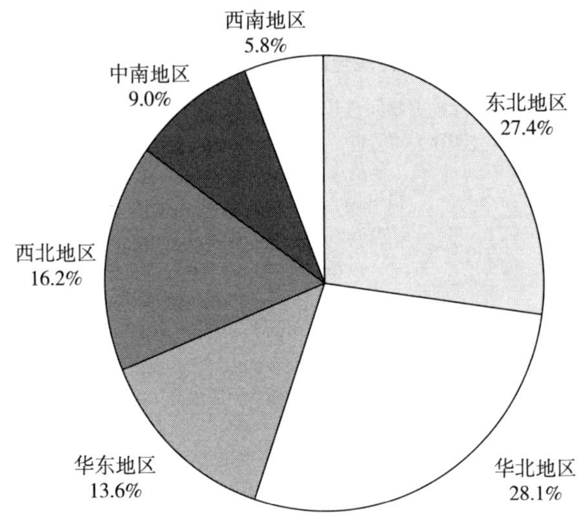

图5　截至2018年6月底全国各区域滑雪场数量占比

资料来源：国家体育总局冬季运动管理中心：《中国滑雪场分布2018》。

总量达到482家，占比高达55.5%；西北地区拥有滑雪场141家，占比16.2%；南部（华东、中南、西南）地区滑雪场数量达到246家，占比28.4%。我国滑雪场中的80%以上为旅游休闲型的小型滑雪场或者嬉雪乐园，设施相对简单，一般只有初级雪道，通常建设在旅游景区或城市近郊。

3. 我国冰雪设备与装备概况

我国冰雪产业发展起步较晚，而且由于冰雪设备与装备专业性较强，生产技术含量比较高，我国目前在这一领域的自主研发和创新能力还不足，因此大部分的冰雪装备主要依靠进口；另外，2022 年冬奥会的申办成功和各方面政策的大力支持，推动国内冰雪设备制造企业和相关产业园区近年来持续增加，部分设备已实现国产化。

（1）滑雪场设备与装备概况

滑雪场设备主要分为两类，一类是滑雪场提升设备，包括架空索道、魔毯和雪地摩托等；另一类是造雪压雪设备，主要包括造雪机和压雪车。

表 5　滑雪场部分常用设备及功能

滑雪场设备分类	名称	功　能
提升设备	架空索道	利用高空索道运载游客
	魔毯	利用电动传送带运载游客
	雪地摩托	在雪道上快速移动
造雪压雪设备	造雪机	迅速把大量液态水转化成高压雾化冰晶
	压雪车	压雪、推雪、平整雪道

表 6　国内部分滑雪场设备制造企业

公司名称	总部所在地	滑雪厂设备
雪霸王造雪机厂	牡丹江	造雪机
沈阳娅豪滑雪服务有限公司	沈阳	魔毯
铭星冰雪科技有限公司	北京	造雪机
广西玉林旱牛工程机器有限公司	玉林	压雪车
诺泰克滑雪设备有限公司	郑州	造雪机、魔毯
北京中索国游索道工程有限公司	北京	拖牵索道、魔毯
哈尔滨鸿基索道工程有限公司	哈尔滨	架空索道、拖牵索道

表 7　2017 ~ 2018 年滑雪场设备数量及增长情况

设备名称	2018 年	2017 年	增量	增幅(%)
架空索道(条)	250	236	14	5.93
脱挂式架空索道(条)	54	48	6	12.5
魔毯(条)	1196	1076	120	11.15
造雪机(台)	7410	6600	810	12.27
压雪车(台)	541	485	56	11.55

上行设施从根本上决定了滑雪场的运营效率，对任何滑雪场而言都是最为重要的组成部分。目前国内滑雪场的上行设施中，以架空索道和魔毯为主。滑雪场是否有架空索道、有多少条架空索道等，是衡量滑雪场规模及效率的重要指标。

表8　2018年中国部分省（区、市）滑雪场架空索道数量及分布情况

单位：条，家

排序	省(区、市)	架空索道数量	架空索道分布的滑雪场数量
1	河北	49	22
2	黑龙江	39	26
3	吉林	37	16
4	辽宁	28	19
5	北京	20	12
6	新疆	19	10
7	内蒙古	15	10
8	山西	8	5
9	甘肃	8	7
10	山东	6	6
11	陕西	5	4
12	四川	3	2
13	河南	3	2
14	云南	3	1
15	重庆	3	3
16	贵州	2	2
17	湖北	1	1
18	天津	1	1
	合计	250	149

脱挂式架空索道的数量更能集中体现雪场规模和效率。近年来，国内脱挂式架空索道发展迅猛，由2015年的26条增长到2018年的54条（见图6）。54条滑雪用途的脱挂式架空索道中，河北省21条，分布于6家雪场，全部集中在张家口市崇礼区；吉林省19条，分布于6家雪场；黑龙江省6条，分布于3家雪场；新疆4条，分布于2家雪场；陕西、内蒙古各建成2条（见表9）。[①]

① 此项统计中，只包括用于滑雪的索道，不包括运输用的索道。

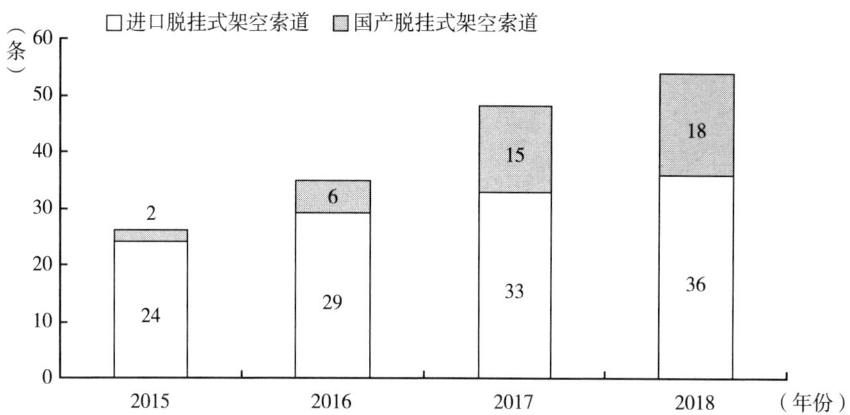

图 6　2015～2018 年中国滑雪场进口、国产脱挂式架空索道数量

表 9　2018 年中国滑雪场按脱挂式架空索道数量排名

排名	滑雪场	数量(条)	省区
1	万科松花湖	6	吉林
1	万龙	6	河北
3	万达长白山	5	吉林
3	太舞	5	河北
5	北大壶	4	吉林
5	云顶	4	河北
7	丝绸之路	3	新疆
7	富龙	3	河北
7	亚布力体委	3	黑龙江
10	太白鳌山	2	陕西
10	鲁能长白山	2	吉林
10	翠云山银河	2	河北
10	亚布力阳光	2	黑龙江
10	凉城岱海	2	内蒙古
15	庙香山	1	吉林
15	多乐美地	1	河北
15	帽儿山	1	黑龙江
15	长春莲花山	1	吉林
15	将军山	1	新疆
	合　计	54	

截至 2018 年，国内雪场共计有 1196 条魔毯处于运营中，包括 2018 年新增的 120 条魔毯。全部魔毯总长度约 176 千米①。在魔毯供应方面，目前以国产设备为主，主要供应商包括娅豪、铭星冰雪等厂家，近年来产品不断升级换代，在安全性、运输能力和环境适应能力等指标上均有一定程度的提升和优化。

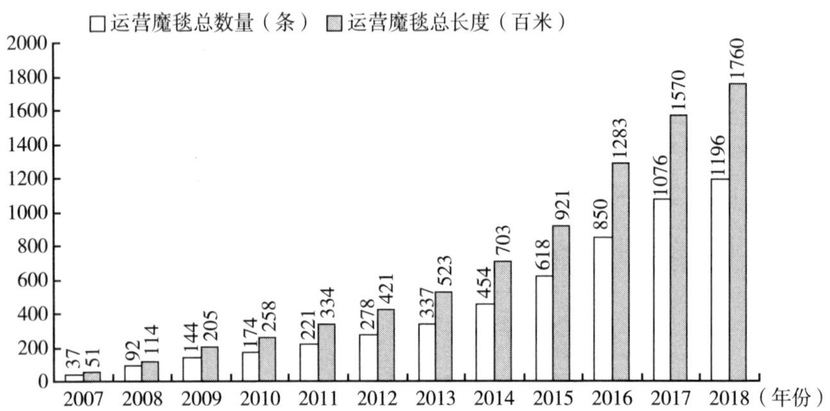

图 7 2007～2018 年中国滑雪场运营魔毯总数及总长度

根据统计数据，2018 年国内雪场全部压雪车数量约为 541 台。其中新增压雪车数量为 56 台，低于 2017 年的 75 台。其中，新增进口压雪车 36 台，同比下降幅度较大。② 2018 年，全国滑雪场新增造雪机 810 台，远远低于 2017 年的 1420 台。截至 2018 年底，造雪机数量合计约 7410 台。造雪机目前以进口为主，市场占比约 90%，各国外品牌采用设立中国办事处或者以代理商的形式进行销售。国产造雪机仅起到补充和辅助的作用。虽然国产造雪机在价格上要比进口的低一半左右，但是在产品性能和质量方面与国外品牌还有不小的差距。在压雪车的市场供应方面，因起步时间较晚，技术门槛和研发投入较高，目前中国市场基本也被进口压雪车占据，主要是美国、加拿大、德国等冰雪强国的压雪车品牌。

① 数据来源于道沃机电、娅豪等国内魔毯主要供应商。

② 数据来源于主要压雪车供应商。

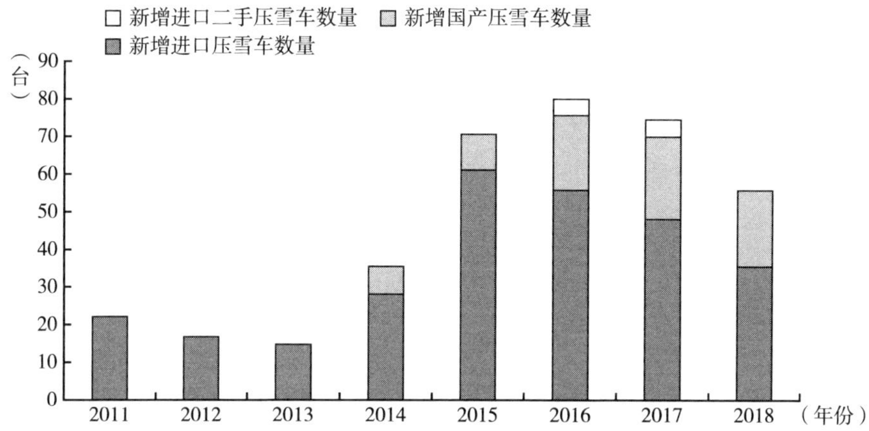

图8　2011～2018年中国滑雪场新增压雪车数量统计

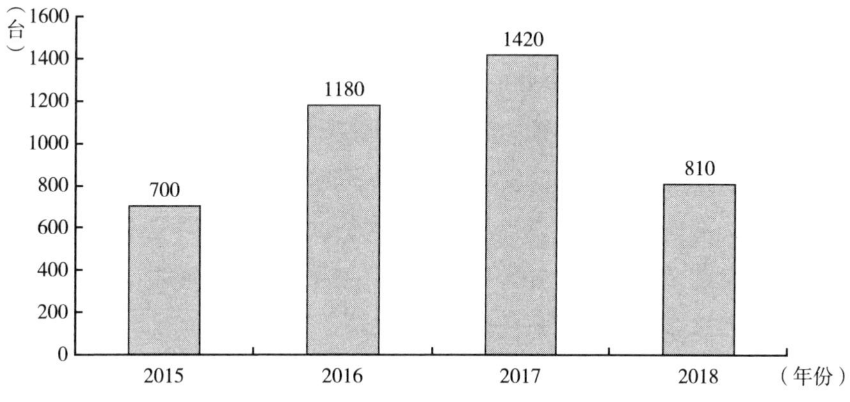

图9　2015～2018年滑雪场新增造雪机数量统计

总体来看，国内滑雪设备产业起步较晚，尽管近年来投入相关领域的公司数量不断增加，研发能力逐渐增强，但是与发达国家还有一定的差距。国内冰雪运动的快速发展带动滑雪装备市场规模迅速扩大与一系列利好政策的发布，推动国内滑雪设备企业加快发展。

滑雪装备的产业链很长，从雪服、雪镜、头盔护具到雪板、雪鞋、固定器等，初学者首次购买一套滑雪装备需要花费4000～10000元。目前，购买整套滑雪装备的消费者主要是滑雪运动的深度爱好者，购买的装备大多为国外品牌。

目前中高档的滑雪装备较受国内雪友欢迎，中档的滑雪服主要有日本的迪桑特、芬兰的哈迪、法国的 Lafuma 等，一套价格在 3000～5000 元，高档品牌主要有德国的 Bogner、加拿大的始祖鸟等，价格是一般品牌的两倍左右。

滑雪板的核心技术主要被欧美一些冰雪传统强国掌握，我国滑雪板市场的主要品牌均为国外品牌，国内在这一领域的研发能力还比较欠缺。

表 10　滑雪板市场主要品牌

品牌	产地	简介
Atomic	奥地利	赞助世界杯半数以上选手
Dynastar	法国	高质量与精致外观
Elan	奥地利	品牌生产商是世界上最大的单板生产商
Fisher	奥地利	在越野滑雪和跳台滑雪上具有较大优势

（2）滑冰设备与装备概况

随着 2022 年冬奥会的申办成功和冰雪运动的广泛开展，我国滑冰运动进入快速发展阶段，滑冰场馆和滑冰人数都在不断增加，与此同时，滑冰设备与装备市场也呈现出了新的发展趋势。在滑冰设备领域，国产设备已经成为优先选择，但是一些高端设备及核心部件仍以进口为主。目前国内真冰滑冰场的制冷系统多由建造方自行设计建造，表 11 显示了目前我国主要的真冰滑冰场建设企业，以外资和民营企业居多。

表 11　我国主要真冰滑冰场建设企业

公司	性质	总部	简介	代表场馆
西姆科工业设备有限公司	外资	北京	加拿大 CIMCO 在亚洲的独家合作伙伴,北美最大的制冷公司	上海梅赛德斯奔驰文化中心滑冰场
艾力斯特制冷与太阳能技术有限公司	外资	北京	奥地利 AST 公司在北京设立的外商独资企业	深圳益田假日广场滑冰场
深圳市海州商业设施有限公司	民营	深圳	国际标准真冰滑冰场,真冰娱乐滑冰场	天津大悦城真冰滑冰场
哈尔滨光大冰厂制造公司	民营	哈尔滨	专门从事制冷冰场设计、冰场配套设施制作安装的专业公司	首都体育馆滑冰场
香港南龙公司	民营	香港	香港最大的大型机电工程承建商之一	香港又一城滑冰场

制冷系统是滑冰场最关键的基础设施，其投资大约占到整个滑冰场的一半，目前国内滑冰场制冷系统的供应商多数是国内厂商，主要集中于深圳，但是关键的零部件如冷媒泵、压缩机等则以进口为主。在磨冰机方面，进口的 Oympia、Engo 等品牌能为冰上的剧烈运动提供高效稳定的保障，单机的零售价在 120 万元左右。国内商圈内的娱乐滑冰场通常采用较为便宜的国产品牌，可以满足日常的青少年教学训练以及大众娱乐。

表 12　滑冰设备主要品牌情况

设备名称	品牌	产地
制冷系统	三菱	日本
	中雪	深圳
	瀚龙	厦门
	瑞雪	香港
	鸿宇	深圳
磨冰机	Zamboni	美国
	Engo	意大利
	Olympia	美国
	Sani Sport	美国

冰上运动包括花样滑冰、速度滑冰、短道速滑、冰壶、冰球五大项，与此相对应的滑冰装备主要为冰刀、冰刀鞋、冰球、冰壶、滑冰服以及头盔手套等护具。

冰刀鞋方面，海外知名品牌进入中国多年，高端市场被国外垄断，国内厂商主要生产冰鞋，再进口冰刀，组合制成所谓的国产冰刀鞋。国产冰刀鞋在规模和成本方面具有一定的优势。在其他的滑冰装备领域，尤其是冰球、冰壶的运动装备方面，国产化严重不足，市场也基本被国外知名品牌垄断。在销售渠道方面，国外品牌一般采用代理商和经销商的销售模式，国产品牌如黑龙则采用分销商和直营店的销售模式，客户以学校、场馆和俱乐部为主。

表 13 冰刀及冰刀鞋的主要品牌

装备类别	产地	品牌
冰刀	国外	枫叶(荷兰)、海盗(荷兰)、Power slide(德国)、Bont(澳大利亚)
	国内	黑龙、飞航、华阳、雷鹰
冰刀鞋	国外	米高(瑞士)、鲍尔(美国)、EDEA(意大利)、CCM(加拿大)

(三)我国冰雪运动场地器材发展存在的问题与对策分析

1. 问题

(1) 冰雪运动场地数量少，规模小

2022 年冬奥会进入筹备周期后，我国冰雪运动场地的建设步伐也在逐年加快，但是目前 70% 以上的冰雪运动场地是休闲娱乐型的小型场馆，能够满足举办国际赛事要求、休闲度假型的大型滑雪场屈指可数。无论从数量还是规模来讲，我国与冰雪运动强国都存在一定的差距，还无法较好地满足群众对于冰雪运动的需求，与我国冰雪运动发展的需要也不相适应。

(2) 缺乏冰雪专业人才

目前我国还没有形成真正的冰雪产业人才体系，无论是场地经营管理人员还是产业规划与开发决策人才都较为缺乏，制约了我国冰雪产业的发展。因此，打造一支专业、高效的冰雪人才队伍是我国目前亟待解决的问题。

(3) 冰雪设备制造业自主研发能力不足

我国冰雪设备制造业起步时间较晚，高端市场一直被国外品牌垄断。近年来因国内冰雪运动快速发展，冰雪装备市场规模不断扩大，有很多新的企业尝试进入这一领域，但是由于研发能力不足，只停留在中低端市场，难以满足高端消费者的需求，与国外品牌具有较大差距，制约了我国冰雪装备制造业的发展。

(4) 冰雪装备制造业缺乏品牌效应

在冰雪装备市场，目前品牌影响力较高的都是国外品牌，国内品牌由于产品质量、性能、创新性等方面较差，品牌影响力弱，无法形成自身的品牌效应。

2. 对策

（1）加大冰雪场地设施供给

应根据各地的人口规模、自然环境、经济发展水平，科学规划布局冰雪运动场地；引导社会力量建设冰雪运动场地，优化冰雪场地类型结构，提高场地设施质量和规模。建设公共冰雪运动场地设施，盘活存量资源，改造提升现有场地设施水平，完善功能，结合现有体育场馆设施，建设综合性冰雪运动中心。

（2）注重冰雪人才培养

健全冰雪人才职业标准，鼓励冰雪人才资源开发与人才引进，加强师资队伍建设，完善冰雪人才培养体系，充分利用高校、行业协会、企业等多种渠道，运用多样化的教育资源开展冰雪人才培训，推动校企合作，共同培养冰雪人才，加强冰雪人才的国际交流和培养。

（3）建设冰雪装备制造产业聚集区

建议各区域联合建设冰雪装备产业园，招商引资，支持冰雪产业相关企业联合开发冰雪装备，形成产业集群。支持高等院校、科研院所和企业加大协同创新力度，提升自主研发能力，培育一批具有自主知识产权、核心竞争力的冰雪装备企业。

（4）加强冰雪装备企业品牌培育

开展冰雪装备制造企业示范工程，做大做强龙头企业，积极发展专精特新中小企业，培育冰雪装备知名品牌，创建冰雪装备特色产业园区。

四　我国青少年冰雪运动发展存在的问题与建议

（一）我国青少年冰雪运动发展存在的问题

1. 冰雪运动场地设施不足

2022 年冬奥会申办成功后，国内民众对于冰雪运动的热情显著提升，

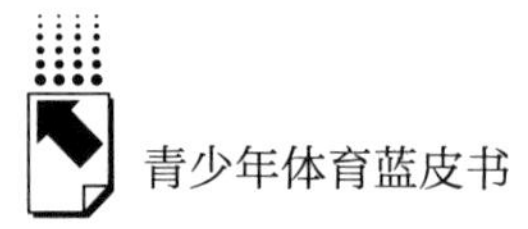

冰雪运动场地设施的建设步伐也在逐年加快。但是由于历史存量过小，我国冰雪运动场地的数量和规模都完全不能与夏季运动项目相比。截至 2018 年 6 月底，全国共有室内滑冰场 334 家，滑雪场 869 家（其中小型滑雪场 583 家、嬉雪乐园 138 家）。这很难支撑“三亿人参与冰雪运动”目标的实现。这些冰雪运动场地设施中的大多数是由企业投资建设和运营的，与夏季项目场馆主要由政府投资建设存在显著的差异。这也决定了我国冰雪运动场地设施的发展是由市场主导的，政府在其中发挥的作用更多的是引导和服务。因此，冰雪运动场地设施不足问题也应通过市场的办法来解决。

现在部分中小学和大学校园中修建了少量仿真冰雪场地，但是数量很少，难以解决实质性问题。青少年参与冰雪运动仍然主要依靠市场化运营的冰雪场地，这增加了青少年参与冰雪运动的时间成本和经济成本，同时也增加了校方的风险和工作量。调研发现：冰雪运动场地设施的缺乏已经成为制约冰雪进校园工作的首要难题。一些学校只好采用滑旱雪、滑旱冰、打陆地冰壶等替代方式开展冰雪运动教学。

2. 冰雪运动教师与相关技术人才匮乏

在我国青少年冰雪运动发展的过程中，第二个难题是教师和相关技术人才缺乏。与校园足球运动开展得轰轰烈烈相比，冰雪进校园举步维艰。其中的关键差别之一是教师数量的差别。根据教育部数据，截至 2018 年，我国中小学足球教师的数量约 30 万名，国家和各地区先后组织培训足球教师 30 万人次。这些教师成为全国 25000 余所足球特色学校发展的重要基础和保障。相比之下，我国冰雪运动教师的培养则明显不足。全国设立冰雪运动相关专业的高校仅有哈尔滨体育学院、沈阳体育学院、北京体育大学和河北体育学院等，而且其中一部分是 2017 年刚刚开始设立冰雪专业的。调研发现，北京市和周边地区的部分高职高专院校开始为冰雪企业订单式培养教练、器材维护人员等，教育部、国家体育总局冬季运动管理中心和各地专项运动协会也开始组织专业培训，但是冰雪运动教师和相关技术人才的缺口仍然很大。

3. 青少年冰雪运动参与门槛较高

冰雪运动一般需要较为专业的运动装备，这些装备一般比较昂贵。以滑雪为例，自购一副滑雪板动辄上千元。大中型滑雪场的门票（包括缆车和器材租赁费用）一般在300～800元，加上交通、餐饮和住宿的消费，滑一次雪的费用应在1000元上下。同样，滑冰运动需要的滑冰鞋等基础装备的售价也在数百元。除了装备方面的问题外，冰雪运动一般运动的速度都较快，部分项目的身体对抗极为激烈（如冰球），对于参与者自身身体素质和运动技能的要求都较高，青少年参与者需要较长时间的学习。同时，由于较高的运动速度和激烈的对抗，参与者的运动风险较大，这增加了家长对于孩子参与冰雪运动的顾虑。

4. 青少年对冰雪运动的认识不足

除东北地区外，我国其他地区开展冰雪运动的地理和自然条件欠佳，青少年对冰雪运动接触较少。中国人民大学的研究表明，仅有3.9%的中学生在学校接受冰雪运动教育课程，绝大多数青少年没有参与冰雪运动的经历。在参与冰雪运动的青少年中，约有九成是娱乐性参与。

（二）针对我国青少年冰雪运动发展的建议

1. 尽快建立冰雪运动场地器材设施评价标准体系

我国冰雪运动基础薄弱，短时间内无法通过政府单方面的力量实现跨越式发展。为了推动青少年冰雪运动的快速发展，我国应尽量借助企业的力量。为此，政府应尽快制定相关政策规范冰雪场地器材设施等产业的发展，其中评价标准体系是重要的基础。

2. 建立冰雪运动教练与社会指导员培养认证体系

在冰雪进校园工作中，部分学校由于自身师资不足，不得不借助企业的力量。但是目前我国缺乏权威的教练认证体系，企业各自为政，培养的冰雪运动教练素质也参差不齐。政府应主动建立或引导行业协会建立冰雪运动教练和社会指导员培养认证体系，避免“政出多门”，同时建立冰雪运动教练长期的职业化发展通道。

3. 鼓励企业和社会组织参与青少年冰雪事业发展

目前，我国冰雪运动的场地器材和教练等资源主要掌握在企业手中，这些资源是发展青少年冰雪运动所必需的资源。政府和学校应通过购买公共服务的方式有效利用社会资源。同时，政府应鼓励企业和社会组织与学校合作共同发展青少年冰雪事业，培育冰雪产业市场，实现多赢。

4. 为办好2022年冬奥会做好宣传推广工作

根据世界体育运动的发展经验，在竞技体育比赛中表现卓越的运动员可以成为青少年的榜样，带动青少年参与体育，在冰雪运动中同样如此。我国应利用举办 2022 年冬奥会的良机，做到“办赛精彩参赛出彩”，以一批优秀运动员的精彩表现增加民众对于冰雪运动的了解，带动青少年参与冰雪运动的热情。

B.14
冬季项目的跨界跨项后备人才选材

叶茂盛　孟庆军　邱招义*

摘　要： 跨界跨项后备人才选材是落实国家“恶补短板，全面参赛”指示要求的一项关键举措，也是我国冬季运动竞技水平快速提升的重要助力。5年来，经过国家和各级政府的不懈努力，我国冰雪运动跨界跨项后备人才选材工作进展突飞猛进。我国从2015年开始开展冰雪运动跨界跨项后备人才选拔工作，截止到2019年6月底，各项冰雪运动项目均已开展跨界跨项后备选材工作，共建立了22支跨界跨项运动队，在训人员近1000名，部分优秀选手已经参加平昌冬奥会。主要思路是参考国际常用做法，从冬奥会传统项目动态变化、新兴项目与打分项目中寻找机遇，发挥我国冬奥会女子项目的潜在优势。主要经验是地方体育局的支持力度关系到运动员的来源，从高校中选拔运动员是一种高效的选拔途径。

关键词： 冰雪运动　竞技体育　冬奥会

一　我国冰雪运动跨界跨项后备人才选材背景

（一）跨界跨项选材是国际竞技体育发展中的常见做法

竞技体育运动进行跨界跨项选材是比较正常的事情。广义上说，跨界跨

---

* 叶茂盛，清华大学博士后；孟庆军，北京体育大学国家级教练员；邱招义，北京体育大学中国奥林匹克高等研究院教授。

项选材涉及面非常广。欧美的运动员，从幼年以及少年时期就会接受较好的体育教育，体操以及田径运动的基础很好。相当多的人在青少年期间会转到其他项目上继续训练，同一运动项群的运动员也经常会发生横向的转移，例如体操运动员跨项去跳水，篮球、足球运动员跨项去打手球，田径运动员跨项去越野跑。但是，跨界跨项是由具体主体主导的，相对大范围地让运动员转移专项的行为，通常发生在某些项目出于某些原因急需补充人才的情况下。以中国为例，由于冰雪项目基础弱，需要通过借助国家的力量，让其他项目运动员转移到冰雪项目中来；而在国外也有这样的先例，例如加拿大、美国、韩国，都在雪车以及钢架雪车项目上采用了跨界跨项选材的方法。另外，钢架雪车以及雪车项目都是适合跨界跨项选材的，绝大多数的运动员来自田径项目。

（二）冬季奥运会传统项目动态变化中的新机遇

我国冬季奥运会项目选择是世界范围内国家项目选择的一部分，在欧美国家主导的传统和两极分化的既定格局中，欧美国家项目匹配关系长期稳定，而我国在传统项目选择中处于被动弱势地位。① 冬奥会项目的演变发展带动了国家对项目选择的动态变化，欧美国家在越野滑雪、冬季两项、速度滑冰等传统项目上的把控力度开始减弱。② 这为我国传统项目发展提供了上升的空间。近些年，美国、加拿大等国在速度滑冰这一具有绝对优势地位的项目上受到威胁，自 1992 年以来我国在速度滑冰项目中共获得 7 枚奖牌，占据奖牌总数的 13% 左右，已经具备与欧美强国抗衡的经验和能力。在越野滑雪项目方面，挪威作为发源地的绝对优势面临挑战。与此同时我国运动员在个人短距离项目中的表现日益提升，在国际雪联巡回赛、2017 年札幌亚冬会等国际赛事中崭露头角，个人短距离项目已经成为我国在冬季奥运会传统项目中的主要突破口（见表 1）。

---

① 杨勐：《我国冬奥会优势项目与弱势项目的发展现状调查及分析》，东北师范大学硕士学位，2013。

② 张连涛、朱成：《冬季体育项目发展的世界格局与启示——以冬奥会为例》，《冰雪运动》2010 年第 9 期，第 33～37 页。

表1　近几届冬奥会冰雪强国传统优势项目消长情况

排名	国家	上升的项目	削弱的项目
1	德国	雪车、雪橇	冬季两项、速度滑冰
2	美国	单板滑雪、高山滑雪	速度滑冰
3	加拿大	自由式滑雪	短道速滑、速度滑冰
4	挪威		越野滑雪
5	俄罗斯	花样滑冰	越野滑雪
6	奥地利	高山滑雪	
7	荷兰	速度滑冰	
8	瑞士	单板滑雪、高山滑雪	
9	韩国	短道速滑	
10	瑞典	越野滑雪	
11	法国	冬季两项	高山滑雪

（三）冬季奥运会新兴项目与打分项目中蕴藏的机遇

新兴项目为我国冬季奥运会项目发展带来新的方向，传统项目更加适合欧洲人因其对体能和耐力的要求较高；新兴项目添加了打分环节，降低了体能要求，强调灵活性、柔韧性、稳定性等技巧能力，弥补了亚洲人在体能大项中的缺陷。随着自由式滑雪、单板滑雪和冰壶等新兴项目的加入，美国与加拿大迅速上升至第一梯队，这些潜在优势项目已成为其与欧洲国家对抗的关键。由于新兴项目进入奥运会的时间短，各个国家都处于初步发展阶段，未形成固化格局，各国的选择空间巨大。从国家的优势项目来看，第一梯队国家项目选择仍然集中在高山滑雪、越野滑雪和冬季两项等传统大项上，欧美强国的优势项目较多，项目选择多样化。[①] 对于新兴项目而言，具备潜在优势的国家多属于第三梯队且国家与项目组合单一，竞争主要存在于优势项目之间而对我国的奖牌排名影响较小（见表2）。

---

① 董欣、李兴汉等：《冬奥会竞技体育强国优势项目的比较研究》，《沈阳体育学院学报》2011 年第4 期，第20～23 页。

表2　近几届冬奥会冰雪强国传统优势、潜在优势项目情况

国家	优势项目	潜在优势项目
德国	冬季两项、雪橇、速度滑冰	越野滑雪、雪车、高山滑雪
美国	单板滑雪、速度滑冰、高山滑雪	自由式滑雪、雪车、短道速滑、花样滑冰
加拿大	自由式滑雪、短道速滑、速度滑冰	冰球、冰壶、雪车、花样滑雪
挪威	越野滑雪	冬季两项、高山滑雪、北欧两项
俄罗斯	花样滑冰、越野滑雪	冬季两项、雪车冰橇、短道速滑、速度滑冰
奥地利	高山滑雪	跳台滑雪、北欧两项、雪橇、单板滑雪
荷兰	速度滑冰	单板滑雪
瑞士	单板滑雪、高山滑雪	跳台滑雪、越野滑雪、雪车冰橇
韩国	短道速滑	速度滑冰
瑞典	越野滑雪	冬季两项、高山滑雪、冰壶
法国	冬季两项、高山滑雪	单板滑雪、自由式滑雪
中国	短道速滑	自由式滑雪、花样滑冰

我国应积极把握冬季奥运会项目发展的转折时机，以自由式滑雪、短道速滑、冰壶项目作为主要突破口，积极推动新兴项目成为我国奖牌主要贡献项目类别，其中自由式滑雪、短道速滑分别是我国雪上和冰上新兴项目的夺金重点。此外，由于单板滑雪的技术性特点，我国已经将其作为突破重点，同时结合小项特点将U型场地技巧、破面障碍技巧以及大跳台作为突破重点。

（四）我国冬季奥运会女子项目的潜在优势

前国际奥委会主席萨马兰奇在长野冬奥会前表示，21世纪奥林匹克运动将开启女子体育运动的新纪元，我们将为此做出努力，凡要进入冬奥会的项目，首先必须包括女子项目才能被考虑。① 这一发展趋势体现在1992年以后的冬奥会新兴项目中，如自由式滑雪、单板滑雪、冰壶、雪车项目均将男女单项同时纳入冬奥会。

① 李玲蔚：《夏奥会项目设置演变过程与发展趋势》，《北京体育大学学报》2008年1月15日。

表3　我国冬奥会冰雪运动项目参赛的基本情况

	第16届	第17届	第18届	第19届	第20届	第21届	第22届
分项总数	12	12	14	15	15	15	15
参加分项	6	5	7	7	9	10	9
小项总数	57	61	68	78	84	86	98
参加小项	32	31	29	38	47	49	49
获奖小项	2	3	8	8	11	11	9
参赛人数(男/女)	12/20	7/17	15/42	21/45	36/40	33/61	27/39

1992年以来，我国女子运动员在参赛人数上远高于男子运动员，前者人数是后者的1.5～2倍，这种状况预计未来将持续下去。在奖牌分布方面，1992～2014年我国共获得奖牌53枚，其中女子单项奖牌数36枚，占67.92%，男子运动员仅获得12枚，占22.64%。其中，12枚金牌中，女子运动员获10枚，男子运动员仅获1枚。①

女子单项的显著优势使得我国在冬季奥运会项目选择中得以平衡发展，在以新兴项目为主要夺金项目的同时，挖掘女子单项在传统项目中的优势。女子项目的发展反映了我国在近两个奥运周期内对于冬季奥运会项目的选择趋势。综合冬季奥运会项目的发展格局，我国从15个分项中最后确定7个分项作为制胜项目，并确定了以打分、技术型女子项目为主要夺金项目，7个分项占据整个分项总数的18%。

由于新兴项目进入奥运会时间较短，各国都面临人才选拔和培养的重任，跨界选材是很多国家行之有效的途径之一。② 就我国夺金项目发展而言，自由式滑雪和短道速滑已经有多年的人才培养经验，而需要重点突破的单板滑雪、钢架雪车等项目却缺乏专项运动员。单板项目在项目特征和规律

① 陈丹：《夏季奥运会设赛项目竞技实力分布的国际区域特征》，北京体育大学博士学位论文，2010。

② Richard D. Gordin, "Reflections on the Psychological Preparation of the USA Ski and Snowboard Team for the Vancouver 2010 Olympic Games," *Journal of Sport Psychology in Action*, 2012, 3: 88－97.

表 4 我国运动员夺金项目分布情况

分项	小项	奖牌数	夺金项目
越野滑雪	双追逐(15 千米传统技术 + 自由技术) 个人短距离(自由技术) 15 千米(传统技术) 4×10 千米接力(传统技术 + 自由技术) 团体短距离(传统技术) 50 千米集体(自由技术)	12 枚	女子个人短距离(自由技术) 女子团体短距离(传统技术)
单板滑雪	U 型场地技巧 障碍追逐 坡面障碍技巧 平行大回转 大跳台	10 枚	女子 U 型场地技巧 女子坡面障碍技巧 女子大跳台
自由式滑雪	空中技巧 雪上技巧 障碍追逐 U 型场地技巧 坡面障碍技巧	10 枚	女子空中技巧 女子 U 型场地技巧
雪车	雪车双人 雪车单人	3 枚	雪车双人(女子)
钢架雪车	钢架雪车单人	2 枚	钢架雪车单人(女子)

上恰巧与极限冲浪和滑板十分相似，其中 U 型场地技巧是滑板 U 型场地技巧在雪上的延伸和发展①，而 U 型场地技巧与自由式滑雪的场地基本一致。鉴于此，应当在雪上项目中选择自由式滑雪的双板 U 型场地技巧运动员加入单板 U 型场地运动员的训练，同时跨界选拔一批陆上滑板爱好者扩充队伍。钢架雪车是一项对速度、力量等要求极高的冬季项目，选手在滑行轨道中经受的压力与战斗机飞行员承受的重力很相似。选手在出发滑行阶段的爆

① 刘洋：《我国单板滑雪 U 型场地技巧后备人才培养的现状分析与对策研究》，哈尔滨体育学院硕士学位论文，2011。

发力和速度在一定程度上会影响比赛的最终结果。[①] 由于项目本身对选手和装备重量的限制，在后备人才培养中，应该将爆发力、速度和稳定性等生理指标作为优先选拔条件，同时基于运动员的体重有侧重地进行选择，建议从夏季项目的短跑、跨栏等田径项目中选拔人才加入冬季项目。

二　我国冬季项目跨界跨项后备人才选材的现状

（一）我国冬季项目跨界跨项后备人才选材的主要任务

1. 提升竞技硬实力

准确把握项目规律，紧扣比赛实际需要，以质效为重，狠抓体能力量训练与技术要点的突破，以改革创新为动力，从细节着手狠抓各项工作落实，最大限度地提高运动员比赛所需的综合竞技能力。

2. 提升体育软实力

大力弘扬中华民族拼搏奋斗的精神，传承中国体育魂和中国力量，调动和发挥每个人的主观能动性，挖掘潜能，以最大的热情、最坚定的斗志、最顽强的作风、最高的境界，创造奇迹。

（二）我国冬季项目跨界跨项后备人才选材现状

我国运动员一般遵循三级训练网体系，即以“思想一盘棋，组织一条龙，训练一贯制”为指导方针，形成以体育传统学校和中小学运动队为代表的初级训练形式、以体育运动学校和业余运动体校为代表的中级训练形式、以国家集训队和各省专业队为代表的高级训练形式，层层衔接的运动员培养体制。在 2022 年冬奥会申办成功前，我国冰雪运动项目一直保持着这种选拔培养模式。限于项目的地域条件，我国冰雪运动员主要来自少数省区

① Tim Mosey, “Using Common Methods For Uncommon Sports—The Unusual Winter Sport of Skeleton,” *Journal of Australian Strength and Conditioning*, 2016, 24 (3): 91 - 107.

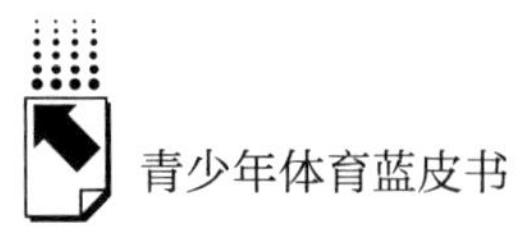

市，特别是雪上项目运动员更是主要来自吉林省、黑龙江省、内蒙古自治区及新疆维吾尔自治区四个省（区）。

但是在2015年我国申办第24届冬奥会成功之后，为了备战2022年冬奥会以及改变我国冬季运动发展“冰强雪弱”的局面，各个冰雪运动队都开展了跨界选材的工作，积极贯彻国家“恶补短板，全面参赛”的指示要求，创新思路，面向全国，拓宽渠道，打破限制，跨项跨界选材，快速提升我国冬季运动竞技水平，开辟了我国冰雪项目运动员选拔的新渠道。

目前，我国各项冰雪项目均已开展跨界选材工作。2017年开展的第一批跨界跨项选材工作涉及27个省区市，共有1161名运动员参加了选拔，这些运动员来自20多个夏季项目，最终有338名运动员被选拔进入国家跨界跨项运动队，涉及8个冬季项目。截止到2019年6月，我国已经建立22支跨界跨项运动队，在训人员近1000名，部分优秀选手甚至已经参加平昌冬奥会，经受了大赛检验，为我国冲击2022年冬奥会奖牌奠定了良好的基础。同时，先后参加选拔和试训的运动员达到数千人，这些运动员中的一部分转而向冰雪运动裁判和教练员团队发展，为我国冰雪竞技体育发展培养了难得的人才。此外，张培萌等夏奥会明星运动员也成功跨项进入钢架雪车队，大大提升了人们对钢架雪车这类小众项目的关注程度，为我国冰雪运动文化传播做出了贡献。

2015年至2019年6月的跨界跨项后备人才选材情况统计如表5所示。

表5　跨界跨项后备人才选材情况统计

序号	项目	时间	基本情况
1	短道速滑	2018年5月	跨界组18人，青年队21人；教练团队24人，其中主教练1人，执行教练5人，助理教练6人，体能教练3人，科研保障4人，康复教练1人，队管4人
2	速度滑冰		无跨界跨项队员，以跨界跨项形式组建教练及保障团队
3	花样滑冰		女子单人滑雪项目进行海外选材和跨项选材；冰舞项目与艺术院校合作，面向社会选材

续表

序号	项目	时间	基本情况
4	冰球(男子)	2017 年 5 月起	从 400 多名运动员中经测试选拔出男女共 250 名队员，分为 4 队：曲转冰男子 1 队、曲转冰男子 2 队、轮转冰男队、预备队。现已赴瑞士集训
5	冰球(女子)	2017 年 5 月起	分为 3 队：曲转冰女子 1 队、曲转冰女子 2 队、轮转冰女队。现已赴芬兰集训
6	冰壶	2018 年 6 ~ 8 月	经公开报名组织 100 名有专业运动经历的冰壶运动员和 16 名掷球运动员参加为期两个月的选材训练营，最终选拔出男女各 5 支成年队伍，青年男女各 2 支队伍和 15 名掷球运动员加入集训队
7	自由式滑雪空中技巧	2018 年 9 月	运动员人数为 115 人，分为沈阳组、体操中心组、徐州组
8	自由式滑雪雪上技巧	2018 年 5 ~ 6 月	组织了两次跨界跨项选材，7 月后在哈尔滨进行了三个月集训，采用随时发现、随时测试、随时补充和随时淘汰的互动选拔机制，队伍维持在 20 人左右，包括 8 ~ 10 名男队员，10 ~ 12 名女队员。教练组 8 人
9	自由式滑雪 U 型场地	2018 年 6 ~ 9 月	先后组织 416 名运动员参加测试，105 名入选雪上训练营。经过后期专项训练、测试和选拔，跨界跨项集训队选出 30 名运动员，加上教练和保障团队共计 41 人
10	自由式滑雪大跳台和坡面障碍技巧	2018 年 9 月	从武术、体操、蹦床、轮滑等项目选拔出 30 名队员。经一个多月的雪上训练后，由外籍教练团队选拔出 15 名左右运动员加入集训队
11	单板滑雪 U 型场地	2018 年 7 月	经过 5 期不同形式的体能和技巧选拔，从 499 名夏季技巧类运动员中选拔出 105 名运动员加入为期一个月的雪上集训。经国际顶级专家团队选拔出 50 名运动员加入集训队
12	单板滑雪平行大回转		运动员 15 名(男子 9 人，女子 6 人)，教练 3 名，保障团队 2 名
13	单板滑雪大跳台和坡面障碍技巧	2017 年	原有 15 名运动员，经一个赛季的训练后其中 3 人进入国家集训队，剩余 12 名运动员组建本赛季跨界跨项集训队，另有工作人员 4 名
14	单板滑雪障碍追逐		从吉林和黑龙江两省冬季项目(主要是高山滑雪和雪上技巧)和部分夏季项目(田径、足球等)运动员中选拔 23 名运动员(14 男、9 女)，教练辅助团队 11 人
15	越野滑雪	2018 年 1 ~ 6 月	教练组 4 人，长期集训运动员 41 人，先后参加试训运动员超过 200 人
16	冬季两项		主教练 1 人，助理教练 1 人，队伍管理 1 人，科研 1 人，队医 1 人。运动员 20 人，男女各 10 人

续表

序号	项目	时间	基本情况
17	跳台滑雪	2018~2019年雪季	主教练1名,教练团队包括翻译、队医、按摩师和科研教练。23名队员分别来自山西、陕西、新疆、山东和河北等省区。由于国内场地不足,现在正在挪威接受基础陆上训练
18	北欧两项	2018年9月	从跳台滑雪和越野滑雪的优秀运动员中进行选拔,共有运动员26名,中方教练5人,聘请了芬兰籍教练和打蜡师,另有队医、翻译、按摩师和科研教练。队伍常年在芬兰集训
19	高山滑雪	2017年3月至2018年9月	先后组织了三次跨项跨界选材,主要从田径、摔跤等夏季项目和速度滑冰、短道速滑等冬季项目中选拔,共测试350人,选出50人,男女各25人。教练团队5人,前期在哈尔滨万达滑雪馆进行训练。2018年11月至2019年4月在意大利南蒂罗尔省集训,由意大利主教练负责
20	雪车		现有27名队员,全部来自跨界跨项选材。7人曾参加平昌冬奥会
21	钢架雪车	2015年至今	2015年开始跨界跨项选材组建比赛组,培养了13名老队员(保留下7人),主教练和滑行主教练为外籍教练,另有中方教练2人、队医2人、科研教练2人、翻译和领队各1人。2018年又先后3次组织跨界跨项选材组建发展组,共选拔出48名运动员,加上之前3名老队员和张培萌,共有52名队员,外籍主教练1人,教练团队10人
22	雪橇	2015年、2018年	2015年首次跨界跨项选拔了11人,2018年从陕西、上海、湖南、北京、黑龙江、辽宁、山西、山东和广东跨界跨项选拔出20人。外籍教练3人

三　我国冬季项目跨界跨项选材工作的经验

（一）地方体育局的支持力度关系到运动员来源

日前某些体育（特别是田径）大省在运动员资源较为丰富的情况下，对跨项选材事宜十分积极，入选跨项运动队的运动员也相对较多，并且这些省份的部分运动员也赛出了成绩。在此基础上，保持好与地方体育局之间的关系可以保障运动员的一部分来源。

（二）选拔高校运动员是一种高效的选拔途径

选拔高校运动员有几个方面的好处，第一，高校运动员心智相对更加成熟，在接受竞赛和运动训练时有更好的适应能力；第二，从高中到大学，是无法走特殊渠道的，需要受制于教育部的规定，然而读研并不受此限制，若高校能解决本科运动员的读研问题，那么参与选拔并成为一名跨界跨项运动员对高校运动员而言便具有较强吸引力；第三，高校当中有许多虽然专项成绩并不突出，但开展专项化训练较晚的天赋型运动员，他们接触的运动更为丰富，身体的功能更好，反而更能够适应转项的训练。但高校运动员的事业范围更广泛，独立人格意识也更为强烈，在管理方面具有较大的难度。

综合来看，中国跨界跨项选材工作的开展，需要协会与地方体育局以及高校建立良好的合作关系，为队伍建立稳定的运动员来源。

四　我国冬季项目跨界跨项选材的成功案例

（一）越野滑雪跨界跨项队典型案例

1. 世界越野滑雪运动竞争格局

（1）越野滑雪传统强国

越野滑雪作为拥有 12 枚金牌的基础大项，受到各个国家的重视，挪威、瑞典、芬兰、俄罗斯作为传统强国，除了具有训练比赛所需要的得天独厚的自然环境和场地设施外，至关重要的是，这些国家拥有浓厚的越野滑雪文化氛围、雄厚的人才基础、健全的培养体系、一流的项目管理和服务团队（包括器材保障），以及先进的训练方法和手段，其运动员水平均处于世界领先的地位。从平昌冬奥会获得金牌和奖牌数量来看，挪威在越野滑雪项目上获得 7 金 4 银 3 铜，金牌数在挪威代表团全部 14 枚金牌中占了一半，挪威越野滑雪队绝对属于梦之队。瑞典获得 2 金 3 银 1 铜，金牌数与上届索契冬奥会持平，但因受到其他国家的冲击，奖牌数较上届减少近一半。芬兰在长距离

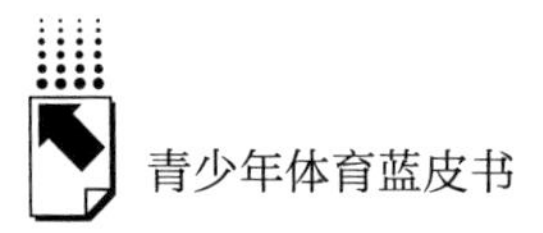

项目上的优势明显，获得 1 金 1 银 2 铜。美国在近两届冬奥会中在短距离项目上成绩突飞猛进，获得平昌冬奥会团体短距离金牌，取得重大突破。俄罗斯虽然受到兴奋剂事件的影响，但仍然显现了雄厚的实力，尤其在男子项目上竞争力很强，获得 3 银 3 铜。瑞士得益于其有个别天才选手，获得 1 金。

（2）世界先进国家成功经验分析

以挪威为例，虽然全国只有 500 多万人口，但其却是名副其实的冬季项目强国。

第一，挪威自然条件得天独厚，拥有近 500 年的滑雪历史传统，国民享有富足优越的生活条件，因此滑雪成为挪威人生活的一部分，是青少年儿童获得快乐、认识自我、收获成长的一种方式，更是整个国民身份的象征和一种信仰。在平昌冬奥会上获得三枚奥运金牌的克莱伯给我们介绍他的经历时，就戏称“自己是踩着滑雪板出生的”。

第二，挪威有约 200 家俱乐部为 13 岁以下的青少年儿童提供滑雪培训，从小培养他们的滑雪兴趣爱好，同时锻炼他们的综合素质。到了中学阶段，就有专门的体育学校来培养运动员。例如，在特隆赫姆的米拉克高中和海姆达尔高中都是培养越野滑雪等雪上项目冠军的摇篮。同时，全年近 1000 场的越野滑雪比赛，为 13 岁以上的各年龄段专业和业余运动员提供了比赛机会，通过竞赛杠杆和竞争机制，提高了运动员的竞技水平。

第三，挪威 60% 的人口都喜欢滑雪，拥有丰富的滑雪人才资源，仅越野滑雪项目在国际雪联注册的运动员就有 2363 人，是我国注册运动员的 10 倍。此外，挪威运动员身体条件优势明显，例如其越野滑雪运动员比约根身高 1.67 米，体重 64.8 公斤，最大摄氧量 67.7 毫升/（千克・分钟），不仅技术娴熟、动作轻盈，在力量和体能上更是具有巨大优势。

第四，挪威政府和体育管理机构对其滑雪协会提供了大量资金支持和全方位的保障。挪威有 8 个高水平奥林匹克训练基地。我国越野滑雪重点运动员前往训练的特隆赫姆训练基地就是其中之一。该基地与挪威科技大学紧密合作，将运动员、教练员、科研人员作为项目的铁三角，通过系统化科学化的训练设计、先进的科研监控和测试、独特的专项化训练器械、一流的医疗服务，确保训练的质量效果。

第五，挪威拥有分工明确、高度职业化的保障团队。每一次重大比赛，都有庞大的保障团队并配有蜡车，在打蜡、气温、地形、测试等方面，为运动员提供专业化精细化服务。

（3）世界各国达到 A 标运动员人数

据统计，挪威、俄罗斯、瑞典、芬兰等国家拥有众多能够参加奥运会全项比赛的 A 标运动员（见表6）。

表6　冬奥会强国达到 A 标的运动员人数

国家	达到 A 标的男运动员人数	达到 A 标的女运动员人数
挪威	228	71
俄罗斯	183	90
瑞典	109	48
芬兰	81	29
美国	45	32
加拿大	47	9
意大利	45	22
法国	42	17
德国	39	24
瑞士	39	13
日本	35	10
捷克	22	11
哈萨克斯坦	19	8
奥地利	16	6
白俄罗斯	12	6
斯洛文尼亚	10	9
韩国	6	1
中国	4	4

（4）发展趋势

“所谓得越野滑雪者得天下”，在 2022 年冬奥会上越野滑雪项目必将成为竞争激烈的项目。随着新的备战周期拉开序幕，各主要冰雪运动强国，包括日本、韩国都将会进一步加大科技、人力、物力、财力的投入，确保自身在该项目中的优势地位。其中，挪威、瑞典作为北欧传统强国仍将处于统治地位。随着挪威越野滑雪女皇比约根退役，芬兰在长距离项目上将具有巨大优势。俄罗斯在男子项目上优势明显。美国在短距离项目上将进一步实现新的突破。

此外，国际雪联也在推进相关规则改革的措施。我们也将积极培养国际组织人才，全方位学习和了解国际规则动态，疏通国际组织关系，建立良好的国际交流及人脉关系，为我所用，增强对项目发展趋势的预判能力，提高备战的针对性。

2. 我国越野滑雪运动的现状

（1）概况

我国越野滑雪运动受各种条件制约发展较为缓慢，参与人口基数小，能力水平差，训练比赛场地和器材装备匮乏，滑雪文化基础薄弱，科研水平低，理论建设滞后，后备力量不足。

（2）历史成绩

我国自1980年开始，共参加了10届冬奥会，获得参赛资格最多的是2006年都灵冬奥会，有18人参赛，最好成绩也是在该届奥运会上取得的女子4×5千米接力赛第13名，以及女子传统10千米第18名。在近3届冬季奥运会中，我国运动员的成绩一直处于中下游，排名在第30~60名。2018年平昌冬奥会我国越野滑雪共获得4个参赛名额，包括2个配额和2个通过比赛积分排名获得的名额。4人共参加了12个比赛项目中的10小项比赛（接力比赛因运动员取得资格人数不够无法参加）。最好成绩是李馨获得的女子10千米第36名和女子团体短距离项目第17名，与欧美传统强国相比差距较大。

3. 越野滑雪跨界跨项选材工作现状

（1）跨界跨项选材工作的重要意义

目前我国有黑龙江、吉林、内蒙古、河北、新疆等5个省区以及解放军成立了越野滑雪专业队，注册运动员不到300人，规模甚至还在不断萎缩，与世界强国的庞大人才基数相差甚远。一些全国性比赛的参赛面很小，参赛人数也就不到 80 人。反观冰雪运动先进国家，仅在国际雪联注册的运动员，挪威有 2363 人、俄罗斯有 1073 人、瑞典有 645 人、芬兰有 603 人。可见，我国在作为基础大项的越野滑雪项目上实力很弱，我们必须在科学选材标准的指导下，结合中国竞技体育特点，高效盘活资源，充实越野滑雪后备人才队伍，推动越野滑雪跨越式发展。越野滑雪人才基数这个“蓄水池”做大了，能更好地服务于整个雪上项目的长远发展。

此外，我国运动员身材普遍瘦小（男运动员平均身高、体重较世界级运动员分别矮 2 厘米、轻 6 公斤，女运动员分别矮 3 厘米、轻 9 公斤），力量上的差距显而易见。在最大摄氧量这个核心指标上，奥运会奖牌获得者男运动员平均为 81.3 毫升/（千克・分钟），女运动员为 67.4 毫升/（千克・分钟），而我国男运动员平均为 70.66 毫升/（千克・分钟），女运动员为 59.49 毫升/（千克・分钟），相差甚远。越野滑雪作为周期性体能项目，要求运动员在寒冷天气（有时还会是恶劣环境）下不断地上坡、下坡、平坡、转弯，对运动员有氧能力、无氧能力、专项力量、速度耐力、乳酸消除能力、耐乳酸能力、专项协调与灵敏能力、平衡力等要求很高。这就需要认真研究、把握项目规律，按照长距离和短距离项目对体格、体能的要求，精准选材。我国竞走、中长跑等田径耐力性项目选手在近几届奥运会和世界大赛中取得了优异成绩。如果越野滑雪项目能借助其庞大的人才基础和高超的耐力项目竞技水平，便能够实现田径耐力性项目的成功“嫁接”，最终实现越野滑雪项目的“弯道超车”。

（2）国家越野滑雪跨界跨项运动队基本情况

国家越野滑雪跨界跨项队于 2018 年 1 月 26 日至 4 月 10 日在新疆天山天池滑雪场开展了试训。来自全国十多个省（区、市）十多个民族十多个项目的共计 125 名运动员参加了试训。经过在不同时段进行的 7 次测试和选拔，选出了 41 名有雪感的运动员进行集训，其中男子 24 人、女子 17 人。

这支队伍大部分运动员是从田径中长跑和竞走选材到越野滑雪，并且在训练中展现了较好的体能优势。后期，国家体育总局冬季运动管理中心又通过制订选材标准商请地方体育局推荐符合条件的运动员。在各地方体育局的大力支持下，我们又源源不断地接收了很多具备潜质的运动员前来试训。特别是陕西省体育局冬季运动管理中心领导，不仅亲自选材并送队伍前往新疆试训，还为其他地区运动员前往秦岭滑雪场训练提供了全方位的帮助。

经过一段时间的训练，这些运动员表现出了较好的适应能力，技术水平提高也较快，目前已达到预定效果，而且他们能够吃苦耐劳，思想品德好，意志品质强，具有培养价值。

4. 越野滑雪跨界跨项选材工作主要措施

（1）用冠军模型打开通往2022年冬奥会领奖之门

依据国外高水平越野滑雪运动员的身体形态特征、身体机能特征、年龄特征、竞技能力结构特征、训练安排主要特征、主要专项能力特征，建立越野滑雪项目的冠军模型，为跨界跨项选材及科学训练提供参考和依据。同时，科研队伍采集部分奥运会和世锦赛前三名运动员的比赛视频，有针对性地对比分析我国运动员与世界级选手在技术动作结构和战术应用上的差距，从而优化我国运动员的技术应用能力，使滑行更加轻盈，使技术与体能力量的结合更有效。

（2）用系统化科学化训练管理体系推进人才培养

以系统工程的理念，采用状态诊断系统、目标计划系统、质量控制系统、评价反馈系统、保障支持系统来统筹科学安排力量训练、体能训练、技术训练、再生训练、周期训练、模拟训练、分解训练（如依据越野滑雪不同的赛道特征开展分段式训练安排）等，对训练安排进行科学设计。

为借助挪威和芬兰先进完备的训练教学、科研医疗、器材装备等资源和条件，全方位融入其系统化科学化训练体系，国家集训队、青年集训队、跨界跨项队合计约200名运动员前往挪威、芬兰接受长期集训。目前国家体育总局冬季运动管理中心正与芬兰沃卡提奥林匹克训练中心开展推进全方位人才培养的协议签订工作。

（3）继续加强跨界跨项选材释放高端竞技人才潜力

国家越野滑雪跨界跨项队于2018年1～6月先后在新疆和陕西对120多人开展了试训和测试，最终有41人进入集训。8名条件出众的跨界跨项运动员随国家青年队前往芬兰开始了为期一年的训练。同时，国家体育总局冬季运动管理中心正在为马拉松等社会跑者安排专项测试，并计划委托北京体育大学等高校按东、南、西、北四个区组织 4 次选材营，力争从 2000 人里再选出 200 人，并请芬兰专家组织指导。

此外，国家体育总局冬季运动管理中心还将全力配合中国赛艇协会组织跨界跨项选材工作，支持保障跨界跨项运动员到海外训练，发挥好赛艇皮划艇项目的人才优势，力争缩短成才周期，提高成才率，实现弯道超车。

国家体育总局冬季运动管理中心正在研究进一步的支持政策，以提供训练经费、资助训练器材等方式，为黑龙江、吉林等国内冰雪运动传统强省的体校和少年体校予以全力支持、鼓励与引导，帮助这些在冰雪事业奋斗几十年的基层单位发展壮大，也通过跨界跨项选材，夯实三级训练网。为检验跨界跨项训练效果，国家体育总局冬季运动管理中心 2019 年底将举办一次 U 系列赛事，重点针对跨界跨项运动员开展一次全国“大比武”。

（4）引入竞争机制建设大国家队

为打造大国家队，国家体育总局冬季运动管理中心准备整合集训队、青年集训队、跨界跨项队的资源，成立中长距离攻坚组、挪威外教组、青年组、跨界跨项组，并支持赛艇协会的雪豹突击队发展。其中，中长距离攻坚组围绕李馨、马清华两名运动员展开训练攻关，由中外融合的教练团队主导，积极借助外脑和芬兰训练资源，并争取配备 2～3 名芬兰高水平长距离运动员共同开展训练。挪威外教组负责池春雪、孟红莲、王强、尚金财等其他一线重点队员，由外教主导训练工作，重点主攻中短距离项目。青年组和跨界跨项组由芬兰外教主导，中方教练配合。随着备战工作的推进，我们将从青年组和跨界跨项组里选拔人才充实到中长距离攻坚组和挪威外教组。

（5）制订科学合理的参赛计划

以国际雪联的竞赛日程安排为依据，以备战 2022 年冬奥会为核心，科学设置国家队的国际比赛周期，实现以赛带练，确保重点运动员获得奥运会比赛资格。

（6）建立和完善国家队国内外训练基地

通过国际和国内的训练场地建设，充分满足国家队训练备战的需要。以

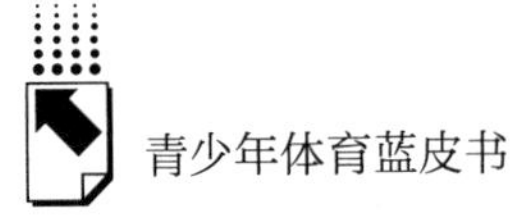

芬兰和挪威的训练基地为国际训练基地；国内将修建和完善5个训练基地（旅顺八一滑雪大队训练基地、陕西秦岭四季滑雪场、内蒙古牙克石凤凰山滑雪场、新疆丝绸之路国际滑雪场、吉林北山雪洞）。

（7）加强科技助力

越野滑雪是科技含量较高的冬季运动项目之一，要充分利用科技手段解决制约越野滑雪竞技水平提高的关键问题。通过与北京理工大学、清华大学、北京体育大学、东北师范大学、宁波大学、国家体育总局体育科学研究所合作，调动社会多方力量，利用科技手段来争取备战的空间和时间，以科技助力项目实现跨越式发展。

（8）建立和完善体能康复、医疗等后勤保障团队

越野滑雪作为体能类项目，需要高度重视体能训练和营养恢复。医疗康复团队能保障运动员的健康，确保训练质量。应组建完善的体能康复及医疗团队，通过构建完备的体能训练模式以及建立伤病防控体系，将伤病发生率控制在每赛季每100名运动员10例以内。

（9）充分利用主场优势，发挥“东道主效应”

场地建好后，尽快开展主场训练，让国家队运动员尽快尽早适应赛场；尽量在场馆内为国家队运动员提供高质量的专业设施和后勤服务保障。

（10）重视反兴奋剂工作

作为周期体能项目，越野滑雪将继续贯彻落实《反兴奋剂管理办法》（总局20号令）、三严方针和有关规定，每年举办一次全国反兴奋剂会议，并请反兴奋剂中心授课，不断提高教育监督管理水平，不断强化运动员、教练员、科研医疗人员等每一个工作人员的责任意识，不断敲响警钟，坚决铲除铤而走险、侥幸迷信的邪念歪念，坚决抵制不以为然、麻木不仁的错误腐朽思想，坚决防止误服误用、错报漏报行踪等低级错误，确保冰雪运动的纯洁干净。如政策允许，也可设计一个风险抵押金制度。

（11）重视运动员思想政治工作建设

加强国家队的组织建设、思想建设、作风建设，发挥党组织在备战工作中的政治核心和战斗堡垒作用，把支部建在国家队。教育引导运动队讲政

治、讲大局、讲团结、讲奉献，坚守“三从一大”训练原则，发扬刻苦训练的传统，坚持顽强拼搏的作风，进一步弘扬中华体育精神。通过开展各类主题教育活动，旗帜鲜明地让队伍在思想上和行动上明确“体育为了谁”“为谁而战”，使队伍维持备战状态，打造用习近平新时代中国特色社会主义思想武装起来的钢铁之师、威武之师、文明之师、礼仪之师。

5. 跨界跨项运动队的日常训练

跨界跨项运动队在训练方法和手段上，应突出雪上基本功训练，认识到打好基础就会有制胜机会。教练组应采用技术循环训练、体能多样化训练（上雪前或上雪后）等方法手段，同时，注重力量训练，突出以力量和体能支撑运动表现。跨界跨项运动队采取以雪上专项技术力量训练为主，以单双杠、跳轮胎、翻轮胎、拉轮胎、带杖蹬坡、拉力绳等力量训练手段为辅。

“三从一大”训练理念绝对是我国竞技体育的制胜法宝。在给年轻运动员打基础的时候，跨界跨项运动队认识到大运动量训练的极端重要性。同时强调运动恢复是运动员战斗力的关键保障，除了正常饮食、积极的拉伸恢复，队伍还在训练中积极补水，配备葡萄糖粉等饮品，重点解决恢复慢的问题。

下一步，跨界跨项队将依据国家体育总局冬季运动管理中心制定的冠军模型，借鉴冰雪运动强国的成功经验，围绕各项训练指标和参数，开展系统训练、分解训练、模拟训练，深入挖掘运动员的潜能，全面、快速提高运动员的表现。

（二）钢架雪车跨界跨项队典型案例

1. 世界钢架雪车运动竞争格局

钢架雪车这个项目最早在 2002 年盐湖城冬奥会上正式成为比赛项目，但它的历史远不止于此，它在 1948 年的圣莫里茨冬奥会上就曾经成为冬奥项目，但由于其危险性一度被取消，1969 年，随着德国第一个人工钢结构赛道——国王湖赛道的出现，钢架雪车开始被用来训练年轻的运动员，并为他们雪车运动员的职业生涯做准备。

由于欧洲具有悠久的钢架雪车竞赛历史，钢架雪车的竞赛基本呈现出欧

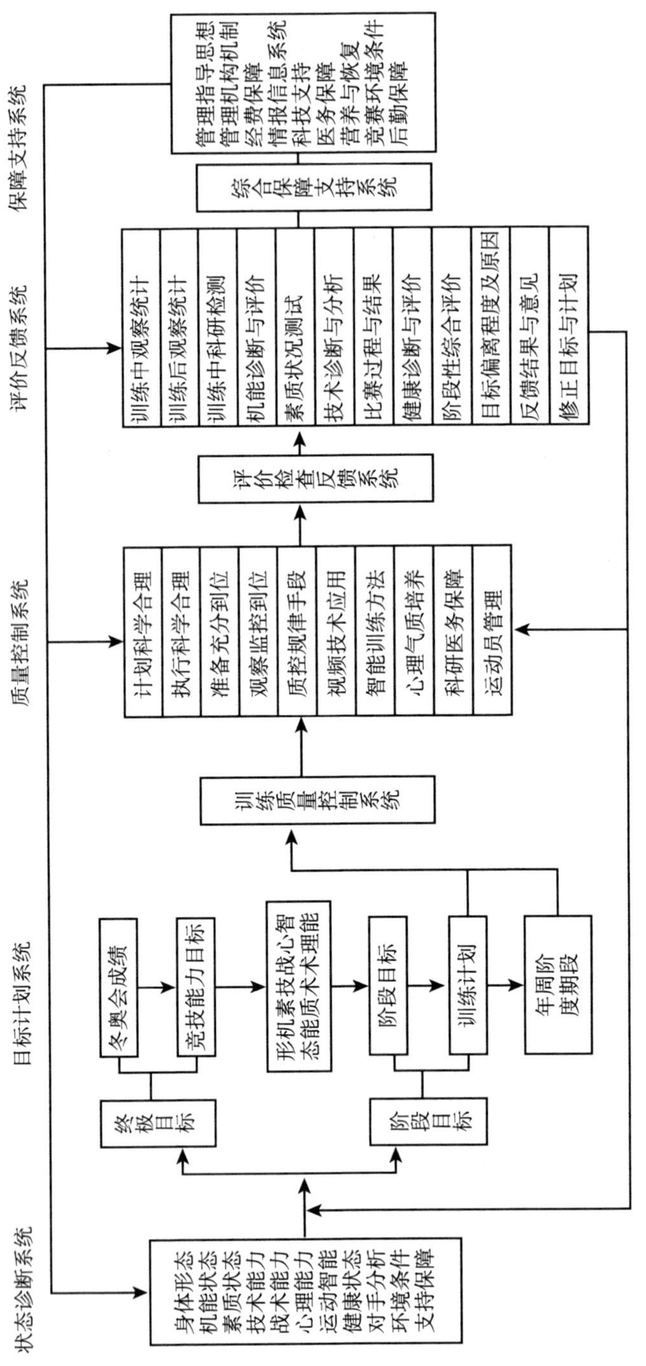

图1　我国越野滑雪跨界跨项运动队训练管理体系

美强势的格局，欧洲的实力最为稳定，钢架雪车的竞赛和训练以赛道为核心，运动员的冬季比赛和训练都在赛道当中进行，而在夏季，赛道所配套的冰屋，则可以一比一呈现赛道出发点的样子，运动员可以在冰屋中训练推撬。

如图 2 所示，从 2002 年盐湖城冬奥会至 2018 年平昌冬奥会，英国获得了最多的奖牌数，而接下来依次是美国和加拿大。众所周知，美国和加拿大都举办过冬奥会，并且加拿大拥有卡尔加里和惠斯勒两个赛道，美国拥有帕克城一个赛道，而英国却一个赛道也没有。

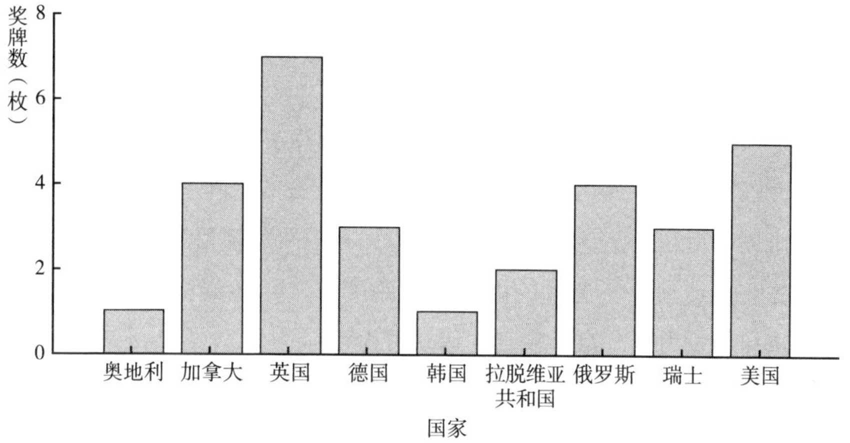

图 2　2002～2018 年世界各国钢架雪车运动队获得奖牌数统计

从奖牌的变化情况来看，值得注意的是，所有举办冬奥会的国家，除了意大利，其余国家全部获得过金牌，并且更加值得注意的是，这些东道国在钢架雪车项目上都在本国举办的冬奥会之前的上一届冬奥会上有了成绩上的突破，如图 3 所示，加拿大在 2006 年的都灵冬奥会就已经有 3 枚金牌入账，俄罗斯在 2010 年的温哥华冬奥会已经有 1 枚金牌入账，而韩国在平昌冬奥会夺冠的尹诚斌在 2014 年索契冬奥会上进入决赛并获得了第 16 名的成绩。我国选手耿文强在 2018 年的平昌冬奥会上获得了第 14 名的成绩。

2. 中国钢架雪车跨界跨项选材现状

中国的钢架雪车的历史自 2015 年开始，在此之前，没有任何运动员参

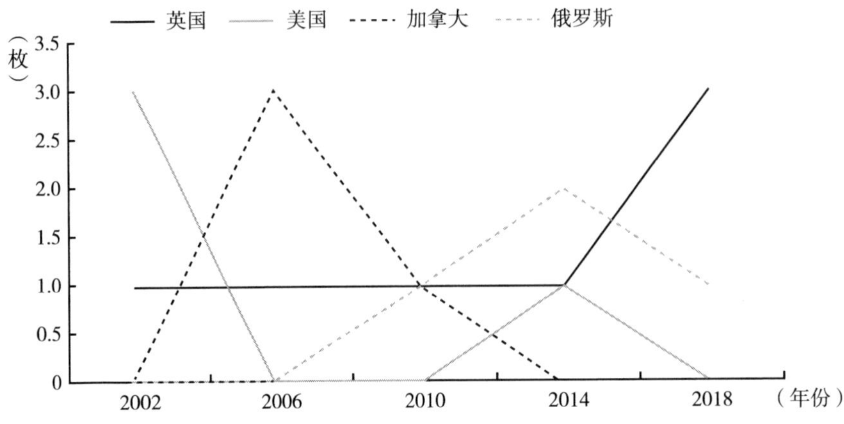

图 3　2002～2018 年英、美、加、俄四国获得钢架雪车金牌数

与过这个项目。中国开启该项目是为了应对 2022 年冬奥会，为了填补项目的空缺，国家开启“跨界跨项选材”计划，选材的工作在北京、陕西、广东等省市逐步得到落实，选择的运动员以田径短跨跳项目为主，同时也涉及举重、摔跤等运动员，选材的内容以短跑测试、跳远测试、柔韧性测试为主，以选择爆发力好、身材较高的运动员为目标。

选材的工作自 2015 年始，到 2018 年每年都会进行选材。选材在整个梯队建设的过程中只是第一步，对运动员的筛选来说也是第一步。

选材的整体工作实际可以分成五个阶段：①测试初选；②入队体能训练适应期；③推橇训练期；④赛道训练期；⑤大洲杯比赛筛选期。

在测试初选期间，还未形成固定的选拔机制，目前的选拔动力来自备战 2022 年冬奥会，国家体育总局高度重视，给各省区市体育局下达了选材要求，属于临时性的行政动员。在此期间，钢架雪车协会是相对被动的，由于选拔要求运动员有较好的短距离运动能力，而各省区市重点培养的运动员是为全运会备战的，因此他们不愿意让运动员转项目，而对各省区市而言较大的利好则是运动员有机会在冬奥会上取得成绩，并且他们的注册地可以是原籍，这在一定程度上激励了一部分省区市去推行选材的计划，但这只限于 2022 年冬奥会的备战期间。如果在 2022 年冬奥会上，钢架雪车运动员能够取得好成绩，那么各省区市为了冬奥会成绩，参与选材的力度可能会更大一些，但若冬奥会上没有取得好成绩，加上冬奥会行政力量的松懈，那么此种选材手段将难以继续推行。

在进入队伍之后，运动员会经过半年以上的适应期，队伍会集中训练钢架雪车的专项体能，并进行技术动作的训练，主要的专项训练就是在旱地轨道上的推橇和上橇训练，运动员需要达到教练员对体重、力量、速度、技术等多个方面的要求，并且要服从队伍的管理，对于服从训练的运动员，中方教练员一般不会筛掉，个别运动员被退回，原因都是其无法适应队伍训练、难以管理。

运动员经过半年左右的训练会去国外的冰屋进行模拟真实赛道的推橇训练，此时，外籍主教练会对运动员的情况做主要的评判，筛选掉个别在推橇上没有天赋的运动员。在赛季开始之后，梯队运动员会和有比赛任务的运动员分开，梯队运动员会固定在卡尔加里赛道进行赛道训练，训练操控技术，而此时，也是人员的主要筛选过程，在赛季结束后，主教练会根据这一批运动员的表现，直接决定运动员的去留，选择有天赋、未来能够取得成绩的运动员继续留在队中。

目前，我国有比赛任务的运动员在十人左右，另外还剩下十余名运动员，教练员会利用大洲杯比赛让替补的运动员获得一些比赛机会进行锻炼，同时考察运动员水平，选择在比赛中能够快速适应并发挥水平的运动员使其继续获取积分，并向上参加更高级别比赛。

为了尽快提高我国钢架雪车队伍训练水平和竞赛成绩，2018 年底，钢架雪车国家集训队开始了风洞训练实验。实验在国家体育总局科教司的支持下，由国家体育总局冬季运动管理中心科技工作部、清华大学摩擦学团队和北京交通大学风洞团队提供技术支持，利用北京交通大学风洞实验室，从物理学原理、运动学规律、减阻技术等方面，探讨利用现有成熟技术解决训练实践问题的途径和方法，为提升运动成绩提供科技支撑。风洞训练实验通过对运动员的操控动作进行测量并量化，与运动员的身体姿态进行对应，为教练提供参考。清华大学摩擦学团队利用 3D 扫描技术对运动员进行全方位的测量，用流体建模仿真技术在风洞中进行实验，对运动员的比赛服进行改良。同时，北京交通大学风洞实验室作为训练与科研基地，为运动员提供优越的测试和模拟训练条件，未来将实现运动员借助风洞进行冰雪项目辅助训练，助力钢架雪车国家队取得更好成绩。

3. 中国钢架雪车人才培养的困境

钢架雪车这一项目，在中国的群众基础连薄弱都算不上，应该说是完全没有，无论是在地方体育局，还是学校以及家庭之中，都没有对此项目的培训。从世界的总体规律来看，绝大多数的运动员是由其他项目转移过来的，这是由该项目特点决定的。与雪橇不同，该项目需要运动员有很好的爆发力，并且钢架雪车相比于雪橇更易于操控，不需要太久的训练，同时钢架雪车的比赛形式也没有雪橇那么多样化，因此，跨项选材对这个项目而言也是一种合理的方式。

从运动员的角度来看，从一个项目跨到另一个项目上，有一定难度，但若想在成绩和个人发展上有更大空间，也不失为一种好的选择。但对于地方体育局以及协会而言，跨项运动员的输送可能并不能直接带来好处，有时会面临优秀运动员被选走的风险，因此选材有时会受到地方相关部门的抵触。

由于项目刚刚开展，参与运动员非常少，我国也还未形成完备的钢架雪车运动员等级体系，并且在高校的大学生运动会中，也没有钢架雪车这一项目，未来出现的可能性也极小，因为高校特招的此类运动员无法代表学校夺得荣誉。另外，在我国高校的招生当中，运动员等级资格是极为重要的，目前钢架雪车还没有健将级的等级证书，许多运动员被迫以原有项目的等级证书来考取大学，这也是一种无奈之举。

4. 结论与建议

在钢架雪车项目上欧美强势的格局仍未改变，新兴国家正在崛起，其中最重要的是冬奥会举办地呈现出巨大的主场优势，我国应抓住机遇利用好主场优势，为我国钢架雪车运动员 2022 年取得好的成绩创造条件。

从世界范围内看，钢架雪车的运动员多数为跨项运动员，并且需要 6 年以上的成材时间，虽然可能会有天才运动员只用更短的时间取得成就，但客观规律也是不可忽视的，运动员需要一个以上的奥运会周期去磨砺，才能够在第二个奥运会周期中取得辉煌的成绩。另外从目前的运动员样本看，钢架雪车的运动员没有十分固定的身材标准，这可能与该项目较为小众有关，这也让我们有机会利用我国运动员自己的身体优势，以更加适合我们的方式去训练，在实际的训练比赛中，在尊重主教练的大前提下，也要充分考虑我国教练员的意见，结合我国运动员的身体实际进行备赛。

目前钢架雪车管理方面的主要问题体现在运动员管理主体不明确上，这造成了许多不必要的矛盾，因此，需要明确管理的主体，以实际管理实践作为管理主体确定的标准，并加强管理主体的权威，在此基础上，从康复、翻译等方面加大辅助的投入力度。

我国钢架雪车的发展受制于我国竞技体育发展的客观情况，应巧妙挑选运动员的选拔渠道，并且完善钢架雪车的等级体系，为运动员提供退役后的保障，让运动员愿意走进来，容易送出去，只有这样才能搭好钢架雪车的梯队，为我国钢架雪车事业源源不断地输送人才。

案例篇

Case Reports

B.15
中国青少年体育冬夏令营典型案例报告

米　靖*

摘　要： 本报告以湖南省青少年“体育·新时代”冬夏令营、黑龙江省青少年冰雪运动冬夏令营、登山运动管理中心“营动中国”全国青少年户外营地冬夏令营、手曲棒垒球管理中心全国软式棒垒球冬夏令营为典型示范案例，介绍了它们在运营推广等方面的创新实践与成功经验。其中湖南省以“新时代”引领冬夏令营主题，融合“体育+活动”的项目开展方式，搭建多方协作的运营推广平台，有力促进了湖南青少年体育事业的蓬勃发展；黑龙江省冰雪运动冬夏令营突出冰雪运动特色，创设多方联动机制，采取多元模式拓宽推广格局，全力带动了青少年冰雪运动的广泛普及；“营动中国”全国青少年户外营

* 米靖，北京体育大学竞技体育学院教授。

地冬夏令营通过构建互联合作平台，创设“金字塔”活动模式，营期内融入技能等级测试，广泛推动了青少年户外体育活动的推广和营地建设；全国软式棒垒球冬夏令营发挥项目特点优势，深挖项目文化内涵，创新组织形式及管理方式，针对不同人群设计活动，全方位促进了青少年棒垒球运动的传播。

关键词： 青少年体育　冬夏令营　营动中国

案例一　湖南省青少年“体育·新时代”冬夏令营

少年强则中国强，体育强则中国强，党中央、国务院一直高度重视我国青少年体育事业发展。促进青少年身体素质提高是我国青少年体育工作的两大重点任务之一。开展青少年体育冬夏令营是实施青少年体育技能普及提高工程的主要手段，其目的在于促进增强青少年身体素质、提升青少年运动技能。为增加青少年体育培训服务有效供给，大力推动青少年掌握体育运动技能，促进青少年养成终身锻炼的习惯，国家体育总局于2018年开始实施青少年体育冬夏令营工程，在全国推动总局各项目中心、协会和各省、自治区、直辖市组织举办青少年体育冬夏令营。实施全国青少年体育冬夏令营工程是贯彻落实党的十九大报告关于体育强国建设的部署，适应新时代青少年体育发展需要，构建青少年体育新格局、新机制的重要举措。湖南省作为国内青少年体育冬夏令营工程建设的排头兵，以“打造全国青少年体育冬夏令营活动样板工程”为总体目标，立足湖南特色，创新工作机制新突破，主题丰富、类型多样化上下功夫，在影响范围和活动规模……推动了湖南青少年体育事业的蓬勃发展，取得了……新时代”……情况

一　2018年度湖南省……夏令营的第一年，湖南省体育局

2018 年……

积极组织相关处室部门、各地市相关单位、省级单项协会、企业团体，以“顶层设计、政府引导、体现公益、依托平台、动员社会、共同监管”为基本原则，以“让青少年掌握两到三项运动技能”为宗旨，开展了湖南省青少年“体育·新时代”冬夏令营系列活动，并将该活动逐步打造成具有湖湘特色的全国示范性青少年体育活动品牌。

“体育·新时代”冬夏令营系列活动旨在丰富青少年业余生活，指导青少年养成健康生活方式，打造属于湖南的青少年体育品牌活动名片，培养青少年体育兴趣、爱好和终身体育锻炼的习惯，增强青少年体质。活动主题丰富、类型多样、精彩纷呈，具体内容包括30多项，“湖南特色”十足，既包括足球、篮球、排球、田径、游泳等集体性和基础性体育项目，又包括武术、赛龙舟、羽毛球、举重等民族传统项目和湖南传统优势型项目，还包括冰雪运动、科技体育、青少年体质检测等新型特色和具有趣味性的主题活动。同时，活动还与“精准扶贫”“北冰南展”等相结合，开展系列符合国家政策、时代发展趋势、产业发展方向的项目。活动中的扶贫项目，从全省选取重点贫困村学校，在学校班级开展为期一周的支教，并邀请学员到省内体育小镇参加为期一周的冬、夏令营活动。整个活动以促使青少年掌握运动技能为主，同时促进青少年体育精神的培养与德智体美水平的提升。2018年部分湖南“体育·新时代”主题冬夏令营系列活动如表1所示。

表1　2018年湖南“体育·新时代”主题冬夏令营系列活动（部分）

时间	活动名称
20[illegible]年7月9日	国际青少年足球夏令营
2018[illegible]24日	“体育·新时代”湖南省青少年航空模型运动训练营
2018年[illegible]	全国青少年儿童快乐体操夏令营
2018年8月[illegible]	“体育·新时代”郴州游泳跳水中心游泳夏令营
2018年8月18[illegible]	[illegible]·新时代”羽星公园羽毛球夏令营
2018年8月27日	“[illegible]代”—“足球少年，向阳而生”腾跃青少年足球夏令营
2018年9月28日	“体育[illegible]冰上迎冬奥，滑冰圆梦想”青少年冰上夏令营
2018年10月8日	[illegible]体育公益夏令营
2018年10月24日	[illegible]科技体育夏令营
[illegible]	[illegible]夏令营

据不完全统计，2018 年，湖南省体育局共举行冬夏令营活动 350 余场，直接参与的青少年超过 30000 人，影响人群超过 10 万人，共吸引数百家电视媒体、网络媒体等进行报道，报道总量达 400 余次，形成了良好的社会舆论氛围，产生社会价值与经济价值总量约 1.2 亿元。与此同时，冬夏令营活动与科技、健康、文化充分融合，成为寒暑假期间青少年喜闻乐见的体育活动。

二　开展2019年度湖南省青少年“体育·新时代”冬夏令营系列活动的新思路

2019 年湖南省青少年“体育·新时代”冬夏令营系列活动将在 2018 年成功举办的基础上继续开拓创新，丰富活动内容和形式。新一年的冬夏令营活动将凝聚教师、学生、家长、学校、社会各方力量，实行更加积极、更加开放、更加有效的组织管理，促使冬夏令营活动主题更加丰富、类型更加多样、特色更加明显。夏令营将从 5 月持续到 9 月，冬令营将从 10 月持续到 12 月。

湖南省体育局党组副书记、副局长熊倪表示，2019 年冬夏令营系列活动将围绕“升级”和“提质”展开，积极落实“六个更加”，重点布局足球、冰雪、篮球、公益性体育技能培训等项目，结合脱贫攻坚，设计公益活动项目，并以“建国 70 周年”等为主题，推出体育嘉年华系列精品活动，促使活动主题更加丰富、类型更加多样、特色更加明显。冰雪项目是 2019 年湖南省青少年“体育·新时代”冬夏令营系列活动的特色项目和重点项目，希望借助青少年冬夏令营活动平台，普及推广冬季运动项目，开展青少年冰雪运动启蒙教育，让他们学习知识、学会技能、助力奥运，并通过孩子们的学习带动整个家庭关注、参与冰雪运动。

2019 年湖南省青少年“体育·新时代”冬夏令营系列活动将探索建立规范的体育冬夏令营行业发展体系，通过针对各类青少年体育俱乐部等机构开展规范品牌创建工作，形成一批具有行业示范作用的青少年体育品牌机构。同时也将制定《湖南省青少年体育冬夏令营活动指南》，为各单项运动教学内容、活动规格、宣传推广等建立统一标准，为各承办单位提供帮助与引导，充分发挥集群效应和品牌效应。另外，将继续探索建立青少年体育冬夏令营数据资料库，特别是建立湖南省青少年体质健康数据库，通过引入大数据分析，使青少年的身体素质情况得到可视化呈现；建立冬夏令营教练专家数据库，使专业资源优势服务于各冬夏令营活动。同时，还将结合脱贫攻坚等重大部署，为偏远地区专门设计针对留守儿童、困难家庭青少年的公益活动项目。活动将继续助力体育公益事业，计划从全省选取部分学校，邀请学校学生到省内体育小镇、体育场馆等参加冬夏令营活动。

三　湖南省青少年“体育·新时代”冬夏令营系列活动亮点及特色

（一）功能定位日趋明确

湖南省青少年“体育·新时代”冬夏令营活动以“让孩子掌握2~3项运动技能”为目标定位，对于青少年体育持续发展具有决定性的牵引和引导作用。纵观13市州体育俱乐部、企业、协会所上报的体育活动，可发现它们涵盖了大部分体育项目类别。

各类活动在创新和发展过程中注重政策引导，充分结合本地资源禀赋、运动项目优势、区域特点和历史文化传统等，定位准确，因地制宜，有针对性地发展特色青少年体育活动，逐步形成功能目标定位明确的活动体系，并呈现出不同的特点。

（二）营地项目具有创新融合性

“体育·新时代”冬夏令营活动项目丰富，以体育运动为主要载体，创新融合多种活动，在丰富青少年营期生活的同时发展青少年的不同技能。如郴州市四清湖青少年科技体育夏令营活动，主要以科技体育运动项目为主，以有趣的方式开展定向越野、无线电测向、制作航空模型、制作航海模型、制作车辆模型及户外求生等项目。主要是培养营员细致入微的观察力，丰富营员的想象力，增强营员的动手操作能力。科技体育运动项目不仅能为营员的知识应用和个人才能发展提供自由的活动空间，更能为现代体育与科技融合的普及创造条件。同时，让营员学会户外求生常用技能，包括公交逃生、火场逃生、电梯自救、骨折处理、止血处理、心肺复苏等急救处理方法，以及培养营员独立生活的能力。将多个领域进行融合创新，通过此次活动全面提升了学生的运动能力及综合应变能力。

（三）以地方特色活动助推发展

“体育·新时代”冬夏令营活动注重开发地方资源，将地方自然资源与人文资源充分融入营期活动，提升活动内涵，扩充活动项目，从而促进冬夏令营的创新与发展。以常德市2018年“营动中国”全国青少年户外营地夏令营为例，其承办地花岩溪国家森林公园位于“桃花源里的城市”——常德市城南50公里处，属雪峰山余脉，与桃花源同山共水。公园内山水环绕、森林密布、白鹭翔飞，有“中国白鹭之乡，江南休闲圣地”之美誉，是国家4A级旅游景区、国家级森林公园、省级旅游度假区、省级自然保护区。来自全国各地的220名营员在花岩溪国家森林公园巴家营地以及桃花源旅游管理区丰富的自然资源和优越的人文环境下，体验充满乐趣的GAGA球、旱地冰球、密洞寻宝、走扁带、泥田摸鱼等积分竞技项目；参加富于挑战的罗马大战、扎筏泅渡等先锋工程项目；参与登插角仙山、露营大会等户外探索项目；此外，还参与了百人擂茶宴、桃花源文化探访、实景解读《桃花源记》等丰富多彩的文化交流项目。该夏令营活动充分融入地方特色，将体育运动与自然、人文紧密结合起来，极具特色。

（四）积极响应国家政策，推动北冰南展国家战略实施

近年来，我国冰雪运动快速发展，特别是2022年冬奥会的成功申办，为冰雪运动的繁荣带来了重大机遇。为普及冬季运动，国家体育总局提出了“北冰南展”的发展战略。湖南省依托青少年“体育·新时代”冬夏令营活

动平台，鼓励各单位积极承办冰雪类体育冬夏令营，激发了广大青少年的兴趣。长沙举办了冰雪培训夏令营、滑雪培训冬令营等活动，吸引数百名青少年前来参与。具有湖湘特色的活动启动仪式，丰富多彩的系列冰雪主题活动，让青少年更深切地感受到全国冰雪运动的氛围和冰雪运动带来的运动快感，充分体现运动增进青少年健康、落实全民健身国家战略、努力推进健康中国建设的重要意义。

四　湖南省青少年“体育·新时代”冬夏令营系列活动开展启示

（一）政府主导购买服务，搭建多方协作平台

由社会组织提供公共服务，有利于提高公共服务的质量。青少年体育职能部门在人力、物力、财力等方面都有一定局限性，不能充分挖掘市场潜力，因此湖南省体育局在政府职能方面逐渐向服务型政府转变，在公共服务领域大胆放手，交由市场管理与运营，大大提高了工作效率。

湖南省“体育·新时代”冬夏令营通过政府购买服务的方式委托第三方机构湖南体育产业研究院具体实施，省体育局负责活动的监管工作。第三方机构通过组织专家评审、建立活动评价体系、搭建互联网服务平台对活动的全过程进行把关，保证活动质量。省体育局充分挖掘市场活力，使更多的社会俱乐部、企业组织、运动单项协会融入进来，共收到了活动申报书600余份，参与人群达30000余人。在全省各项体育冬夏令营活动中，通过统一“体育·新时代”主视觉及LOGO、“我的湖南赞赞赞”手势舞等各项宣传措施，充分发掘“体育·新时代”市场品牌价值。

政府在提供公共服务的过程中，往往存在精力有限、专业针对性有限等问题。相比之下，社会组织“来自民间、扎根市场”能够更敏锐地感知市场的需求，购买第三方专业的服务，保障活动的质量，从而最大限度地满足青少年的需求。

（二）创新"互联网+体育"的工作机制，严格把关活动内容

通过将互联网技术和青少年体育工作进行深度融合，对体育信息资源进行整合，建立新型的活动信息服务平台，有效实现了青少年的体育需求和服务资源的无缝对接、体育服务者与青少年需求者之间的直接互动，使青少年及家长获得更优质、更便捷、更多样化的体育服务，对于青少年体育工作的进一步普及和发展有很大的促进作用。经过一年的实践，湖南省通过建立体育公共服务平台，把信息发布、项目申报、项目审核、活动报名、活动监管和效果评估等各个板块放在互联网平台上，方便了全过程统一监督和管理，也为青少年、各承办单位提供了更加便捷的服务交流平台。同时，依托互联网平台，收集了几万名青少年的数据，并通过对数据的深度分析，为青少年体育冬夏令营活动的进一步开展奠定了数据理论基础，也对未来青少年体育工作起到了"风向标"的作用。

（三）立足省情，融合地方特色，丰富营地活动

湖南省青少年"体育·新时代"冬夏令营系列活动主题丰富、类型多样、精彩纷呈，"湖南特色"十足，具体包括六大主题活动43个项目类别，既包括足球、篮球、排球、田径、游泳等集体性和基础性体育项目，又包括武术、赛龙舟、羽毛球、举重等民族传统型和湖南传统优势型体育项目，还包括冰雪运动、科技体育、青少年体质检测等新型特色和具有趣味性的主题活动。如长沙市开展国际友好城市青少年足球赛暨国际青少年足球夏令营，邀请日本鹿儿岛、加拿大万锦等境外队伍参赛，加强了国际青少年之间的足球文化交流。常德市运动体校、邵阳市运动体校通过冬夏令营活动以普及促提高，选拔精英苗子，开辟了运动体校发展的新路径。郴州市以科技体育为主题，开展四清湖科技体育夏令营。在开展冬夏令营系列活动中，湖南省还注重突出扶贫公益，从教育扶贫和体育扶贫两个方面提升贫困青少年的身体素质及个人素质。如长沙市望城区开展"关爱留守儿童，享受快乐乒乓""阳光出征"夏令营活动，以"体育+扶贫"为出发点进行体育技能普及，

为学生掌握两到三项运动技能打好基础。另外，为积极响应推动北冰南移国家战略，湖南省还在长沙举办了冰雪培训夏令营、滑雪培训冬令营等，开展丰富多彩的系列冰雪主题活动，进一步推广普及冰雪运动。

（四）拓宽宣传渠道，扩大社会影响力

宣传工作作为湖南省青少年“体育·新时代”冬夏令营的一大亮点，主要以“集中力量构建宣传矩阵，深入思考发掘宣传深度”为实施方法，通过电视、网络、平面媒体的宣传，抓执行、抓过程、建机制，调动各界参与的积极性，展示新时代湖南青少年体育新形象。以国家级网络媒体、电视媒体、纸质媒体为主阵营，由省体育局牵头进行宣传，以市州级网络媒体、电视媒体、纸质媒体为副阵营，由各承办单位牵头进行宣传，达到上下通力合作，全省爆发的新局面。同时打造电视专题，携手湖南卫视国际频道《中国符号》栏目征集湖南青少年体育好故事、最美湖南青少年体育故事，策划制作 20 分钟专题片，通过卫星面向全球播出；搭建网络专栏，开设《体育学习课堂》和《图说体育·新时代》专栏，记录青少年体育冬夏令营活动期间的好故事；开通官方微信、抖音和今日头条等账号，每周精选报道通过相关公众号推送，利用斗鱼直播、虎牙直播等进行网络直播，多渠道发布信息。做到电视有画面、报纸有文字、广播有声音、网络有阵地，在省内外刮起强劲的湖南青少年体育新时代旋风。

案例二　黑龙江省青少年冰雪运动冬夏令营

自 2018 年国家体育总局开始实施青少年体育冬夏令营工程起，每逢寒暑假，各具特色的青少年体育冬夏令营便会在全国各个省份火热开展，丰富多彩、形式各异的冬夏令营激发了广大青少年的体育锻炼热情，也让孩子们享受到体育带来的乐趣。在开展青少年体育冬夏令营活动过程中，各地因地制宜、因势利导，利用现有资源和内容既丰富了冬夏令营活动，也凸显了冬夏令营的特色和亮点。例如，黑龙江省借助自然条件优势，坚持全省联动，

突出冰雪特色，聚焦兴趣养成、技能普及，举办了众多冰雪运动冬夏令营，吸引了省内外数万青少年参与，极大地促进了青少年参与冰雪运动的热情，带动了学校冰雪运动的开展，扩大了冰雪运动人口覆盖面。

一 黑龙江省青少年冰雪运动冬夏令营系列活动概况

随着2022年冬奥会的临近，国家不断加大力度推广冰雪运动。青少年是参与冰雪运动的重要群体。从2018年底至2019年初，多个省区市竞相开展冬令营活动，北方地区充分利用自然气候条件，举办各式各样的冰雪冬令营，吸引众多青少年走出家门，体验冰雪运动的快乐，掌握冰雪运动的技能，引起强烈反响。位于中国东北的黑龙江具有冬季时间长、冰雪资源丰富的自然优势条件，有发展冰雪运动的得天独厚的条件。为了全面贯彻《中共中央国务院关于加强青少年体育增强青少年体质的意见》，积极响应“三亿人参与冰雪运动”的号召，黑龙江省在国家体育总局的大力支持和关心下，充分发挥黑龙江省“青山绿水”和“冰天雪地”的体育资源优势，协调教育系统、社会机构等多方力量，充分利用各地市冰雪运动场馆举办体育冬夏令营，让青少年走进冰场，学习掌握基本滑冰技能，为国家储备滑冰项目后备人才。据统计，2018年，黑龙江省共举办了冬夏令营201期，其中全额资助公益性9期、差额补贴性105期、承办机构自筹资金举办的87期，吸引了全省乃至全国青少年5万多人参与，为实现“三亿人参与冰雪运动”目标发挥了积极作用。

二 黑龙江省青少年冰雪运动冬夏令营系列活动亮点及特色

（一）体育技能培训与跨界跨项选材融合开展

黑龙江省作为冰雪运动的大省和强省，率先在全国以省为单位选拔储备冰雪项目优秀后备人才，尝试将体育技能培训与跨界跨项选材相融合。为助力国家成功举办2022年冬季奥运会，黑龙江省经过集中定向选材测试和网络报名选材测试两种形式，通过实地海选和冬夏令营集训选材两种方式，深度挖掘冰雪项目后备人才。实现了“五个第一次”：第一次在全国范围内有组织地大规模选拔冬季体育项目后备人才；第一次大规模进行跨界、跨项选材；第一次大规模将竞技体育科研成果向后备人才选材、培养工作转化；第一次举办大规模的训练营，对选拔上来的人才进行集训；第一次建立起黑龙江省大规模的竞技体育后备人才储备库。通过与山东、江西、上海等省市的强强联合，在田径、体操、武术、足球、跳伞、跆拳道、蹦床、皮划艇、轮滑等项目上，在近3000人的海选测试中选拔了超过500名运动员参加冰雪项目跨界、跨项冬夏令营培训。冬夏令营结束后，直接输送到国家队43人、省队23人。

（二）以课堂为载体，普及冰雪运动

随着2022年冬奥会的临近，冰雪运动迎来了一波又一波的热潮，无论大人还是孩子都对形式多样的冬季运动产生了浓厚的兴趣。而青少年群体一直是普及冰雪运动的重点人群，黑龙江省体育局积极与教育部门合作，以在校生为目标人群，以滑雪体验课堂为载体，推动滑雪项目运动技能培训，进一步向大中小学生普及滑雪运动知识和技能，带动校园冰雪运动热潮，培养终身冰雪运动人口。

冰雪运动是对课堂学习的延伸、补充、发展，具有广泛的、深刻的、生动的教育效能，可以丰富学生精神生活、陶冶学生情操，使学生接受多种新鲜知识，培养学生兴趣和爱好，发展学生智能。2018年黑龙江省体育局、黑龙江省教育厅在各地相继举办了学生滑雪体验课堂活动，哈尔滨大中小学校将体育课时合并开展滑雪技能培训，参训学生们在教练员的指导下基本掌握了滑雪运动技能，取得了良好的效果。

（三）丰富课程内容，提升培训质量

冬夏令营期间丰富的课程内容既保障了学生参训的积极性，也提升了冬

夏令营的质量，有效推动了滑雪项目运动技能培训工作的开展。培训课程设置包括初级滑雪技能培训、滑雪趣味小比赛、雪地足球比赛和文娱活动。内容涵盖对雪具的认识、雪地安全事项教育、安全摔倒与站起、单只板练习、双板练习、横板登坡走、平行直滑降；学习犁式滑降，掌握大中小犁式滑降的技能；学习半犁式转弯，半犁式单个转弯，半犁式连续转弯；自制创意雪雕、雪地冰球，各色多层多样冰块、冰砖等。丰富多彩、魅力独特的冬夏令营活动让青少年充分体验了滑雪的乐趣，感受了滑雪文化的魅力。

（四）注重亲子运动，布局幼儿体育

亲子体育活动的开展不仅让家长与孩子的身体得到锻炼，提升了孩子对体育运动的兴趣，而且通过父母与孩子共同参与的形式，增进了家长与孩子的感情。搭建亲子运动平台是促进体育运动普及发展的有益补充。2019 年黑龙江省在原有体育冬夏令营的基础之上开始启动亲子项目。此外，黑龙江作为中国首批幼儿运动试点，也相继开展了一系列幼儿运动项目。2019 年国家体育总局在全国十个省区市设立了幼儿运动试点，黑龙江作为其中的一个试点，首次在冬夏令营中举行了幼儿亲子运动会和儿童骑行比赛等项目，这些互动性强的运动，让学员在幼儿这个阶段就爱上运动，有助于培养他们的运动兴趣和习惯。

三　黑龙江省青少年冰雪运动冬夏令营系列活动开展经验

（一）活动承办主体多元化，项目多样化，带动全省青少年体育工作的发展

青少年冰雪运动冬夏令营由黑龙江省体育局和省直各中心自办 17 期、各市地举办 72 期、社会团体举办 112 期，形成了体育系统上下、体制内外互动承办的多元格局（见表 2）。打造了黑龙江有史以来活动层次最高、举办

次数最多、参与人群最广、覆盖面最大的冬夏令营集群活动，有效地普及了冰雪运动、培养了冰雪运动人口，推动了全省青少年体育工作迈上新台阶。

表2　2018年黑龙江青少年体育冬夏令营开展情况

承办主体	代表性活动项目	
省体育局和省直各中心	黑龙江省学生滑雪冬令营暨体验课堂 黑龙江省青少年滑冰冬令营 黑龙江省青少年雪地足球联赛冬令营 黑龙江省竞技体育后备人才选拔培养夏令营暨跨界跨项选材 黑龙江省青少年冰雪运动普及活动	
各市地	哈尔滨传世冰壶少年冬夏令营 牡丹江市青少年滑冰夏令营 鸡西市雪地足球冬令营 伊春市青少年滑雪冬令营	齐齐哈尔市悦滑雪培训、冰球节 全国青少年体育滑冰冬令营(佳木斯站) 双鸭山市滑冰冬令营和雪地足球活动 黑河市与俄罗斯青少年交流活动
社会团体	全国青少年滑雪冬令营(雪狼少年营) 魔法雪世界主题亲子营 雪狼利刃军事基础训练营	全国青少年户外滑雪登山冬令营 森林之王自然成长营 绝地求生定向营　中秋体验营

（二）采取多元模式，政社协同开展冬夏令营

黑龙江省采取公益、半公益和非公益的模式（见表3），利用政府组织、购买服务、补贴扶持和多元化投入的方式，大力开展青少年冬夏令营活动，并积极调动市地体育局、社团、俱乐部、企业共同运营，形成全方位、立体化的冬夏令营推广格局。

表3　2018年黑龙江青少年体育冬夏令营开展模式情况

模　式	期数占比(%)	参与人数(人)
公　益	5	826
半公益	43	31488
非公益	52	17301

在黑龙江省完成执行的201期冬（夏）令营中，有112期是发动社会团体举办的，其中，有差额补贴招募全国青少年参加的全国滑雪冬夏令营2

期、补贴招募所辖区域内青少年参加的冬夏令营30期、承办机构自筹经费开展的冬夏令营80期。允许冬夏令营低收费运营，保持收支平衡，进一步提升了黑龙江省青少年体育俱乐部的自身建设能力，为体育培训产业注入了强大动力。

（三）破除惯性思维，冰雪项目冬夏令营四季均有开展

黑龙江省是全国冬夏令营举办的重点省份，冬夏令营一直以冬季项目为主，辅助开展足球等项目。黑龙江各地滑冰馆、滑雪场等冰雪运动场地比较多，通过整合全省各地冰雪运动场馆资源、制订详细培训计划，由政府扶持新兴体育项目，促进了冬季项目的四季开展。一方面，积极利用全球最大的哈尔滨融创室内滑雪场资源，为在哈尔滨的大中小学生举办滑雪冬夏令营。鼓励各学校将体育课时合并。从2018年9月起至2019年2月，每周一至周五每天培训100多人，哈尔滨市近万名中学生参加了培训。全年不间断地开展冰雪运动项目冬（夏）令营，为黑龙江省普及青少年冰雪运动提供了可持续发展的平台。另一方面，积极调动市地的积极性，在哈尔滨、齐齐哈尔、牡丹江、佳木斯、大庆、双鸭山、七台河7个拥有室内滑冰馆的市地举办所属区域青少年滑冰冬夏令营，各市地每个月举办2期，每期5天，每期培训人数不少于50人，共培训青少年8000余人。滑冰冬夏令营的开展，得到了体育、教育部门的高度重视和家长们的认可。此外，通过扶持新兴体育产业项目进校园，为黑龙江“天行健”体育培训机构利用自主创新研发的滑雪机开展校园“四季滑雪”项目搭建了平台。2018年，齐齐哈尔市举办了超过12000人次参与的“四季滑雪”冬夏令营，以“10小时学会滑雪”为主题口号，在学生和家长间产生了很好的反响，有力地拓宽了黑龙江省滑雪人口的覆盖面。

（四）冰雪运动和足球运动有机结合，举办县区、市、省联动冬令营

2018年国家体育总局、教育部、中央文明办、国家发展改革委、民政

部、财政部、共青团中央七部门联合印发的《青少年体育活动促进计划》明确指出，要大力发展青少年足球运动，推动青少年冰雪运动的普及与提高。为逐步实现冬夏季青少年足球项目活动全省全覆盖，大力普及冰雪运动，作为国内冰雪运动大省的黑龙江，依托自身冰雪世界的环境优势，将冰雪运动和足球运动有机结合，在省内全面开展雪地足球运动。2018～2019年度雪季，雪地足球冬令营暨全省雪地足球联赛在全省13个市地全面铺开，层层联动，直接参与冬令营（联赛）的学校近2000所，占全省3800所中小学校数量的近一半，直接参与冬令营（联赛）活动的青少年超过2万人。雪地足球项目的推行，使得全省中小学校成为实现“三亿人参与冰雪运动”的主力军，带动影响人数超过5万人。

（五）赛事、活动、营期联动开展，积极落实“活动三统一”

体育赛事、体育活动、体育冬夏令营是体育运动在实际开展过程中的三种基本形式，赛事、活动等往往都存在着内在的关联，将体育赛事、体育活动与体育冬夏令营融合开展能够丰富青少年的运动体验，有助于促进青少年形成良好的体育参与动机。黑龙江以“赏冰乐雪·助力冬奥，冰雪少年·活力龙江”为主题，以全省学生冬季运动会，青少年雪地足球冬令营（联赛），滑雪、滑冰冬令营，速滑、冰球传统校比赛等活动为主线，引领各市（地）、县活动的层级联动开展。2018年黑龙江实现了全省“活动三统一”，即统一活动启动时间、统一活动宣传背板、统一活动主题宣传口号。启动仪式当天就有超过5万名青少年直接参与活动，带动了全省超过300万名中小学生参与冰雪体育活动。

（六）全面规划，积极协调，举办全国青少年滑雪冬令营

全国青少年体育冬夏令营与区域性的青少年体育冬夏令营相比，其辐射范围更广、承办资质要求更高、示范代表性更强。举办全国性的冰雪运动冬夏令营是在全国范围内普及冰雪运动、促进冰雪运动跨区域交流的重要途径。黑龙江省体育局在做好全省区域性青少年体育冬夏令营的同时，积极与

其他各省区市沟通，于2018年初至2019年1月，举办了全国青少年滑雪冬令营4期，以5天内学会滑雪为目标，吸引了内蒙古、吉林、北京、河北、陕西等22个省区市超过1000名青少年参加，充分发挥了黑龙江在全国推广青少年滑雪运动的优势。

案例三　“营动中国”全国青少年户外营地冬夏令营

为深入贯彻十九大精神，全面落实全民健身国家战略、《青少年体育活动促进计划》和《中共中央国务院关于加强青少年体育增强青少年体质的意见》，充分利用江河湖海、山地、沙漠和草原等自然资源，开展户外活动，促进青少年身心健康、体魄强健，进一步拓展青少年体育活动形式和内容，丰富青少年假期体育活动，提高青少年综合素质，中国登山协会倡导发起了全社会广泛参与的“营动中国”全国青少年户外营地冬夏令营项目。每期冬夏令营不少于5天，营员在200人及以上，内容包含户外运动、自然教育、野外生存、国防教育等。

一　“营动中国”全国青少年户外营地冬夏令营系列活动介绍

“营动中国”全国青少年户外营地冬夏令营项目是在国家体育总局青少年体育司和国家体育总局登山运动管理中心的指导下，由中国登山协会倡导发起、全社会广泛参与的青少年夏令营、冬令营、周末营、亲子营等系列户外活动，旨在通过利用丰富的自然、人文等资源，广泛开展户外运动、野外生存、自然教育、国防教育等活动，让青少年在亲近自然的同时，强健体魄、磨炼意志。此外，根据国家体育总局青少年体育司的整体安排，该项目围绕“安全户外、健康成长”主题，通过攀岩、户外、登山等活动，让更多青少年有机会亲近自然，达到促进青少年身心健康、全面发展的目标。作为国家级营地活动品牌之一，“营动中国”全国青少年户外营地冬夏令营致力于为广大青少年养成终身锻炼习惯打下基础，面向所有青少年普及提高体育技能，全面提高青少年身体健康素质，促进青少年一代全面发展，助推体育强国建设进程。

“营动中国”全国青少年户外营地冬夏令营从30多年前中国登山协会主办的登山夏令营发展而来，是顺应新时代背景为丰富假期青少年体育活动而创建的全新户外营地项目。其覆盖范围广、品牌影响力强，吸引着众多青少年和家长的关注。开办以来，活动规模快速扩大，参与人数快速提升，活动内容也更为丰富多元，包括登山、攀岩、露营、徒步、滑草、风洞体验等，上百种户外运动项目在全国近50站活动中为青少年带来了不一样的户外运动体验。

2018年“营动中国”全国青少年户外营地冬夏令营各期活动采取了全新的“金字塔”模式，充分整合各方资源，发挥了市场机制作用。“金字塔”的塔尖为1期全国青少年户外营地大会（国家体育总局青少年体育司主办），由冬夏令营和会议两部分组成，参与人数近1000人；中间部分为37期一类公益示范性冬夏令营（中国登山协会和各地联合主办，国家体育总局青少年体育司给予10万元引导资金），参与营员达15000人；塔基为600多期市场化冬夏令营（各单位主办，中国登山协会指导），参与营员达到了近10万人。“营动中国”青少年户外营地冬夏令营已覆盖全国各地，受到了2000多万人的关注，初步估算已带动亿万元经济发展。

为进一步贯彻落实《青少年体育活动促进计划》文件精神和《体育总局办公厅关于做好2019年全国青少年体育冬夏令营实施工作的通知》相关要求，高效开展青少年体育冬夏令营工程，2019年中国登山协会又发布了“营动中国”全国青少年户外营地大会、冬夏令营申办的公告，以发挥示范引领作用，积极调动各级政府、体育局和社会力量的参与，让广大青少年能够体验到更加优质的冬夏令营活动。经过对申请单位的综合评定，协会最终确定了1期“营动中国”全国青少年户外营地大会、9期“营动中国”全国青少年公益户外夏令营（见表4）和75期社会化公益夏令营的申办。

表 4　2019 年“营动中国”全国青少年户外营地大会、全国青少年公益户外夏令营总览

项　目	时间	地点
2019 年“营动中国”全国青少年户外营地大会	8 月 19 日 ~8 月 23 日	河南嵩山
2019 年“营动中国”全国青少年公益户外夏令营	7 月 19 日 ~7 月 23 日	贵州毕节
	7 月 19 日 ~7 月 25 日	宁夏永宁
	7 月 20 日 ~7 月 24 日	重庆万盛
	7 月 21 日 ~7 月 25 日	湖北江夏
	7 月 22 日 ~7 月 26 日	四川大邑
	7 月 28 日 ~8 月 1 日	广东惠州
	8 月 13 日 ~8 月 17 日	贵州台江
	8 月 14 日 ~8 月 18 日	山西代县
	8 月 19 日 ~8 月 23 日	广西防城港

二　“营动中国”全国青少年户外营地冬夏令营系列活动亮点及特色

（一）重视安全保障、把控活动质量

为保障“营动中国”全国青少年户外营地冬夏令营活动的安全，且达到国家级冬夏令营活动的各项要求，营地通过公开申请承办、委派技术代表实地评估、签订承办协议、进行营前工作人员培训、营员营前安全教育、所有人员持证上岗、24 小时后勤保障、保险强制购买、规范冬夏令营流程、开设专属绿色通道、采取营长负责制、动态管理等来保障各站冬夏令营的安全和质量。

（二）关注落后地区、发挥扶贫功效

“营动中国”全国青少年户外营地冬夏令营针对我国部分落后地区的青少年开展了许多公益营期，取得了不凡的效果。例如，2018 年，夏令营走进国家一类老区县、国家扶贫开发重点县湖北鹤峰县。200 多名 7 ~ 14 岁的

小朋友在专业的营地指导员的带领下，体验了野外生存，接受了红色教育，通过重走长征路，重现红鱼溪伏击战，瞻仰缅怀贺龙元帅及革命先烈等深入了解了当地民俗风情及民族体育。此外，由于营员大部分为贫困山区本地的孩子，其中有一部分来自精准扶贫户，为此免去了其中五位贫困生的全部费用及往返营地的车费。“营动福建”的部分项目中，针对贫困地区、留守儿童和困难家庭设计的龙岩长汀老区贫困儿童羽毛球夏令营、宁德六艺关爱自闭症儿童旱地冰球夏令营、松溪留守儿童科学健身夏令营 3 个公益类夏令营，给予营员全额保障，有 350 多名青少年儿童受益。

（三）国际师生参与，连接起交流的纽带

对于广大青少年而言，寒暑期户外营地冬夏令营不仅是学习户外知识与技能的基地，也是不同地区乃至不同国家跨文化交流的平台。2018 年“营动中国”全国青少年户外营地冬夏令营广西南宁站，在海外合作机构的协调下，特邀来自美国、加拿大的国际老师与优秀青少年，与小营员们一起开展丰富的跨文化项目式学习研究，借助美式橄榄球学习、英语戏剧排演和外语角等形式帮助营员们了解异国文化。同时，还开展了非物质文化遗产体验、民族趣味运动会、中西文艺晚会等活动，搭建中西文化交流平台，以拓展小营员们的国际视野。

（四）营地指导员培训于营期开展，双线推进

2018 年中国登山协会在推进“营动中国”全国青少年户外营地冬夏令营项目的同时也在全国多个地方举办了全国营地指导员培训班，助力提升冬夏令营运营管理质量。培训力求培养具有大型营地活动综合组织管理能力的营地管理人员、技术人员。通过培训，学员们学习作为营长该掌握的各项知识技能，提高自身业务水平，为“营动中国”全国青少年户外营地冬夏令营各站活动的开展保驾护航。营地指导员培训班的举办，为户外营地工作人员搭建了一个学习交流的良好平台，为今后提高青少年体质健康水平、推进青少年户外体育活动营地的建设发展打下了坚实的基础。

（五）多方合作，提升营期品质

出彩的冬夏令营离不开各界赞助商的支持，谋求合作、多方共举是当下组织高品质体育活动的重要途径。“营动中国”青少年户外营地冬夏令营活动的顺利开展得益于广大社会机构的积极参与。例如，活动首次与全球领先的专业摄像服务平台“爱运动”合作，记录了夏令营活动的点滴瞬间。每一站活动都由“爱运动”指派的摄影师拍摄现场图片，并借助“爱运动”专业摄影平台实现全部活动照片上传，为参与者提供及时的高品质图片。活动参与者通过人脸识别等方式即可免费下载照片，留下美好纪念，提升了整个活动的质量和水平。

三 “营动中国”全国青少年户外营地冬夏令营系列活动开展经验

（一）创新“金字塔”活动模式，稳定打造“金字塔”结构

“营动中国”活动能在全国范围内大面积开展与活动战略制定者的精准策划息息相关。“营动中国”活动采取中国登山协会和当地政府及体育局合作举办的形式，采用自上而下的金字塔模式，充分体现“营地大会”的引导性、“示范夏令营”的示范性以及“社会化夏令营”的广泛性。位于塔尖的是全国青少年户外营地大会，由青少年户外夏令营和行业论坛峰会两部分组成，不仅有600多名青少年同时参营，还有200多位行业从业者参会，会发布青少年户外营地行业报告，引导行业发展。金字塔中间部分的塔身是由中国登山协会与当地体育局或政府联合主办的，由协会委派营长及持证指导员，根据《“营动中国”活动指南》开展的一系列活动，以打造示范性夏令营为目的。而塔基则由社会化的夏令营构成，它们广泛调动社会资源，由社会各机构根据“营动中国”相关要求自行主办夏令营活动，为“营动中国”活动的全面开展奠定了坚实的基础。

目前市场对于青少年户外体育活动营地有极大的需求，政府与社会应加

强合作，共同打造拥有好内容、好师资、好场地的青少年户外体育活动营地品牌；要处理好政府与社会组织之间的关系，各省体育部门要与社会青少年户外体育活动营地增强沟通合作，调动社会力量，整合社会资源，建立成熟稳定的营地推广结构，做好营地工作。

（二）倡导公益、规范流程、引入技能等级测试

“营动中国”各站活动均倡导公益，即使收费也不以盈利为目的。此外，还专门针对国家一类老区县、国家扶贫开发重点县开展冬夏令营，如山西代县站为代县及繁峙的100名贫困儿童，带来全免费的冬夏令营；贵州台江站也有一半名额给予了当地的留守儿童。真正让山里的孩子也有机会和其他青少年一样，体验到各种丰富的户外运动，享受夏令营带来的欢乐。

随着我国青少年户外营地行业的发展，越来越多的机构纷纷加入进来，其中涌现了一批理念先进、内容丰富、家长满意的机构，为行业的发展带来了良好的促进作用，但同时也暴露出了行业发展初期常见的问题。为此，中国登山协会青少年委员会秉承“服务、引导、规范”的理念，制定了《“营动中国”活动指南》，希望通过指南的引导，一方面逐步规范“营动中国”活动的组织实施，另一方面为各单位活动的开展提供参考。

随着青少年参加冬夏令营活动的经验不断丰富，通过一定的成长体系来激励青少年变得越来越需要。为此，中国登山协会青少年委员会已启动《青少年户外运动技能等级标准与测试方法》（暂定）的编制工作，选择一部分不限地域、不限场地的全国各地营地都能开展的通用项目作为评定内容，如徒步技能、野外生存技能、绳索技能、攀登及下降技能、野外急救、环保、定向等。

（三）加强营地指导员培训，规范营地技术人员培训体系

组织户外营地冬夏令营是一项系统的工程，由于冬夏令营参与的主体是青少年，因此在营地活动中需要关注青少年的安全、学习、训练、管理等内容。户外营地冬夏令营的运作必须依托业务成熟、师资雄厚、管理健全的运营团队。这就要求营地运营团队不仅要掌握营地规划与设计、课程设计开

发、人力资源管理、后勤管理、风险管理、市场开发与营销等方面的专业知识与技能，还需具备组织实施青少年营地活动、对活动的效果进行评估、了解营地等级评定的内容与流程等职能。因此，加强营地工作人员的职业培训是确保冬夏令营顺利、稳定开展的重中之重。此外要强化全国青少年户外营地技术人员队伍建设，规范营地技术人员培训体系，引导营地技术人员安全、科学地开展工作，提高营地从业人员综合能力，提高营地服务质量，全面保障青少年营地活动的安全和品质。目前，中国登山协会已在广东、贵州、湖北、浙江、江苏、云南等地多次举办了全国初级营地指导员培训班、全国青少年户外体育活动营长培训班和户外营地技术人员培训班。培训内容涉及人力资源管理、活动方案设计、常规夏令营活动组织实施、当地特色活动及高风险活动组织实施、医疗、风险管理、交通食宿生活管理等各方面，为户外营地冬夏令营的有序开展培养了大批人才。

案例四　全国软式棒垒球冬夏令营活动

长期以来，青少年体育工作一直是我国体育事业发展的重点任务。《青少年体育活动促进计划》《中共中央国务院关于加强青少年体育增强青少年体质的意见》中提出要促进提高青少年身体素质和运动技能，丰富青少年体育活动。国务院印发的《体育强国建设纲要》中明确提出建设青少年体育发展促进工程，实现青少年体育服务体系更加健全，身体素养显著提升的发展目标。单项体育协会广泛开展青少年体育冬夏令营和推动运动项目校园普及是深入贯彻体育强国建设战略的具体体现。与乒羽、体操等中国传统优势奥运会项目和足球、篮球等早已开展职业化改革的运动项目相比，棒垒球属于绝对的冷门项目。不过，近年来棒垒球运动在国内的发展相当迅猛，在青少年群体中得到一定的普及和推广，主要就是得益于手曲棒垒球管理中心（下文简称“中心”）在全国范围内大力开展的全国软式棒垒球冬夏令营活动。据统计，2008 年，我国参与手曲棒垒球四个项目的人口严重不足，而到了 2017 年，已逐渐发展到百万人以上，其中，棒球和垒球所占比例最大。

一 全国软式棒垒球冬夏令营系列活动开展介绍

我国棒垒球运动开展较晚，软式棒垒球在2006年才被正式引入我国，在十多年的时间内发展非常迅速。2009年全国软式垒球夏令营活动创办时，只有14支队伍230人参加，到2015年扩展到115支队伍2100多人参与。虽然目前软式棒垒球还是一个小众项目，但凭借自身的特点，正在迅速追赶足球、篮球等传统校园体育项目。

青少年软式棒垒球是国家体育总局中国垒球协会和教育部重点支持的青少年体育项目，全国软式棒垒球冬夏令营作为棒垒球主要推广渠道，近年来取得了巨大的成果。以2018年为例，2018年的全国软式棒垒球冬夏令营共吸引了全国21个省区市的2636名小营员参加，组委会工作人员及志愿者共计260余名。活动内容十分丰富，涉及全国软式棒垒球技能测试、棒垒球训练营、软式棒垒球亲子赛、软式棒垒球趣味游戏及单项技能大赛、当地旅游参观学习、夏令营网络直播等多种主题活动，在提升了参营青少年的技能水平的同时也丰富了他们的假期生活。而冬令营则更为火爆，在组织形式、活动创新和普及宣传方面，冬令营取得更大的突破。与夏令营的单期全国统一集中开展不同，2018年全国软式棒垒球冬令营活动共遴选了重庆市、西安市、石家庄市、长春市、青岛市、淮北市、徐州市、桂林市、贵阳市、合肥市等10个城市作为中国垒球协会差额资助冬令营分会场。另有昆山等25个城市及近100所全国软式棒垒球实验学校自筹经费在寒假期间举办了各式各样的软式棒垒球主题活动。2017年12月至2018年3月，共有8000多名中小学生、家长及社会各界人士参加了协会资助的冬令营活动，另有近10000人次参与了各种由地区自筹经费举办的软式棒垒球冬令营活动。活动内容包括全体人员签名助力棒垒球项目重返2020年奥运会、国家级或地区软式棒垒球培训、各基地软式棒垒球单项技能比武、各基地软式棒垒球手套组体验活动、各基地软式棒垒球趣味游戏、各基地软式棒垒球友谊赛、各基地软式棒垒球亲子活动、垒球青少年等级标准基础数据测试、小营员才艺展示和联谊活动等，较大程度地提高了青少年参与棒垒球运动的积极性。

此外，软式棒垒球的校园推广成绩也较突出。目前，在我国开展软式棒垒球教学的学校已超过10000所，遍布我国31个省区市，其中由中国垒球协会和中国教育学会体育与卫生分会共同授牌的全国软式棒垒球实验基地56家，全国软式棒垒球实验学校1025所。与此同时，在运动竞赛方面，全国软式棒垒球锦标赛已发展成为具有校园赛、地区赛、全国赛的三级联赛体系，是我国现有规模最大的青少年棒垒球赛事。

2019年4月，中国垒球协会和中国棒球协会首次联合召开2019年全国棒垒球青少年工作会议，发布了《全国棒垒球青少年服务体系（试行）》，该体系涵盖了课堂教学、课外兴趣班、校外俱乐部、城市选拔、国际交流等五个方面的内容。针对各个部分的内容，中国垒球协会、中国棒球协会以及中国教育学会都将提供全面的赛事活动依托以及政策经费支持，全方位服务于青少年棒垒球运动的发展。

二　全国软式棒垒球冬夏令营系列活动亮点及特色

（一）地方领导重视，学校积极参与

在青少年群体中推广体育项目、传播体育文化，既需要政府的助力，也需要学校的支持，地方政府领导的发声更有利于活动落地，只有学校的积极参与、配合才能给在校青少年学生打开感受棒垒球独特魅力的大门。2018年软式棒垒球冬夏令营活动在全国10家重点软式棒垒球实验基地开展，受到了当地领导的高度重视，西安、长春、淮北、石家庄、青岛、合肥等地区教育部门和体育部门的领导都亲自到场，为活动开球并讲话，充分体现了软式棒垒球项目体教融合的发展理念。另外，各地方共有百所中小学的近万名中小学生参与软式棒垒球冬夏令营活动，项目吸引力不言而喻，而这一点对于地方领导认识项目、支持项目发展又起到了良好的作用。

（二）项目特色突出，寓教于乐，强化团队意识

软式棒垒球是多环节的全身运动项目，是对棒垒球器材进行安全优化后的产物，能有效促进人体全身各部位肌肉、骨骼的生长发育。它集中了跑、跳、投、打等运动方式，对青少年速度、耐力、灵敏性、协调性、柔韧性等运动能力有很好的促进作用，既能培养个人智慧又能有效培养团队精神，有效增进青少年身心健康。棒垒球讲究规则和礼仪，有助于帮助青少年塑造良好品格，也是非常好的国际交流载体。软式棒垒球以其趣味性强、安全性高、锻炼全面、开发智力、时尚阳光、男女同场、场地无限制、教学成本低、游戏多样化等特点，深受广大中小学生的喜爱。作为集体项目，软式棒垒球运动项目在锻炼青少年意志品质和培养青少年团队精神方面发挥了积极作用，同时项目特有的棒垒球礼仪与文化的内涵也被广大家长和学校所接受。该运动项目在几年之内能快速地在全国各地区中小学校园发展，就说明了它的特点和生命力。

（三）亲子活动为家长与学校搭建沟通平台

青少年的良性成长需要温馨、和谐的家庭环境的滋养，也需要正向、系统的学校教育的引导。家庭教育和学校教育的协调作用和相互补充是促进青少年全面发展的关键。有序开展的亲子活动是连接家庭教育与学校教育的优秀载体。在承办 2018 年全国软式棒垒球冬夏令营活动的 10 个城市中有 8 个城市选择了举行软式棒垒球亲子赛，在它们的反馈报告中经常提到的就是“软式棒垒球项目搭建了一架沟通家庭与学校的桥梁”，项目以其老少同场和安全娱乐性强的特点快速成为学校拉近与家长距离的重要手段，通过共同的运动和爱好，家长也更加了解学校、了解自己的孩子。很多软式棒垒球实验学校已经通过冬夏令营活动，组建了班级的家长软式棒垒球队，定期与孩子、与学校的老师进行交流比赛，增进理解，以项目搭建交流平台，促进家校和谐。

（四）激发当地经济活力，促进社会力量参与

目前，全国共有 56 家软式棒垒球实验基地、1025 所软式棒垒球实验学

校、近千家棒垒球俱乐部，棒垒球项目正逐渐成为全国各地区青少年体育培训机构的主要项目。近年来，软式棒垒球冬夏令营坚持多方参与、多元化办活动的理念，积极在分站赛地区引入体育旅游、餐饮、住宿、交通、广告等商业开发项目，取得了较好的社会效益，扩张式发展的民间棒垒球俱乐部就是非常有力的证明。

目前软式棒垒球项目仍处于起步阶段，还存在供给总量不足、市场潜力未充分释放等问题。要破解这些难题，吸引社会力量的参与是非常关键的因素。吸引社会力量参与，需要协会在制定相关政策时坚持“放管服”原则，做好项目技术保障、完善支持政策和推动规范发展等工作，为社会各界力量参与营造良好的氛围，共同助力我国青少年体育事业的发展。

三　全国软式棒垒球冬夏令营系列活动开展启示

（一）深挖项目文化内涵，加大宣传力度

软式棒垒球是棒垒球项目安全化、校园化的产物，其延续了棒垒球项目讲求规则和礼仪的特点，同时比赛充满了智慧和变数，是个人英雄主义和集体主义完美结合的体育项目。应深入挖掘该项目的文化内涵，提高大众的项目认知水平，在整理提炼项目起源、特征、礼仪、精神等内容的基础上，加大对项目的宣传，以文化为先导传播项目人文价值，为项目推广普及培育社会发展的土壤。例如，中国垒球协会与中国教育学会合作申报的国家社科基金课题“推广软式垒球运动对促进阳光体育开展、促进学生身心健康的实证性研究”，积极探讨了项目如何进校园、入课程以及项目的教育意义和教育作用等。

（二）创新组织形式及管理方式，进行重点区域布局

组织的不断更新优化是保证项目开展执行的有力源泉。针对中心现有体制和机制，在尝试项目协会扁平化管理的实践中，充分发挥协会的行业主

导、政策导向、资源统筹、管理服务等作用，在手曲棒垒球四个协会中都建立青少年发展和宣传推广委员会，并赋予这些委员会相应职责和一定经费保障，一定程度上解决了组织不健全和管理力量不足的现实问题。其次，积极扶持一些项目松散区域性组织的健全发展，坚持政府主导、体教结合、社会参与的项目普及和人才培养机制。此外，根据中心项目布局实际，从战略上和措施上把项目推广和水平提高同时纳入规划、搭建平台。在全国建立了中心四个项目重点区域，明确并实施“项目带”发展规划，逐渐融入项目元素和内容，以点带面，推动项目发展。

（三）重视场地建设，针对不同人群设计活动

棒垒球良好有序的推广需要相符运动场地的支撑，在快速推广阶段，应重视活动场地的基础建设，为项目的高质量发展提供完善的环境条件。中心学习借鉴群众体育多年来的工作开展经验，把场地建设放在项目推广普及和人才建设的首位。一是考虑到学校条件限制，着力推动软式棒垒球运动进学校，并对场地建设逐步进行规范。二是因地制宜，积极探索和大胆实践适合青少年开展项目、便于组织的多种场地利用模式，如人造草皮足球场、田径场、学校篮球场、小足球场都可成为曲棍球、手球、软式棒垒球活动或比赛的场地。三是加强与国内人造草皮生产厂家企业的合作与开发，研制开发适合开展青少年项目的基本达标的人造草，降低了成本，有利于项目推广和长远发展。

此外，中心针对不同人群，坚持不断设计并组织实施好项目各类活动和赛事。坚持举办项目中小学青少年训练营。手曲棒垒球项目每年都举办夏令营和冬令营活动，活动的内容和形式不断完善。从开始的身体素质测试与小场地比赛结合，逐渐发展完善为由身体素质测试，小、中、大场地比赛，基本技术比武，文化课考试，文化娱乐活动和教练员阶梯形培训等内容组成的训练营活动，既为青少年提供思想、技术、文化、兴趣等多方面交流的平台，也提供方向引导。

B.16
中国青少年体育事业改革发展典型案例报告

米 靖*

摘 要： 青少年体育事业关系着中国体育的未来与兴衰，推进我国青少年体育事业改革是体育强国建设的动力使然。当前各级体育、教育部门大力推动体教融合，不断深化青少年体育事业改革，开创我国青少年体育发展新格局。一系列改革实践不断给我们新的启示，如上海市青少年体育事业改革发展，启示我们要积极联动社会，优化青少年体育服务主体，加强青少年体育公共服务供给，拓展青少年体育后备人才培养模式；泰安市体教融合培养青少年体育后备人才的实践，启示我们以运动项目为发展突破口，因地制宜地推动体教融合；江西省县级体校改革的实践，启示我们要创新体校办学模式，深化体教改革，加强教练员队伍建设，提升训练科学化水平；2018年全国体校U系列锦标赛办赛经验，启示我们要制订科学合理的竞赛方案，搭建专业的竞赛组织班底，全面提升竞赛组织管理质量，重视与比赛有关的各项工作。

关键词： 青少年体育 体校 U系列赛事 体教融合

---

* 米靖，北京体育大学竞技体育学院教授。

案例一　上海市青少年体育事业改革发展启示

青少年是祖国的未来、民族的希望。青少年体育在体育强国建设中居于战略性、基础性的位置。党的十九大报告明确指出加快推进体育强国建设，强调“三位一体”的发展战略，而推进“三位一体”发展的关键在于抓好青少年体育。上海一贯重视青少年体育工作，并且在不断变化的社会环境中，始终能够不断创新思路，为竞技体育人才的培养提供空间和基础。近年来，上海市体育局大力发展青少年体育事业，通过准确识变、科学应变、主动求变，努力推进政府、社会、市场三轮驱动，积极引导社会力量参与青少年体育事业发展，不断创新突破。

一　做强社会组织，优化青少年体育服务主体

随着社会对青少年体育的需求量不断提升，投身于上海青少年体育事业的组织机构趋于多元化，涌现出各种类型的体育协会、体育俱乐部、体育企业（公司）等。为有序引导社会力量服务青少年体育发展，经过多年培育，上海已逐步形成“市级单项协会普及推广运动项目和开展青少年体育专业赛事，综合性青少年体育协会统筹青少年体育组织管理和总体承接青少年体育公共服务，青少年体育社会组织广泛开展青少年体育培训和赛事活动”的良好格局。

（一）推进制定标准，强化龙头组织

为充分发挥市级单项协会的行业引领作用，促进运动项目的普及推广，自 2015 年开始，上海市体育局设立专项资金鼓励协会创立业余教练技术等级标准，开展大众教练员培训，充实项目指导人员队伍。上海市足球协会、篮球协会、网球协会、高尔夫球协会等市级单项协会制定了各具项目特点的大众教练员等级评定办法，设计开展了兼顾运动项目特色、体育文化内涵、

国际发展趋势的特色课程。同时还引导市级单项协会通过“公转”带动区级体育协会“自转”，不断促进行业标准落地生根。上海市足球协会把 E 级大众教练员培训资格下放到 16 个区足球协会，每年培训数量大幅度提升。目前上海已培养大众教练员 3000 余人，为推动各项目在青少年中的普及发挥了积极作用。

（二）搭建发展平台，培育枢纽组织

2017 年，上海市体育局推动原上海市青少年体育训练协会更名为“上海市青少年体育协会”，引导协会转型发展，将协会工作范畴从青少年体育训练拓展为青少年体育发展管理。两年来，该协会通过探索行业发展规律，建立年度评优制度，搭建交流沟通平台，开展会员服务管理，已拥有近 170 家青少年体育俱乐部、体育企业（公司）等会员单位。协会在组织能力、教练资源、场地设备、保障条件等方面奠定了良好的基础，具有承担各类体育赛事活动、开展体育技能培训的成熟经验，已逐步成为承担青少年体育公共服务、引导青少年体育组织发展的枢纽型组织。

（三）加强政策扶持，夯实基层组织

多年来，上海市体育局把鼓励青少年体育俱乐部发展作为培育体育社会组织的重要内容，将其纳入上海体育发展规划和体教结合促进计划。通过提供经费扶持、开展专题培训以及俱乐部等级评估等方式鼓励青少年体育俱乐部规范发展，积极推动俱乐部开展青少年体育培训、冬夏令营、普及性赛事活动等。目前，上海有国家级和市级青少年体育俱乐部 291 家（国家级 218 家、市级 73 家），以每年 20 家左右的速度稳步增加，77 家青少年体育俱乐部被评为“星级俱乐部”。从 2015 年起，上海市体育局每年在六一期间组织开展“青少年体育俱乐部开放日”活动，推动全市青少年体育俱乐部免费开放，不仅让青少年体验运动项目和科学健身指导，也为俱乐部提供了展示风采的平台。探索新型业余训练模式，创设多元化办训格局。

为引导青少年体育俱乐部规范有序发展，市体育局制定出台俱乐部星级

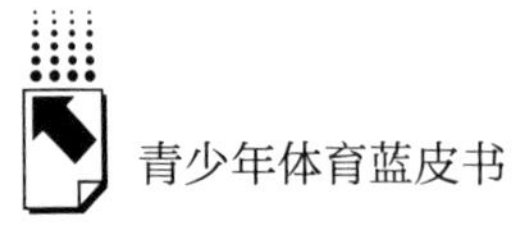

评定办法，围绕组织机构、规章制度、工作保障、赛事活动开展、后备人才培养等八个方面制定评估标准，开展星级评定，目前已连续实施四个周期。通过星级俱乐部评定，一批有品牌、有特色的青少年体育俱乐部逐步形成，在提供青少年体育公共服务和培养体育后备人才方面发挥着示范引领作用。2018 年，上海完成了新一轮星级俱乐部评选，为未来上海青少年体育工作的发展奠定了组织基础。

二 动员社会参与，加强青少年体育公共服务供给

（一）加大购买力度，丰富青少年体育参与选择

近年来，上海市体育局不断加强和创新社会管理，改进政府提供公共服务的方式，按照《国务院办公厅关于政府向社会力量购买服务的指导意见》文件精神，以市场培育、社会参与为核心，通过政府购买服务、加强第三方监管、构建发展平台等丰富公共服务供给。

从 2015 年起，上海市体育局以政府购买服务的形式开展了青少年体育公益培训，该年度有 6035 人次青少年受益于三大球公益培训，其中，外来务工人员子女、残障青少年、智障青少年、自闭症青少年合计占总培训人次的 26.16%，家长和学生满意度超过 90%，实现了公益服务的初衷，受到社会广泛赞誉。2016 年公益培训经费投入增加到 500 万元，项目扩大到三大球、民族传统项目、冰上项目、新兴时尚类项目等 10 个项目，并新增以方便青少年就近参与体育活动为导向的“青少年社区运动会”项目，受到社会广泛关注和积极响应，有近 90 家体育公司、体育俱乐部等社会机构投标，17 家中标。此外，市级青少年体育俱乐部联赛、市少儿体育联赛、暑期社区体育配送、青少年体育冬夏令营等普及类赛事活动也通过购买服务的方式交由社会力量承办。通过多年实践，一批热心公益事业、服务优、信誉好的青少年体育社会服务机构成长起来。

为了有效监管以政府购买服务形式开展的青少年体育公共服务项目，市

结合的合作模式。目前，上海新兴奥运会项目90%以上都是以社会力量办训为主要发展模式。在上海市体育局“放管服”改革下，上海青少年体育组织日趋活跃，青少年体育公共服务更为丰富，青少年体育后备人才培养模式呈现多样化。

案例二　泰安市青少年体教融合培养青少年体育后备人才启示

“体教结合”是新的历史条件下加强学校体育工作，推进素质教育，促进青少年训练，为国家培养和造就高素质劳动者和优秀体育后备人才的一项新的重要举措，是整合体育、教育等资源而实施的人才培养战略的重要组成部分，体现了体育、教育事业最根本的培养目标，符合人才培养的内在要求。近年来，全国各地纷纷开展体教结合改革实践。为了全面贯彻落实《中共中央国务院关于进一步加强和改进新时期体育工作的意见》精神，泰安市进一步加强学校体育工作，全面推进素质教育，加快优秀体育后备人才培养步伐，抢抓机遇，乘势而上，奋力崛起，为促进泰安市体育事业的发展和全面建设小康社会做出积极贡献。泰安市体育局积极推动体教融合改革，不断加强竞技体校规范化管理，提升体校办学成效，推动“体教结合”走向“体教融合”。根据泰安的项目发展情况和中学生体育联赛情况，泰安市在办学模式和足球、篮球、网球等项目发展改革方面进行了有益探索，形成了体教融合发展的局面，取得了一定的成绩和效果。

一　“岱岳模式”初步形成

岱岳区体校是泰安市的一所区县级体校，始建于1997年，由于种种原因，于2010年停止招生。2018年，依托岱岳实验中学这一优质教育资源，区体校重新挂牌启动。新体校由区教育局、体育局共同管理，为二级事业单位，与岱岳实验中学实行“一套班子、两块牌子”管理模式，岱岳实验中学负责运动员文化教学、场地保障和教辅后勤工作，体校负责集中精力抓选

材、抓训练。在项目设置上，依托现有场地、教练等资源，围绕发展传统项目，打造优势项目，开设了跆拳道、拳击、摔跤、柔道、篮球、田径（投掷、短跑、中长跑）、击剑、射箭、足球等训练项目，现有在训学生 222 人。各运动队面向全区中小学校体育特长生招生，实行双学籍管理。运动员文化教育按相应年级随同岱岳区实验中学其他学生一起学习，不单设体校运动员班级。早上业余训练时间为 1 小时，下午利用大课间进行训练，适逢比赛时进行专项封闭训练。教练员队伍建设方面，借鉴泰安市体校教练员聘用经验，根据编制情况，按照事业单位招考和相关安置政策，重点从优秀退役运动员中进行招考录用。2018 年，这种依托一所普通学校联办体校的方法得到了山东省体育局的肯定，被命名为“岱岳模式”。

2019 年山东省青少年体育工作暨山东省学校体育工作会议明确提出要全面推动体教融合，体育和教育部门将积极推广依托一所普通学校联办体校的“岱岳模式”。至此，“岱岳模式”作为泰安市体教融合的样板工程，在山东省范围内得到广泛推广，成为实现普通学校体育教学训练水平和优秀运动员培养质量双提高目标的典范，推动山东省青少年体育再上新水平。

二 以运动项目为发展突破口，进一步深化体教融合改革

运动项目是体育内涵的客观载体，也是竞技体育发展的具体着力点。我国不同省区市、不同区域体育发展具有不同的特征，重点发展的运动项目也各有不同。比如黑龙江依托丰富的冰雪资源，重点发展冰雪运动项目；广东省篮球运动充满活力，篮球文化浓郁，篮球项目的发展处于国内领先水平；浙江杭州是我国培养游泳竞技人才的摇篮，已培养出多名世界冠军，具有深厚的游泳文化积淀。各地区如何根据具体情况，选择适宜的运动项目作为体育发展的主项，直接关系着当地体育发展的效益与质量。当前，体育事业改革正在全国范围内紧锣密鼓地开展，体教结合、体教融合作为青少年体育改革发展的重点，如何做到因地制宜，选择好重点开展的运动项目，成为改革

取得成功的关键。2018 年，泰安市体育局与教育局，以足球、篮球、网球为重点推广项目，积极开展校园布局，改进训练管理方式，发展多元竞赛，在开展体教结合过程中积累了丰富的经验，取得了不俗的成绩。

（一）深入贯彻校园足球政策

2015 年 7 月 27 日，《教育部等 6 部门关于加快发展青少年校园足球的实施意见》明确提出："加快发展青少年校园足球是贯彻党的教育方针、促进青少年身心健康的重要举措，是夯实足球人才根基、提高足球发展水平和成就中国足球梦想的基础工程。"至此，校园足球政策开启了我国青少年足球运动发展的政策导航。

发展校园足球是成就中国足球梦想、建设体育强国的基础工程，对于深化教育改革、振奋民族精神具有重要意义。近年来，泰安市认真贯彻习近平总书记、李克强总理关于抓好青少年足球、加强学校体育工作的重要指示精神，坚持体教结合，锐意改革创新，推进校园足球普及，促进青少年强身健体、全面发展，夯实国家足球事业人才基础。泰安市体育局着眼足球项目发展，积极探索新的发展思路，为足球项目提供有力的服务保障。2018 年，在前期探索的基础上开始对女足进行改革，打破以往的学训模式，实行单独管理。本着尽量平衡学习、训练的原则，泰安市体校与岱岳区教育和体育局合作，深化"体教结合"。改革后，为充分利用岱岳区完善的教育资源与泰安市体校专业的教练员队伍、场地及训练模式，运动员在智源小学、开元中学学习，放学后由体校租赁的校车接回到体校进行一个半小时左右的足球训练，晚上再统一组织文化学习，并且聘请了生活管理老师和文化课辅导老师。这样，便解决了女足项目的招生问题，同时保证了学生的文化课学习和训练时间。女足规模不断扩大，并得到了学校、家长和学生的认可。泰安市体校被中国足球发展基金会纳入菁英计划试点单位。

（二）深化篮球运动体教融合

篮球运动属于综合性的集体性运动。从事篮球竞赛和各种篮球活动，有助于青少年身体健康、活跃身心、增长知识，对锻炼青少年的综合能力具有积极影响。通过参与篮球活动，学生可以学习和掌握道德文化、娱乐知识、技能和方法，同时也能够增进友谊，陶冶情操，得到精神享受。泰安二中、泰山博文中学是篮球传统项目学校，比较重视篮球项目开展，新建了篮球训练馆，能满足专业篮球训练要求。2018 年，泰安市体校在与泰安二中、泰山博文中学实行体教结合探索的基础上，将男篮队员全部安排到泰安二中、泰山博文中学生活、学习、训练，教练员一并随队参与管理训练，队员的参赛费、外训费、生活费由体校负担。队伍的训练理念是“教球育人，读训并重”。队员的训练时间相对比较集中，上学日为每天下午 5～7 点，周末、节假日全天训练，在不影响队员学习的前提下，高效完成训练任务。合并后的队伍既可以参加体育系统的比赛，也可以参加教育系统的比赛，2018 年，队员累计参加体育系统和教育系统比赛十余次，能力水平得到极大的提升。此外，适龄队员全部升入高中或大学，基本解决了出路问题，获得了家长和学校的一致认可。

（三）广泛开展网球进校园活动

网球是近年来泰安市重点发展的运动项目。在泰安市体育局和教育局的共同推动下，通过调研和考察，泰安市在全市范围内分两次将具有相当影响力的十一所优质学校命名为“泰安市青少年网球示范校”，并以示范校为试点，继续深化、探索网球校园发展之路。此外，泰安市体育局和教育局联手推进泰安市校园网球项目深入发展，在政策、资金等多方面予以支持，初步形成了示范校“一校一品”的体育教学改革，将网球纳入学校校本课程，积极推进网球教学模式多样化，努力完善学校网球场地设施建设，加强网球师资队伍建设，逐步打造符合人才培养和网球发展规律的校园网球教学体系、竞赛体系，并形成示范校的监管、考核、评优机制。2018 年在泰安市体育局和教育局的努力下，适龄网球优秀运动员获得了特长生升学名额，并有三位优秀青少年网球运动员凭借网球特长顺利升入市重点高中。

泰安市“网球进校园”项目在遵循项目发展规律、执行校园网球行业标准的前提下，积极建立学校网球校队、学校竞赛体系，深入培养网球师资力量、高水平运动员等网球专业人才，对普及网球文化、推动网球项目发展、增加网球人口、输送网球人才等做出了巨大的贡献。据统计，泰安市中小学生每周有数千人享受网球乐趣，有资质的网球教师团队无论是人数还是水平都随着“网球进校园”活动的发展在飞速提升。

体教融合改革推行以来，泰安市后备人才培养工作取得了较好成效，共向国家队、国少队、国青队等省以上专业队输送四十余人。泰安市女足在2018年山东省运动会上摘得女子乙组比赛冠军；男篮在2018年获得全国“篮校杯”U17男子篮球比赛第五名，在山东省男子篮球锦标赛中获得第二名，为泰安市在山东省运动会实现“保八争七”任务目标做出应有贡献。

总结经验，展望未来，泰安市体育局将在更多项目上展开探索，打通青少年学生竞赛、训练、招生选拔等各个环节，充分释放改革红利，实现普通学校体育教学训练水平和市体校优秀运动员培养质量双提高的目标，推动泰安市竞技体育水平再上新台阶。

案例三　江西省县级体校改革：成效、问题与启示

竞技体育后备人才培养的系统性、科学性和长期性是提升竞技体育综合实力的基本保障。长期以来，全国各级体校作为竞技体育后备人才的培养主体，培养输送了一批又一批体育人才，在国际国内重大赛事中为国家争得了荣誉。但随着形势任务的发展变化，部分体校面临着招生困难、办校经费缺乏、文化教学质量不高、毕业学生出路不畅等问题，导致体校发展举步维艰。同时，普通中小学校学生由于缺乏高水平体育专项教学和参加竞技训练的机会，难以养成终身锻炼习惯，更难以成长为高水平的竞技体育人才。近年来，为适应新时代体育发展要求，探索体校办学模式改革，创新体制机制，促进体教融合，推进体校建设发展和转型升级，江西省各县（市、区）深入贯彻落实《关于进一步加强运动员文化教育和运动员保障工作的指导意见》《关于加强竞技体育后备人才培养工作的指导意见》《少年儿童体育学校管理办法》

等政策文件，直面社会转型期的一系列矛盾和困难，坚持问题导向，因地制宜，在探索竞技体育后备人才培养新模式、新路径方面取得了一定成效。

一　江西省县级体校改革取得的成效

（一）以竞赛为杠杆，不断扩大竞技体育后备人才基础

竞赛是发现和培养竞技体育后备人才不可缺少的环节。为有效促进各县（市、区）党委、政府高度重视青少年体育工作，扩大竞技体育后备人才培养的基础，江西省体育局联合省教育厅于 2007 年开始每年组织开展以县（市、区）为单位参赛的百县青少年运动会。2017 年，全省 100 个县（市、区）全部组队参加了田径和足球项目的比赛，有 95 个和 71 个县（市、区）分别组队参加了男、女篮球比赛，田径、足球、篮球项目参赛运动员均达 800 余人。经过几年的努力，百县青少年运动会的参赛单位和人员规模不断扩大，整体运动技术水平不断提升，不仅有效促进了田径、足球、篮球项目的青少年业余训练，而且为其他项目选材提供了广阔空间。

（二）坚持因地制宜，努力保持县级业余训练的“基本盘”

据统计，江西全省 100 个县（市、区）中，有 89 个设有能够正常开展训练的体校，高于全国 55.79% 的平均水平，该比例位列全国各省区市第 8 名。89 所县级体校共有在训学生 11725 人，在训学生人数位列全国第 8；共有专职教练员 251 名，外聘教练员 330 名，兼职从事业余训练的体育教师 456 名；年度一般性事业经费合计 2002 万元左右。各县级体校共开设田径、游泳、举重、摔跤、跆拳道、拳击、赛艇、皮划艇、射击、乒乓球、羽毛球、网球、武术、体操、跳水、足球、篮球、排球、攀岩等 20 多个训练项目。各体校顺应时代发展需要，因地制宜，充分发挥自身传统优势项目的支撑作用，统筹协调各方资源，优化项目管理，保持县级业余训练良好的发展态势。

培养方式已经不能满足青少年自身发展的需要，也无法满足社会发展的需要。寻求新的发展路径、探索新的办学形式已经成为解决体校发展难题的重点任务。首先要以促进体育后备人才全面发展为根本，以社会发展需求为导向，创新体校的办学模式，更新体校的办学理念，着力提高人才培养质量。其次，加强政府支持，在体教融合的发展形态中，落实政府相关政策和经费投入，不断完善体育、教育行政部门各负其责的竞技体育后备人才管理体制和运行机制，助力体校正常训练与教育工作的高效开展。

（二）深化体教结合，优化资源配置

顺应社会发展需要，积极深入推进体教融合，整合体育、教育资源，着力打通学训矛盾壁垒是竞技体育后备人才培养的关键。优秀青少年竞技体育人才的培养需要完善的教育系统和科学的青训系统。在青少年运动训练中，如果缺少文化教育，竞技体育人才的发展就会缺乏后劲。针对体校普遍存在的教学质量低、重训轻文等问题，县级体校应积极探索体教结合发展模式，加强体育系统与教育系统的协同交叉，在教学、训练、竞赛、科研等领域实现全方位的体教结合。此外，在培养后备人才的过程中，只有合理优化体育、教育系统资源配置，促进资源应用的有机协调，才能实现两大部门间的优势互补，保障体教结合、体教联办的有序顺利进行。

（三）加强教练员队伍建设，提升训练科学化水平

作为训练工作的组织者、运动员参训的指导者，教练员所具备的职业素养、执教理念和执教能力等直接决定着运动员的发展前景，也直接影响着体校的办学与发展。而基层体校教练员在招录、晋升、待遇等方面均面临体制性障碍，队伍整体素质很难提升。因此，应加强教练员队伍建设，健全基层体校教练员队伍的保障体制，优化教练员职能绩效评定标准，以此加强在岗教练员队伍的稳定性，避免优秀教练员流失。此外，针对基层体校训练科学化水平不高等问题，应对在岗教练员定期开展相关业务培训，不断提升教练

员业务素质和执教能力。与此同时，依托体教结合，形成高校、中小学、体校信息联动机制，将高校具备的体育科研优势与基层体育人才培养相结合，促进青少年科学训练水平提高。

案例四　2018 年全国体校 U 系列锦标赛办赛启示

为全面贯彻习近平总书记新时代中国特色社会主义思想和习近平总书记关于体育工作系列重要讲话精神，落实《关于加强竞技体育后备人才培养工作的指导意见》和《关于改革和加强全国青少年 U 系列竞赛工作的意见》，进一步发挥竞赛在青少年体育后备人才培养中的重要作用，国家体育总局青少年体育司打造了面向全国各级各类体校的青少年竞赛新平台。全国体育运动学校联合会作为赛事服务单位，在国家体育总局青少年体育司的指导下和有关项目中心、协会等单位的支持下，于 2018 年 10 ~ 12 月顺利举办了全国体校 U 系列锦标赛。

一　2018年全国体校 U 系列锦标赛基本概况

2018 年全国体校 U 系列锦标赛共设置田径、排球、游泳、篮球、乒乓球、跆拳道、羽毛球 7 个夏季项目和短道速滑、冰球、高山滑雪、单板滑雪 4 个冬季项目的比赛，10 月 12 日在成都青白江游泳馆开赛，12 月 24 日在哈尔滨结束，历时 3 个月，在北京、成都、济南、合肥、哈尔滨、佛山、漳州、南阳、九江 9 个城市举办。比赛时间共计 61 天（含报到和离会），运动员来自全国各地的 306 所各级各类体校，总体规模达到 4361 人。比赛在举办过程中得到了国家体育总局冬季运动管理中心、国家体育总局游泳运动管理中心、中国田径协会、中国篮球协会、中国排球协会、中国乒乓球协会、中国羽毛球协会、中国跆拳道协会，以及北京、河南、四川、安徽、山东等省市体育局和地方体育行政部门的大力支持。

二 2018年全国体校U系列锦标赛办赛亮点及特色

（一）领导高度重视，组织保障有力

全国体校U系列锦标赛作为针对体校竞技体育后备人才培养设立的竞赛，受到体育部门各级领导的高度重视，各项赛事开赛仪式中，各省体育局青少年体育处、省相关协会、地市政府、地市体育局领导出席开赛仪式并代表地方致辞，为比赛的顺利开展提供了政府助力。在全国体校U系列锦标赛启动仪式上，国家体育总局青少年体育司副司长王雷、全国体育运动学校联合会理事长韦迪、国家体育总局乒乓球羽毛球运动管理中心副主任张晓蓬、国家体育总局冬季运动管理中心青少年发展部部长秦大海、北京市体育局青少年体育处处长苏峻，以及中国篮球协会、中国田径协会等领导参加了活动。

此外，国家体育总局青少年体育司副司长卿尚霖、南阳市副市长阿颖等领导出席并观摩了男篮比赛。国家体育总局青少年体育司青训处负责人贾宁观摩并指导了女排等项目比赛。

全国体校U系列锦标赛的顺利开展得益于系统分工、协作高效的组织保障。在赛事组织架构方面，组委会邀请主办、承办单位相关领导及其主管部门领导以及比赛赞助单位领导和社会有影响力的人士担任职务，设置主任、副主任、秘书长、副秘书长、若干委员等职，并设置竞赛部、新闻宣传部、综合部、市场开发部等部门。地方赛区组委会的工作则由比赛所在地的全国体育运动学校联合会理事单位主要负责人和部分工作人员参与，分工合理、任务明确。组委会要求各参赛队领队、教练员参加赛前召开的联席会，联席会上有关于赛事整体设计情况、地方接待筹备情况及赛事规程规则的讲解，可以让教练员有效了解和熟悉竞赛细则，避免不必要的矛盾发生，也可以为赛事的高效开展提供有效的组织保障。

（二）包装宣传全面推进，赛事知名度大幅提升

组委会高度重视全国体校U系列锦标赛的宣传工作，运用赛事品牌形

象包装、赛事宣传端口扩展等多种传播手段，在短短两个多月内取得了巨大的成效。在比赛开启阶段，组委会就利用启动仪式等节点活动集中发力宣传，利用央视体育、央视新闻、旅游卫视、人民网、新华社、中国体育报、北京卫视、北京日报等60余家电视、平面媒体和网络媒体进行了集中报道，并利用微信、抖音、今日头条等新媒体进行宣传。据统计，2018年全国体校U系列锦标赛各类媒体宣传报道654篇，传播量达百万人次以上。赛事官方微信公众号关于U系列锦标赛相关资讯累计原创发文129篇，其中文章平均阅读量达到500+，单篇阅读量峰值达1000+，整体传播量达10万+。发文内容包括赛事预告、开幕、规程、通知、成绩、颁奖、图集、组织工作等。

在赛事品牌形象设计与推广方面，组委会采取统一形象，规范管理，设计“2018全国体校U系列锦标赛”视觉识别系统，包括标志、标准字、标准色、主背景板、广告板、旗帜、道旗、秩序册封面、证书、工作证等。其中根据不同比赛项目的特点，主视觉识别系统设计了蓝、绿、红三种方案。主视觉识别系统始终贯穿于U系列锦标赛全程，样式、格式、内容保持完全一致，并将应用于往后历届U系列锦标赛中。首先应用于比赛场馆内外和代表队驻地布置的相关物料，包括主背景板、广告A字板、道旗、横幅、指示牌、海报、宣传页等。其次应用于竞赛组织相关物料，包括秩序册、成绩册、证件、工作服、号码布、证书、奖杯奖牌等。此外，赛事宣传推广的相关平台及载体，如官方网站、官方微信、官方微博、新闻通稿、传播图等通过本届锦标赛，使全国体校U系列锦标赛主视觉识别系统融入体校运动员当中，对其进行了广泛传播。

按照组委会总体工作部署和分工，宣传部门确定了宣传报道的重点任务和赛前、赛中、赛后三个重要节点，围绕开闭幕式、赛事宣传、场外报道工作重点，充分调动媒体积极性、主动性。赛前，组委会制定大会总体宣传方案，明确了工作任务，制定了工作流程，编制了经费预算，建立了国家、省（区、市）、市宣传工作联络机制，媒体单位、记者沟通机制，组委会各部门协调机制。赛中，加强赛事品牌宣传，烘托赛场氛围，设置U系列锦标赛主背景板、广告板、横幅、LED 滚动屏、道旗、挂旗、展板等进行辅助宣传。赛后，由于每项锦标赛都设有专业摄影、录像团队，最终赛事整体收录了上千张图片素材，超 3 小时视频素材，组委会精选各项目比赛的优质照片配合润色文案，制作图册、宣传片、短视频，为 2019 年全国体校 U 系列锦标赛宣传打下牢固的基础。

（三）发挥联合会平台优势，大力支持基层体校参赛

全国体育运动学校联合会是全国青少年体育 U 系列锦标赛的组织协调中枢，在竞赛组织运营过程中发挥着总揽全局的作用。在组织报名方面，全国体育运动学校联合会通过自有会员渠道，对赛事相关会员单位进行点对点电话联络，让各体校有效掌握报名情况。在比赛场馆地点落实方面，由于全国体育运动学校联合会会员单位中就有多家拥有自有场馆，这些场馆位置优越，交通便利，大多数坐落在省会城市或是二三线城市的核心位置，并且场馆多为甲乙级场馆，场地面积大，器材完备，这一系列的条件给全国体育运动学校联合会场馆地点落实带来了极大的便利，有效提高了赛事承办单位的工作效率。在市场开发资源方面，全国体育运动学校联合会具有多家合作伙伴单位和支持单位，它们多数为体育行业相关产业公司，其中包括体育器材供应商、体育培训俱乐部、体育服装生产商、食品饮料生产商等，在赛事信息发布之后，这些合作伙伴单位积极响应并提供赞助产品，为赛事提供了很大的便利，使得主办单位能够将经费更有效地应用于赛事运行中。在与各中心、协会以及各地体育局合作方面，全国体育运动学校联合会利用自身优势，积极联系关系良好的兄弟协会、相关项目中心及办赛所在地的当地体育局青少处，对接项目合作与办赛事宜，从而提高办赛效率、提高赛事质量。

全国体校 U 系列锦标赛的参赛者为全国各级各类体校运动员，省级、地市级、区县级体校运动员均可报名参加，全国体育运动学校联合会在利用自身优势，对各级各类会员单位进行通知的同时，调动省级青少处、各省（区、市）市级项目协会的资源，将赛事信息发到各地市、区、县级体校，为在基层体校训练的运动员提供了一个参加全国大赛的平台。

三　2018年全国体校U系列锦标赛办赛启示

（一）深入系统分析竞赛需求，制定科学合理的竞赛方案

U系列赛事作为国内青少年体育后备人才参与的主体赛事，直接关系着青少年竞技人才的培养与发展，因此要对其进行精心策划。2018年全国体校U系列锦标赛组委会根据竞赛任务确定了重要工作节点及工作流程表，使得各项工作都能做到井井有条，合理有序。组委会竞赛部按照总体工作要求，对竞赛的重点工作进行划分，将各个项目确定由专人负责。在赛事筹备阶段确定项目成员名单，对工作人员进行合理分工，做到任务到人，工作明确，相互配合，为竞赛工作打下了坚实基础。

在总结2017年全国体校U系列锦标赛办赛经验的基础上，全国体育运动学校联合会与国家体育总局有关运动项目管理中心、协会沟通协商，综合考虑各项赛事项目设计、参赛规模、场地布置、物料设计、场地后勤保障流线、食宿接待、交通、安保、集结疏散等因素，通过与地方场馆积极沟通、提前安排项目人员到场馆实地踏勘，对赛事整体设计进行优化，完善调整赛事相关规程方案，有效保障赛事的合理推进。

（二）多方位开拓竞赛报名渠道，确保竞赛规模

2018年全国体校U系列锦标赛多渠道组织运动员报名，赛事规模实现预期目标。报名工作主要采取三种方式，一是将体校U系列赛事计划和规程发到各省（区、市）体育局青少年体育处，通过青少年体育处向本省（区、市）体校传递比赛信息。二是通过自主开发赛事服务App，完成部分赛事自主报名工作。三是积极组织赛事举办地理事单位和会员单位，协助通知本省内体校参与比赛。由于组织报名工作到位，本届赛事的规模和影响较上年明显扩大，受到全国各级各类体校的关注。

（三）搭建专业竞赛组织班底，全面提升竞赛组织管理质量

在竞赛裁判团队组织方面，为了保证2018年全国体校U系列锦标赛公

平、公正、公开地进行，组委会选派了高水平、经验丰富的竞赛执裁人员。大多数竞赛裁判长由各项目协会指派，级别不低于国家级，其中个别项目裁判长由国际级裁判担任。短道速滑及冰球裁判团队，由全国体育运动学校联合会与黑龙江省冬季运动管理中心共同选派，临场裁判级别不低于国家一级。2018 年全国体校 U 系列锦标赛 11 个项目的比赛共有 659 名裁判参与执裁。

在场馆软硬件方面，组委会赛前应对场馆进行考察，选择规格较高的甲、乙、丙级场馆，保证周边住宿配套齐全，出行方便。召开裁判员、工作人员、志愿者培训会，根据竞赛工作总体方案，要求各项目裁判明确各自的职责、分工与相互协调关系，了解所需物品、器材与设备的明细清单，检查与之有关的场地区域、器材与设备，落实有关用具和物品。

在志愿者培训方面，要求志愿者牢记自己所承担的任务，有针对性地学习有关内容，重点考虑属于自身范围内的工作细节。严格要求志愿者，加强自我组织纪律约束，准时按要求参加培训学习。通过上述培训，竞赛人员的需求基本得到满足。此外，在赛前按计划由赛事负责人对志愿者的实习工作进行总体的部署并提出要求，由各项目组负责人具体安排实习任务。实习结束后，赛事负责人听取各组情况汇报，对出现的问题提出解决办法与应急预案。对开赛仪式、颁奖仪式进行整个流程的排练，确保每个细节处理都比较规范。

（四）重视接待服务工作，积极开展专项培训

2018 年全国体校 U 系列锦标赛十分重视接待服务工作。组委会统筹负责政府人员、组委会成员、运动员、教练员、裁判员及相关工作人员的接待服务，准备完整详细的接待方案，保障用车、住宿、餐饮、安全等服务，为所有参赛人员创造美好的活动体验。

为提高办赛质量，组委会在赛事间隙邀请国内多位业内专家开展了 11 次赛事相关专项培训，旨在丰富比赛内容，提高教练员教学水平，宣传有关青少年科学锻炼和健康的新思想、新理念、新方法，倡导青少年积极进行科学锻炼，强健体魄、砥砺意志。培训促进了青少年身心健康发展，营造了浓

厚的奥运氛围，使得与会人员在参赛的同时，学习理论知识，身体素质和精神素养获得双重提高。

（五）加大市场开发力度，加强安全医疗保障

全国体育运动学校联合会通过市场开发，吸引了社会力量参与，如中国平安财产保险股份有限公司赞助了全国体校 U 系列锦标赛所有运动员的赛时意外伤害保险，华润怡宝饮料（中国）有限公司北京分公司赞助了全国体育 U 系列锦标赛羽毛球比赛的饮用水及功能饮料等，为 2018 年全国体校 U 系列锦标赛提供了必要的物资和服务支持，进而提升了比赛的商业价值。此外，全国体育运动学校联合会还借助市场开发伙伴的力量进行宣传推广，扩大全国体校 U 系列锦标赛的影响，提升赛事的品牌价值。

大型活动安全管理风险控制的重中之重，在于确保运行场馆内外所有相关人员、设施和财产安全，从而保障锦标赛的正常运转。锦标赛期间，组委会按以下流程完成相关保障工作：制订科学合理的安全管理工作计划。配置和管理合同风险，进行全面系统的安全管理知识培训，制定安全检查清单，查勘场馆现场。赛时开展每日例行安全检查。关于医疗保障，比赛设有专门机构，配备专业医疗力量。赛时 24 小时在驻地配备医护人员，在比赛和训练场地内，在比赛和训练期间配备救护车 1 辆，救护和医护人员各 1 人，并对接好急救医院。此外，还设置了应急处理措施，对竞赛组织管理人员进行急救知识培训，制定救护应急处理流程，对各代表队下发医护人员电话和有关信息，为比赛的有序开展提供了全方位的医疗保障服务。

中国皮书网

（网址：www.pishu.cn）

发布皮书研创资讯，传播皮书精彩内容
引领皮书出版潮流，打造皮书服务平台

栏目设置

◆关于皮书

何谓皮书、皮书分类、皮书大事记、
皮书荣誉、皮书出版第一人、皮书编辑部

◆最新资讯

通知公告、新闻动态、媒体聚焦、
网站专题、视频直播、下载专区

◆皮书研创

皮书规范、皮书选题、皮书出版、
皮书研究、研创团队

◆皮书评奖评价

指标体系、皮书评价、皮书评奖

◆互动专区

皮书说、社科数托邦、皮书微博、留言板

所获荣誉

◆2008年、2011年、2014年，中国皮书网均在全国新闻出版业网站荣誉评选中获得“最具商业价值网站”称号；

◆2012年，获得“出版业网站百强”称号。

网库合一

2014年，中国皮书网与皮书数据库端口合一，实现资源共享。

S 基本子库
UB DATABASE

中国社会发展数据库（下设 12 个子库）

整合国内外中国社会发展研究成果，汇聚独家统计数据、深度分析报告，涉及社会、人口、政治、教育、法律等 12 个领域，为了解中国社会发展动态、跟踪社会核心热点、分析社会发展趋势提供一站式资源搜索和数据服务。

中国经济发展数据库（下设 12 个子库）

围绕国内外中国经济发展主题研究报告、学术资讯、基础数据等资料构建，内容涵盖宏观经济、农业经济、工业经济、产业经济等 12 个重点经济领域，为实时掌控经济运行态势、把握经济发展规律、洞察经济形势、进行经济决策提供参考和依据。

中国行业发展数据库（下设 17 个子库）

以中国国民经济行业分类为依据，覆盖金融业、旅游、医疗卫生、交通运输、能源矿产等 100 多个行业，跟踪分析国民经济相关行业市场运行状况和政策导向，汇集行业发展前沿资讯，为投资、从业及各种经济决策提供理论基础和实践指导。

中国区域发展数据库（下设 6 个子库）

对中国特定区域内的经济、社会、文化等领域现状与发展情况进行深度分析和预测，研究层级至县及县以下行政区，涉及地区、区域经济体、城市、农村等不同维度，为地方经济社会宏观态势研究、发展经验研究、案例分析提供数据服务。

中国文化传媒数据库（下设 18 个子库）

汇聚文化传媒领域专家观点、热点资讯，梳理国内外中国文化发展相关学术研究成果、一手统计数据，涵盖文化产业、新闻传播、电影娱乐、文学艺术、群众文化等 18 个重点研究领域。为文化传媒研究提供相关数据、研究报告和综合分析服务。

世界经济与国际关系数据库（下设 6 个子库）

立足“皮书系列”世界经济、国际关系相关学术资源，整合世界经济、国际政治、世界文化与科技、全球性问题、国际组织与国际法、区域研究 6 大领域研究成果，为世界经济与国际关系研究提供全方位数据分析，为决策和形势研判提供参考。

法律声明